エコマルクス主義　環境論的転回を目指して

エコマルクス主義

—— 環境論的転回を目指して ——

島崎　隆著

知泉書館

凡　例

1.――　引用文中の強調（イタリクスなどで示される）はすべて省く。
2.――　独立した著作は『　』で，論文は「　」で，それぞれ示す。
3.――　引用文中にある訳者の挿入箇所は，〔　〕で示す。
4.――　外国語文献の引用については，翻訳のあるものはできるだけ参照させていただいたが，かならずしもその訳に従っていない。
5.――　文献の典拠が明確にわかるときは，頁数のみを示すなど，適宜省略したかたちで示す。
6.――　*Marx/Engels Werke*, Dietz Verlag, Berlin. については，*MEW* と略記し，巻数と頁数を順に記する。翻訳については，便宜上，可能なかぎり大月書店国民文庫の該当頁を示す。
7.――　*Marx/Engels Gesamtausgabe*, Dietz Verlag, Berlin.（新メガ）については，*MEGA* と略記し，巻数と頁数を順に記する。翻訳については，可能なかぎり大月書店国民文庫の該当頁を示す。
8.――　以下の文献については略記し，本文中に原文頁と翻訳頁を挿入する場合がある。
   ・*MEGA* I-2. 藤野渉訳『経済学・哲学手稿』国民文庫，『経哲手稿』と略記する。
   ・*MEGA* II-1. 1, 2. 翻訳委員会編『資本論草稿集』①，②，大月書店。いわゆる『経済学批判要綱』二分冊を含む。『要綱』と略記する。
   ・*MEW* 23-25, Dietz Verlag. マルクス＝エンゲルス全集刊行委員会編『資本論』全5巻，大月書店。翻訳の巻数を①，②などと略記する。

目　次

序論　《エコマルクス主義》とは何か？
　1　2つの課題と3つの基本視座　　　　　　　　　　3
　2　《エコマルクス主義》はマルクス主義の応用分野か
　　　革新か？　　　　　　　　　　　　　　　　　　9
　3　エコロジーのなかの《エコマルクス主義》　　　13
　4　《エコマルクス主義》の特徴　　　　　　　　　24

―――――― 第Ⅰ部 ――――――
マルクス主義の《環境論的転回》

第1章　《環境論的転回》はどのようにして生じたのか？
　1　マルクス主義のタイプ分け　　　　　　　　　　31
　2　「自然弁証法」をめぐる相反する評価　　　　　36
　3　西欧マルクス主義と「自然弁証法」　　　　　　38
　4　《実践的唯物論》による《環境論的転回》　　　44
補論1　日本における環境思想　　　　　　　　　　　49

第2章　環境問題のなかで，いまマルクスをどう見るのか？
　　　　――A・シュミットとH・イムラーの所説をめぐって
　1　環境思想からのマルクス評価の分裂　　　　　　61
　2　シュミットにおける自然の「社会的・歴史的性格」　64
　3　「自然の社会的媒介と社会の自然的媒介」の全体構想　66
　4　シュミットのマルクス解釈のアポリア　　　　　69
　5　「自然の社会的媒介」と「社会の自然的媒介」
　　　の統一の積極的意義　　　　　　　　　　　　　71

6　イムラーによるマルクス労働価値説批判　　　　　　　　　74
　　7　マルクス労働価値説の真意　　　　　　　　　　　　　　77
　　8　価値形成と自然の役割　　　　　　　　　　　　　　　　79
　　9　自然の無償性と搾取の問題　　　　　　　　　　　　　　81

第3章　マルクス唯物論における 物質代謝概念
　　1　エコロジストとしてのマルクス？　　　　　　　　　　　85
　　2　人間－自然間の「物質代謝」の構想と歴史的背景　　　　89
　　3　人間－自然間の「物質代謝」論と労働過程　　　　　　　91
　　4　ひとつの論争点　　　　　　　　　　　　　　　　　　　94
　　5　"Stoffwechsel" にたいする訳語について　　　　　　　　97
　　6　"Stoffwechsel" の3形態　　　　　　　　　　　　　　　98
　　7　唯物論的世界観と "Stoffwechsel" 概念　　　　　　　　101

第4章　われわれにとって《自然》とは何か？
　　1　地球生態系の危機と「核の冬」「核の夜」　　　　　　　106
　　2　自然の概念とその意味　　　　　　　　　　　　　　　110
　　3　「自然弁証法」の再興にむけて　　　　　　　　　　　113
　　4　もうひとつの「自然哲学」　　　　　　　　　　　　　115
　　5　自然のもつ3つの顔　　　　　　　　　　　　　　　　117
　　6　マルクスの《自然主義＝人間主義》の復権　　　　　　122
補論2　「自然弁証法」の《環境論的転回》　　　　　　　　　126

───────────────────────────
第Ⅱ部
「自然は人間の非有機的身体である」をめぐる論争
―― 《エコマルクス主義》とアメリカ左翼 ――
───────────────────────────

第1章　クラークのマルクス（主義）批判
　　1　クラークによる4つの論点　　　　　　　　　　　　　145
　　2　「資本の偉大な文明化の影響」とは何か？　　　　　　151

第2章　「自然は人間の非有機的身体である」の予備的考察
──マルクス『経済学・哲学手稿』に関して

1　「類的実在」の「類的生活」とは何か？　158
2　動物的側面から人間的側面への「類的実在」の転換　160
3　「自由な意識的活動」から「非有機的身体」の喪失へ　163

第3章　マルクスの《自然弁証法》は成立するのか？

1　マルクスにおける人間－自然関係の4つの基本規定　167
2　シュミットによるマルクス自然観の摘出　171
3　デュリッチによるマルクスの《自然弁証法》　174
4　デュリッチの見解への留意点　176

補論3　マルクスの「社会的自然属性」　181

第4章　フォスター／バーケットのクラーク批判
──論争の第1ラウンドの終結

1　フォスター／バーケットの《エコマルクス主義》　185
2　「非有機的」とは何か？　187
3　『経済学批判要綱』における「非有機的身体」論　190
4　「自然は人間の器官（organ）である」について　194
5　「自然は人間の非有機的身体である」の現代的解釈　195
6　クラーク側の問題点とフォスター／バーケットに残された問題　197

第5章　クラークの再批判とサレーの介入

1　クラークの再批判──マルクス自然観の3分裂　204
2　唯物論と目的論の対立　206
3　科学的議論・倫理的議論・神秘主義　207
4　マルクスの物質代謝論・再論　210
5　地球の「私的所有」と「占有」　213
6　サレーの論争介入──唯物論的方法論の分類　217
7　生産的労働と再生産的労働，西洋的思考の問題　221

第6章　フォスター／バーケットのクラーク，サレーへの再反論

1. 「自然は人間の非有機的な身体である」をめぐる総括 　225
2. マルクスはプロメテウス的なのか？ 　227
3. マルクスと機械制大工業 　228
4. サレーによる唯物論の複数の立場 　233
5. サレーのマルクス批判と異文化・多文化の問題 　234
6. 自然の価値の問題，再生産労働の問題 　236
7. ジメネツのエコフェミニズム批判 　239

第7章　論争の総括

1. 弁証法的方法をいかにとらえるのか？ 　243
2. マルクスの構想としての本来の《実践的唯物論》 　249
3. 自然史的＝人間史的過程の発展図式 　254
4. いまマルクスをどう見るか？ 　258
5. 社会主義・共産主義の実践的可能性 　262
6. 西洋的思考や西洋中心主義への批判 　270

あとがき 　275
索　引 　277
英文目次 　281

エコマルクス主義
―― 環境論的転回を目指して ――

序 論

《エコマルクス主義》とは何か？

1　２つの課題と３つの基本視座

　本書で念頭におかれている課題は二重である。第1は，焦眉の現実問題である自然環境の危機をどのように思想的に根拠づけるのか，という課題である。第2は，旧ソ連・東欧の「社会主義」崩壊後，それにたいする徹底した批判をともないつつ，社会主義・共産主義的な社会変革につながるマルクスらの思想を，どのような方向で再生させるのか，という課題である。この両課題が合体したところにマルクス主義の《環境論的転回 ecological turn》が生じ，「エコロジー的マルクス主義」，つまり《エコマルクス主義 ecomarxism》の思想が生成した。

　《環境論的転回》という命名は，現代哲学で「言語論的転回 linguistic turn」という表現がオーストリア出身の論理実証主義者グスタフ・ベルクマンやアメリカの新プラグマティストのリチャード・ローティによって命名されたことにちなんで，私が ecological turn を発想したことに由来している。すでに日本でもこの傾向ははっきり存在するし，とくにアメリカ左翼のなかで，《エコ社会主義》ないし《エコマルクス主義》の潮流が存在している。日本ではっきりこの立場を提起し，主張していると思われるのは，吉田文和，岩佐茂，韓立新らであろう[1]。たとえば，

　1）　吉田文和『環境と技術の経済学』青木書店，1980年。岩佐茂『環境の思想』創風社，1994年。韓立新『エコロジーとマルクス』時潮社，2001年。なお，マルクスの環境思想に注目した著作のなかで，かなり早いものとして，林直道の史的唯物論研究がある。彼は下記著

すでに岩佐は，マルクスが今日問題とされているような地球規模の環境問題を想定だにしなかったとことわりつつも，「マルクス（主義）におけるエコロジー的視点」を多様に取り出して見せた。「このように，人間を『自然の一部』としてとらえ，労働に媒介された人間と自然との連関を自然と自然との連関としてとらえようとする若きマルクスの立場は，人間を生態系の一員，自然の一部とみなすエコロジー的な視点と基本的に一致するであろう。」[*2]そしてこの観点から，彼は「エコ社会主義」を唱える[*3]。もちろんそのほかに，現代では，マルクスに共感しつつ環境思想を論ずる論者は多い。

以上の第2の点に関しては，私自身は従来，ソ連・東欧の「社会主義」崩壊を思想的に深刻に考察しつつ，拙著『ポスト・マルクス主義の思想と方法』で，マルクス本来の立場を《実践的唯物論》と定めて，詳細にその内容を展開してきたので，いまここではその論点をくり返さない[*4]。同書は本書の理論的ベースになっているので，これから同書をしばしば引用することとなる。

ここでとくに第1の環境問題に関していえば，従来の「公害」という地域レベルでの自然汚染を超えて，いまや周知のように，環境問題は地球生態系レベルに拡大し，その責任も共同的になってきた。経済のグ

作の序説「人間と資源の物質代謝」という箇所で，「……一般に，史的唯物論では，人間的な，あまりに人間的な世界，つまり社会問題だけが扱われ，まわりの自然などは全然視野の外にすて去られているかのように思っている人が少なくない。／だがこれは，まるで史的唯物論を誤り解するものである。まず第一に，社会科学史上，およそマルクス主義ほど自然の問題に大きな関心をはらった学説はない」と主張する。彼は続けて，エンゲルスの「自然弁証法」に積極的に言及するが，当時としては卓見であったといえよう（林直道『史的唯物論と経済学』下巻，大月書店，1971年，3頁参照）。さらにそののち，《エコマルクス主義》の視点をもった著作として，長岡秀夫「質料転換（Stoffwechsel）について」（札幌唯物論研究会編集『唯物論研究』第21号，1973年。森田桐郎・望月清司『社会認識と歴史理論』日本評論社，1974年所収の第2章の2「人間と自然」（森田執筆）。森田「人間―自然関係とマルクス経済学」（『経済評論』1976年6月増刊号）。椎名重明『農学の思想』東京大学出版会，1976年所収の第5章「マルクスとリービヒ」。以上の著作が続く。なお海外では，1973年にフランスで出版された，ギ・ビオラ『マルクス主義と環境問題』（金田重喜訳，青木書店，1976年）という著作があるが，マルクス，エンゲルスについての詳細な展開はまだほとんど見られない。

  2) 岩佐，前掲書，127頁。
  3) 同上，191頁以下参照。
  4) 『ポスト・マルクス主義の思想と方法』こうち書房，1997年。《実践的唯物論》の規定は直接には同書の序章第3節に展開されるが，その内容は序章全体，第1章，第2章，第3章などで，従来のマルクス主義への批判のなかで詳細に展開される。

序論 《エコマルクス主義》とは何か？

近年観測された変化

指標	観測された変化
平均気温	20世紀中に約0.6℃上昇
平均海面水位	20世紀中に10～20cm上昇
暑い日（熱指数）	増加した可能性が高い
寒い日（霜が降りる日）	ほぼ全ての陸域で増加
大雨現象	北半球の中高緯度で増加
干ばつ	一部の地域で頻度が増加
氷　河	広範に後退
積雪面積	面積が10%減少（1960年代以降）

資料）IPCC『第3次評価報告書』より環境省作成

地球温暖化に伴うさまざまな影響の予測

指標	予想される影響
平均気温	1990年から2100年までに1.4℃～5.8℃上昇
平均海面水位	1990年から2100年までに9～8cm上昇
気象現象への影響	洪水や干ばつの増大
人の健康への影響	熱中症患者等の増加、マラリア等の感染症の拡大
生態系への影響	一部の動植物の絶滅、生態系の移動
農業への影響	多くの地域で穀物生産量が減少。当面は増加地域も
水資源への影響	水不足の地域の多くでさらに水資源の減少、水質への悪影響
市場への影響	特に一次産物中心の開発途上国で大きな経済損失

資料）IPCC『第3次評価報告書』より環境省作成

ローバル化にともない，環境問題もグローバル化してきたのである（もちろん地域における公害問題は依然として残るけれども）。たとえば，『平成17年版・環境白書』によれば，京都議定書の発効にともなって，まず地球温暖化問題が第1章で取り上げられている[*5]。その原因は人類の産業活動，より限定的にいうと，市場経済における資本の活動（および消費活動）に由来する温室効果ガス（二酸化炭素，メタンなど）であるといわれている。表の「近年観測された変化」に見られるように，平均気温，平均海面水位など多くの指標によって，地球温暖化が確実に進んできていることがうかがわれる。この現象は一地域のものではない。そしてこの現象は，私たち人類の生活に現時点で，深刻な影響を及ぼしている。

深刻な影響は，表「地球温暖化に伴うさまざまな影響の予測」に示されている。それは生態系の変化によって漠然と人類に影響を及ぼすのみでなく，洪水や干ばつ，大型台風・ハリケーンの襲来，猛暑・熱波・ヒートアイランド現象，などの気候変動によって生活を直撃し，さらにそ

5）　環境省編『平成17年版・環境白書』ぎょうせい，2005年，6頁参照。

こから由来する農作物栽培への打撃，食料不足・水不足・砂漠化による生活被害，冷房などのエネルギーの過剰消費，各国の経済的損失，新型流行病の襲来などが含まれる。それどころか災害によって人命も直接数多く失われるという事態や，水面上昇による土地の埋没，土壌流出などによって国土そのもの（ツバル，モルディブなど）が消失するという危機すらもが，世界各地で生じている。もしマルクス主義（的社会主義）が社会の全体的変革を目ざすとすれば，現実に迫り来る環境問題にも積極的に対応しないかぎり，そのリアリティを失うであろう。そのさい，《エコマルクス主義》ならば，単に温暖化現象に警鐘を鳴らすのみではなく，「排出枠取引」によって，この問題自身がさらなる資本の活動領域を形成していることも鋭く見抜かなければならないだろう[*6]。そしてまた，温暖化問題への対策としては，全世界規模での環境的弱者の重視，各国の負担の公平化など，「環境的正義」が追求されることとなる[*7]。

ところで，第1の環境問題という課題に関して付加すれば，地球温暖化問題，資源・エネルギー問題，廃棄物処理問題など，現実に悪化している環境問題にたいしては，それは政策の問題であり，技術の問題であって，思想や哲学など関係ない，と考えられるかもしれない。さらに哲学・思想といえば，それは「環境倫理学」の問題とすぐに思われるかもしれない。しかし，ここに環境問題に関する一定の偏見が潜んでいるように考えられる。政策も技術も，実は一定の（暗黙であれ）自然観，人間－自然関係についての見方，労働や生産のあり方，個人のライフスタイルのありようなどが前提となっておこなわれるはずである。自然環境を人間に快適に役立たせるものと漠然と見るのか，自然のなかに包まれて人間がはじめて存在すると見るのかでは，おのずと政策や技術のありようが異なるのである。さらに，自然を何か神秘的なものと見るのか，

---

6) この点を指摘したものに，稲生勝「新たな市場としての地球温暖化」，尾関周二編『エコフィロソフィーの現在』大月書店，2001年所収，がある。

7) 環境的弱者の問題については，戸田清『環境的公正を求めて』新曜社，1994年，が詳しく展開する。碓井敏正『グローバル・ガバナンスの時代へ』大月書店，2004年の第9章，10章は，地球温暖化問題を実例に，ロールズ正義論を援用し，グローバル・ガバナンスの視点から，いかに環境的正義を実現すべきかを幅広く政策的に追求する。両者の視点は異なるが，いずれも環境的正義の問題に関わり，それぞれ興味深いものである。なお，碓井は，新著『グローバリゼーションの権利論』（明石書店，2007年）の第10章において，地球温暖化問題に関して，「共通ではあるが差異のある責任」原則など，解決策について紹介・検討している。

科学的にとらえられるものと見るのかも,環境問題にたいする対応の違いを生み出すだろう。その意味では,人々の考え方ないし思想を粘り強く転換し,それを日常生活のなかで実践するための「環境教育」という分野がさらに必要と思われる。

そしてまた,環境に関する哲学・思想を即,「環境倫理学」と見るのは,その視野を狭めることになろう。環境思想はもっと広く,自然観それ自身の問題,ライフスタイルの問題,経済と政治を中心とする,人間と社会の現実的関係の問題など,多種多様に拡大される。ある意味で,そこにすべて「哲学」が問われるといえよう。こうして,日本のようにプラグマティックで非哲学的な国では,なおさら環境思想が問われなければならない。その分野に,《エコマルクス主義》は一定の独自の貢献をするものと,私は確信している。さて,いわゆる自然環境の問題を思想的に考えるにあたり,そこにどういう基本視座が設定されるべきだろうか。最低限,その一般的展望をあらためて,広くここで3点示しておき,本書の考察の指針としたい。

（1）人間－自然間の相互関係への注目。環境問題は,一般的にいえば,人間が豊かな経済的物質生活をおこなうという目的で,自然の浄化の限界を超えて,自然環境を徐々に汚染ないし破壊しているという問題である。これはさきほど述べた地球温暖化を始め,酸性雨やオゾン層破壊,森林破壊,土壌劣化（砂漠化）,動植物の消滅,廃棄物による土壌,空気,河川や海洋への汚染など,広く問題となっていることである。だが,人間も人間的自然（human nature）であるかぎり,そして「自然は人間の非有機的身体である」（マルクス,本書第Ⅱ部で検討される）とみなされるかぎりで,自然環境の悪化は,さきの地球温暖化の問題に明瞭に示されたように,ただちに人間の生存のための社会環境や人間自身の健康の悪化を招くこととなる。人間がもし精神だけの存在であるならば,自然環境の悪化は人間にとって無関係であるかもしれない。この点で,チェルノブイリ事故など,一連の原発災害による放射能拡散の問題は見やすい一例である。スマトラ沖地震による津波災害に関しても,海岸のマングローブの伐採が被害を増大させたといわれる。人間それ自身と自然環境は,人間の眼から見て,ともに健全に保持されなければ,問題は根

本的に解決されない。以上の意味で，人間と自然のあいだの密接な相互作用と影響関係が重視される。

　(2)　他者の支配と搾取の事実への注目。マルクスは資本制社会が労働者を支配し，搾取することを強調した。この観点は，経済のグローバル化のなかで，単に一国規模ではなくて，国際分業のなかで過酷な支配・差別・搾取を受けつづけている周縁の国家・地域にまで貫かれるべきである。他方，マルクスはそれとともに，資本家たちが利潤追求の競争のなかで，自然の提供する無償の豊かな生産能力をフルに利用することによって，おのずと自然環境を悪化させ，貧困化させ，こうして自然を搾取することも理解していた。たとえば，マルクスは当時の資本制企業が農業生産力を上げるために，チッソ，リン酸などの土壌成分を肥料として過剰搾取し，その肥沃度を低下させた事実を告発した。これは自然への「支配」のみならず，文字どおりその「搾取」を意味するといえるだろう。現代でいえば，産業活動のなかで地下水を大量にくみ上げることは，やはり自然を貧困化させ，そのバランスを崩すことになるだろう。だが資本家は，そのために労働者にやるようには，自然の働きにたいして「労賃」を払うこともないのである。こうして，人間の搾取と自然の搾取は同根である。実際に，自然世界は人間によって一方的に支配され，汚染されつづけているのに，人間世界は依然として健全であるということはありえないだろう。この意味で，支配と搾取を批判するための「環境的正義」の考えが重視されるだろう。自然への支配・搾取は結局，人間への自然の「復讐」（エンゲルス，補論2の第1節を参照）を招き，人間の生活を不健全にする。以上の意味で，ここで他者（人間と自然）への「支配」と「搾取」の観点が重視される。

　(3)　生命の維持と再生産への注目。経済社会の豊かな生産・再生産のシステムを維持するために，人間は外部の自然世界を，「外部不経済」というかたちで当然の前提とし，また古来から続く人間の自然システムである家族と生殖の営み（種としての再生産）をその体制に組み入れてきた。とくに資本制生産社会では，家族はコミュニケーションを希薄にし，単なる労働力の再生産の場となりがちであった。従来，この家族を

支えるのは，女性のシャドウワークであった。だが，広く生命の営みという観点から見た場合，人間以外の自然的生命と人間の生命の再生産活動を軽視すれば，人間の経済的社会活動も維持されないのである。生命活動の視点から，生物界の生命活動と，ライフスタイルや家族の再生産の営みに貫く要素を注視し，それを重視しなければ，経済的生産の営みも健全なものにならないだろう。さらにまた，生命論を中心とするかぎりで，「環境倫理」と「生命倫理」はおのずと緊密に結合されるべきである[*8]。以上の意味で，自然と社会を貫く生命論的視点が重視される。

環境問題を考えるさいに，以上の3点を基本的指針と考えていきたい。実は従来のマルクス主義では，上記の3点への考慮がいずれも不十分であった。したがって，《エコマルクス主義》もこれらの点を明確な指針としなければ，十分な環境思想にはならないと思われる。以下においては，まず，従来のマルクス主義の批判的検討のなかで，《エコマルクス主義》の成立可能性を探り，さらに，いままでの《エコマルクス主義》の取り扱いを紹介・検討する。そして最後に，この《エコマルクス主義》の基本特徴を6点に総括して，あらかじめ提示しておきたい。

2 《エコマルクス主義》はマルクス主義の応用分野か革新か？

日本では，ソ連・東欧の「社会主義」崩壊以来，マルクス主義「哲学」などという分野は，すでに唾棄すべき存在になっているように見える。何らかのマルクス研究はありえても，マルクス主義哲学研究は，すでに喪失されている。この間の事態を冷徹に見ると，もともと「哲学」などという学問にリアリティがなかった日本にあって，戦後風靡したマルク

---

8) 通例，アメリカ流の考えでは，環境倫理は地球全体主義を指針とし，生命倫理は自己決定と個人主義を指針とするというように区分けがなされる。だが，松田純の紹介によれば，注目すべきことに，ドイツのBioethikは，アメリカ流のbioethicsとは異なり，もっと広く，医療倫理，環境倫理，ヒューマンエコロジーなどを含むという。松田純『遺伝子技術の進展と人間の未来――ドイツ生命環境倫理学に学ぶ』知泉書院，2005年所収の第7章「bioethics（生命倫理学）からBioethik（生命環境倫理学）へ」を参照。

ス主義哲学も，実は一種の海外から輸入された流行思想であり，何らかの（左翼的）権威を背景として成立してきたものであることが明らかになったといえよう。それとも，そうした指摘は誇張であると断定できるのだろうか。だがさすがに，マルクス出自の欧米では，もともと哲学そのものが学問の中心に存在してきたこともあって，マルクス主義「哲学」の研究は，それほど衰えているわけではない。

　マルクス主義「哲学」がとくに日本で放棄され，見失われたことは，既存の「社会主義」の悲惨な事態に批判的な眼を向けるかぎり，ある意味で歓迎すべきことであった。従来のマルクス・レーニン主義（＝スターリン主義）はいわば虚偽の「哲学」であり，イデオロギーであった。だが，だからといって，社会主義・共産主義の理想に共感する批判的・左翼的勢力にあれほど大きな影響をかつて与えた「哲学」を，一種のつまらない流行だったとして捨て去ることは本当はできないはずであり，そこに骨身を切るような深刻な総括が続けられなければならないはずである。

　実は，マルクス主義「哲学」が忌避されるもうひとつの大きな理由がある。若きマルクスは「ヘーゲル法哲学批判・序論」などにおいては，田畑稔が命名したような「哲学とプロレタリアートとの歴史的ブロック」を構想していた。すなわち，人間解放の頭脳としての「哲学」，その「心臓」としてのプロレタリアートという図式であり，この両者は不可欠な相互連携をなすというものである[9]。だがそれ以後，マルクスは『経哲手稿』「フォイエルバッハ・テーゼ」『ドイツ・イデオロギー』などでは，自分の思想を何らかの「哲学」とは自称しない。哲学は一種の「イデオロギー」とみなされ，マルクスははっきり「哲学」の外に立ったのだとされる[10]。彼の詳細なマルクス研究は貴重であり，おおいに首肯される。それでも現時点で，マルクス主義とそれにもとづく社会主

　9）　この点では，MEW1, 391.真下信一訳『ヘーゲル法哲学批判・序論』国民文庫，351頁参照。

　10）　以上，田畑稔『マルクスと哲学』新泉社，2004年，36頁以下参照。彼によれば，「『イデオロギー』としての哲学了解の核心は，『哲学の地盤を離れない』のか『実践的唯物論者つまり共産主義者』の道を選ぶのかという，マルクス自身の主体的な選択にあったことは間違いない」（同書，46頁）とされる。もちろん彼は，マルクスが後者の立場に立って，「哲学」批判をおこなったとみなす。

義の過去の影響力を反省する場合，マルクスをも相対化して，それを一種の世界観としての哲学として，何らかのイデオロギーをもっていたとみなすことが，あえてさらに必要であると思われる。私は現代的観点から，マルクスの考え方も，何らかの「哲学」として相対化したいのである。私自身が「マルクス（主義）哲学」という場合，そうした意図がこめられている。私の立場は，ソ連・東欧の「社会主義」崩壊後という状況にあって，マルクス自身の立場も一個のイデオロギー性をもつものとみなして，何らかの意味での「ポスト・マルクス主義」のスタンスを取る。

　私がマルクス主義哲学の批判的総括にこだわる第3の理由は，さらに現実的なものである。実は周知のように，マルクス主義的な社会主義イデオロギーは，よかれあしかれ，中国など，残存する社会主義国家政権や各国の共産主義政党をいまでもなお支配しているものである。彼らに深刻な自己批判がないかぎり，骨絡みで染みついている従来のマルクス主義「哲学」やイデオロギーの悪弊を，彼ら指導者・研究者・教師たちが一挙に免れることができたとはとてもいえないのが現実である。私自身，いままで何度も中国研究者との交流を続けてきたので，このことを強く実感している。ソ連・東欧の「社会主義」を「他山の石」として形式的に批判すればこと足りるというわけにはいかないのが実情である。

　さて，《エコマルクス主義》を従来のマルクス主義哲学の，環境問題にたいする一応用分野と見た場合，たしかにマルクス主義がより大きな幅広い世界観をもっている以上，そのなかのひとつの応用分野が《エコマルクス主義》であるといえるだろう。《エコマルクス主義》だけが現在のマルクス主義の唯一有効な分野と断定することは，公平さを欠くものである。それでも，従来のマルクス主義の見方が全体的に反省され，そこに大きな転換が見られなければ，それを応用するといっても，つまらないものしか形成されなかった，ということとなるだろう。そこにはマルクス主義全体への反省と革新が不可欠である。すなわち，マルクス主義全体の革新がなされないと，《エコマルクス主義》も有効なかたちで成立しがたいのである。

　こうして私は，一種の「ポスト・マルクス主義」の立場を説く。だがそれは，最初からマルクスを粗雑に，外面的に理解したのちに，それを

安易に批判し，そこに多様な現代思想や社会認識を付加するという意味での「ポスト・マルクス主義」の立場をただちに取ることを意味しない。「ポスト・マルクス主義」には，「ポスト」に力点をおき，従来のマルクス主義との断絶を強調する場合と，「マルクス主義」に力点をおき，マルクスらを現代的立場から積極的に再読解する場合があるだろう。いうまでもなく，マルクスらの現代における限界は指摘しつつも，その思想的含蓄を最大限生かすという道が，学問的にいって「ポスト・マルクス主義」の王道であろう*11。この意味で，私はこうした立場から「ポスト・マルクス主義的転回」*12を目指してきた。

　とくに新しいマルクス像に関していえば，マルクスらの思想を単なる政治批判，社会変革のみを対象にしたと理解するのみではなく，まさに人間への差別・搾取が実は，自然への差別・搾取を必然的に含んでいるという考えをマルクスのなかにあらたに見いだすことができなくては《エコマルクス主義》は成立しなかった。単に政治問題，社会問題のみでなく，自然問題がそこに加わり，さらにそこであらたに総合的に問題が再設定される必要があった。そしてまさに現在，地球温暖化問題ひとつをとっても，その現象の自然科学的解明の問題を含んで，自然環境の問題は地球規模のビッグ・イッシューとなっており，マルクス主義もそれに対応できるように自己革新しなければならなかったのである。これは，マルクス主義全体の革新の作業であった。この点を除いて，現在，

---

　11) 前掲書の『ポスト・マルクス主義の思想と方法』は，とくにエンゲルス，レーニンらへの徹底した批判（第9章，第10章，第11章など），環境思想とマルクス主義の結合（第12章）など，この立場からもまた展開されている。

　12) この表現は，スチュアート・シム編『ポストモダン事典』（杉野・下楠監訳）松柏社，2001年所収の「ポストマルクス主義」の項目における説明に見られる。なお，「ポスト・マルクス主義」を呼称する理論は，現代では少なくはない。Philip Goldstein, *Post-Marxist Theory. An Introduction*, State University of New York Press, Albany, 2005. は，その最新のものだろう。彼の「ポスト・マルクス主義」は，アルチュセール，フーコーを基盤としてラクラウ，ムフ，バトラー，マシュレらを重視する。その斬新な現状認識のセンスは貴重であるが，ヘーゲルから批判的に継承したマルクスの総体認識の方法（弁証法）は徹底して拒否されている。環境問題もそこでは，テーマとはなっていない。総じて，ここでは本当のマルクスは再現されていない。とはいえ，私見では，いわゆる西欧の，ヘーゲルとマルクスの太い共通性を強調する「ヘーゲルマルクス主義 Hegelmarxismus」は一面的であり，マルクス自身の思想を逆方向に歪曲している。新しい「ポスト・マルクス主義」は，これから紹介・検討する《エコマルクス主義》に示されるように，このゴールドスティンの立場と「ヘーゲルマルクス主義」をともに意識しつつ，克服する方向を採用することで有効となるだろう。

マルクス主義，社会主義を語ることは時代錯誤となるだろう。

　以上に述べられた地盤において，まさに《エコマルクス主義》は成立した。それは，マルクス，エンゲルスらの思想の応用分野のひとつであるとともに，マルクス主義全体の大きな革新を必要条件とするものである。アメリカのエコマルクス主義者のポール・バーケット，ジョン・フォスターは，「唯物論」と「弁証法」という旗を掲げて，とくにマルクスのテキストを丹念に再読解するとともに，過去から現代までの哲学・思想・科学の営みを広くフォローしつつマルクスへと結合するという作業を遂行して，この立場を大きく確立させた[*13]。本書第Ⅱ部は，彼らの議論にたいするアメリカ左翼の論争を取り扱うつもりである。

3　エコロジーのなかの《エコマルクス主義》

　さて，マルクス主義の環境思想化の試み，つまり「エコロジー的マルクス主義」ないし《エコマルクス主義》は，数多くのエコロジー思想のなかにおいて，従来どういう位置づけをされてきたのか。いうまでもなく長いマルクス主義の歴史のなかで，この思想傾向は，地球規模の環境問題の深刻化の状況とあいまって，おおむね比較的最近のものといえるだろう。この節で読者はまた，従来，環境思想やエコロジーといわれる分野で，マルクス主義がどういうイメージをもたれてきたのかを幅広くつかめるだろう。

　さて，マルクスやエンゲルスの唯物論や自然観に，ある意味で自然中心主義やエコロジー的思想が存在するかぎり，実は《エコマルクス主義》的見方が直接に旧ソ連などで継承されていたことを，アメリカの《エコマルクス主義》の提唱者フォスターは詳細に明らかにした[*14]。彼の評価によれば，エンゲルス存命中にすでにウィリアム・モリスは『資本論』を読み，一種の環境思想を説く社会主義者となった。程度の差はあれ，

---

　13)　Paul Burkett, *Marx and Nature*: A Red and Green Perspective, St. Martin's Press, New York, 1999. John Foster, *Marx' Ecology*: Materialism and Nature, Monthly Review Press, New York, 2000. 渡辺景子訳『マルクスのエコロジー』こぶし書房，2004年。

　14)　Foster, *Op. cit.*, p.226ff. 前掲訳，353頁以下参照。

エコロジー思想を扱った著作として，さらにベーベル『婦人論』，カウツキー『農業問題』，レーニン『農業問題と「マルクス批判家」』，とくにブハーリン『史的唯物論』『哲学的アラベスク』が注目されるという。1920-30年代の旧ソ連の「二大エコロジスト」として，ヴェルナツキーとヴァヴィロフが挙げられる。フォスターはこの傾向にたいし，「ロシア的エコロジーの巨大な生命力」と高く評価している。だが，旧ソ連の自然保護運動は「ブルジョア的」と批判され，スターリン，ルイセンコらによって消滅させられてしまった……。

そしてそれ以後，1960年代まで，旧ソ連などのマルクス主義（的社会主義）は，経済優先，生産力中心主義のイデオロギーに支配されており，むしろエコロジー的思想とはあまり関係ないという印象をもたれてきた。この点では，たとえばジョン・パスモアによって，マルクス主義が，ヘーゲルら人間中心主義的なドイツ観念論の継承者としては，エコロジー的観点から有害だと断定されることもあった[*15]。日本でも，マルクス主義を環境問題と結合しようとする立場は，早くとも1970年代にはいってから登場したといえよう。いずれにせよ従来，マルクス（エンゲルスもあわせて）の思想は，マルクス・レーニン主義によって政治的に汚染されてきたという歴史的事情もあって，その歪んだイメージが根強く広がっていた。

（1）マーチャントによる《エコマルクス主義》の位置づけ

さてやや古いものであるが，1992年原著出版のキャロリン・マーチャント『ラディカル　エコロジー』が，詳細なエコロジー思想の説明のなかでマルクス（主義）の位置づけを詳しく考察している。まずこの著作を紹介・検討し，さらにより新しい著作からの《エコマルクス主義》の位置づけをのちほど検討したい。マーチャントは，ディープ・エコロジー，ソーシャル・エコロジー，スピリチュアル・エコロジー，エコフェミニズムなどの「ラディカル・エコロジー」のなかで，マルクス主義的なエコロジーも取り扱っているが，その位置づけはかならずしも高く

15）ジョン・パスモア『自然に対する人間の責任』（間瀬啓允訳）岩波書店，1998年，60，314，322頁を参照。

はない。マルクス主義は，彼女の分類では，「ソーシャル・エコロジー」のなかに所属している。

マーチャントによれば，マルクス主義者は，人間中心的な倫理を信奉しており，科学・技術によって人間の条件を改善し，自然によって課せられた必然性を克服することを目指すという。そしてマルクスは，他方，資本主義的産業による自然の崩壊に十分に気がついていたとされる[*16]。なぜマルクス主義がソーシャル・エコロジーのなかに所属させられるのかに関するイメージは明らかであろう。それは，マルクス主義が生産関係とそれを再生産する国家のヘゲモニーに焦点を合わせ，おもに社会正義を問題とするとみなされたからである（p.134. 180頁）。彼女は，マルクス『経哲手稿』を引き合いに出し，そこに人間と自然の相互依存のエコロジー的観点があることを承認する。そしてまた彼女は，マルクスの「自然は人間の非有機的身体である」という命題（まさに本書第Ⅱ部の中心テーマである）にも言及した。エンゲルス『自然弁証法』についても考察し，彼女は，人間が自然にたいし一方的に征服者としてふるまい続けるならば，いつか自然が人間に復讐するという，エンゲルスの周知の言明[*17]を引用する（pp.138f. 187頁以下）。

そしてまた，さきほどの指摘（マルクスは資本制的産業による自然の崩壊に十分に気がついていた）と関わって，マーチャントは『資本論』にも説き及ぶ。マルクスは19世紀の農業化学者ユストゥス・リービヒに従って，資本制的農業が土壌の肥沃度を低め，エコロジー的問題を引き起こすことを警告したという（p.139. 187頁）。彼女はまた，「マルクス主義者の社会分析枠組み」という図式を提出する（p.141. 190頁）。これはハワード・シャーマンに依拠するものとされるが，社会的枠組みに関するかぎりでいえば，おおむね妥当であろう。

以上のようにして，マーチャントが紹介したマルクス，エンゲルスの引用箇所にかぎっていえば，妥当な指摘が多く，幅広く公平な扱いをし

---

16) Carolyn Merchant, *Radical Ecology*, Routledge, New York /London, 1992, p.73. キャロリン・マーチャント『ラディカル エコロジー』（川本隆史・他訳）産業図書，1994年，99頁。以下，本文中に原典と邦訳の頁数のみを記す。

17) *MEGA* 26-1, S.550f. 秋間実・渋谷一夫訳『新メガ版・自然の弁証法』新日本出版社，1999年，117頁以下参照。寺沢恒信訳『自然弁証法』(1)，国民文庫，223頁以下参照。この点は，本書の補論2・第1節で詳しく述べられる。

ていると見られよう。だが，それらの命題の扱いは，まだ断片的なものにとどまっている。そしてまた，現時点の《エコマルクス主義》の発展段階からすれば，以下，本書で明らかにするように，私としては，マルクス主義を「ソーシャル・エコロジー social ecology」のなかの一部として位置づけて説明することには不十分さを感ずる。というのは第1に，現時点では一般に，「ソーシャル・エコロジー」といわれるとき，それはおもにマレイ・ブクチンや本書第Ⅱ部で取り扱われるジョン・クラークらの立場を指すとされるからである。そのさいにマルクス自身の立場は，明確にそこから区別される。そして第2に，「ソーシャル・エコロジー」という名称のもとでは，マルクス，エンゲルスに見られる，ある意味での深い自然中心主義が見落とされているからである。この点では，マルクスが『経哲手稿』で，共産主義を「人間主義」と「自然主義」の相互貫徹の状態と特徴づけたことも，重視されるべきである（この命題は，本書の第Ⅰ部4章6節で詳論される）。

だがもちろん，本書で明らかになるように，マルクスはエコロジー的問題を考えるさいに，自然中心の見方を取れば取るほどうまくいくとは考えていないのである。むしろ単なる自然中心主義は，環境問題を解決するうえで不十分と見るのが《エコマルクス主義》の立場だといえよう。さらにまた，さきほどの「マルクス主義者の社会分析枠組み」に関していえば，社会を含めすべての現実を包括的に「自然史的過程」（マルクス）と規定する認識や，エンゲルスの「自然弁証法」の全体構想を付け加えるとどういう枠組みが再構築されるのかを再考すべきであろう（第Ⅱ部7章3節の試みを参照）。私見では，マルクスがどれほど成功しているかは別として，彼が自然中心主義と人間中心主義を意図的に統合しようとしている点がさらに強調されるべきである。

（2）《エコマルクス主義》の微妙な位置づけ

だが，さらなるマーチャントの説明には，錯綜する問題が登場する。マーチャントはマルクス主義を広く「ソーシャル・エコロジー」のなかに位置づけるが，さらにそのなかに「ソーシャリスト・エコロジー」を登場させる。この立場はマルクス主義の伝統に根ざすものであり，エコロジカルな社会主義への経済的転換を目ざすという（p.146. 196頁以下）。

序論 《エコマルクス主義》とは何か？　　17

その先鞭を付けたのは，ジェームズ・オコンナーだとされる。

さて，マルクス主義・社会主義とエコロジーの微妙で錯綜した関係を考察する前に，マーチャントが「伝統的マルクス主義」と「エコロジカル・マルクス主義」を区別することを確認しよう。これはまず，必要な確認であろう。前者は社会変革の主体を伝統的な労働者階級と社会主義運動におき，この両者がたとえば，団体交渉を通じて生産関係を変えるという。それにたいし後者は，社会変革の主体は新しいエコロジカルな社会運動——環境上の健康と安全，農業労働者の反農薬の連合，有毒物質による地下水の汚染へのエコフェミニストの抗議，緑の党の左翼など——である。後者の《エコマルクス主義》では，社会主義への移行を可能とするのは，エコロジカルな危機であるという（p.149. 200頁）。この説明はわかりやすく，ここでは，《エコマルクス主義》は一種の「ポスト・マルクス主義」とみなされているといえよう[18]。いずれにせよ，上記のかぎりでの「伝統的マルクス主義」と「エコロジカル・マルクス主義」の区別がまず踏まえられなければ，問題は始まらない。

もちろん，この点ではまた，《エコマルクス主義》や社会主義エコロジーを承認するとしても，その中身と方向性がいかなるものかということがあらためて問題となるだろう。さて，さきほど名前を出したオコンナーを代表とする「ソーシャリスト・エコロジー」は，マーチャントによれば，マルクス主義者，マルクス主義フェミニストにたいするのと同様に，「エコロジカル・マルクス主義者」との対話も促進するという（197頁）。だが，こういわれると，印象として「ソーシャリスト・エコロジー」と《エコマルクス主義》との関係が不明になってくる。マーチャントはここで「エコロジカル・マルクス主義」という立場をたしかに

18）　ちなみに，前述のゴールドスティンの主張をまとめると，「伝統的マルクス主義」の特徴は，(1)プロレタリアートを中心とした階級闘争の重視，(2)生産力中心主義および経済決定論，(3)本質主義かつ普遍主義にもとづく人間観，(4)基本矛盾による体系的認識の重視，(5)共産主義の到来を不可避とする運命予定説的な歴史理論，などとされるだろう。それにたいして，「ポスト・マルクス主義」の特徴は，(1)社会闘争を，単に階級に還元するのではなく，人種・民族，ジェンダー，宗教などの差異や「新しい社会運動」に即して幅広く考察する，(2)本質主義的かつ普遍主義的な人間観への否定，(3)ヘーゲル主義や弁証法への拒否，(4)財の生産のみでなく，家族の再生産に注目する，(5)理論と客観的現実の単純な区分を否定し，言説的実践を重視する，などと要約されよう。とくに Goldstein, *Op. cit.* における "Introduction" および "Conclusion" を参照。

出すが，その具体的説明は残念ながら見られない。マーチャントの理解するこの《エコマルクス主義》は「ソーシャリスト・エコロジー」と基本的に同義なのか，それともある意味で，それと対立する別のものなのか，それがはっきりしなくなる。ここにはおそらく，マルクス主義や社会主義を基盤とする左翼エコロジーのあいだの対立が暗示されているのではないだろうか。

さて，オコンナーは，戸田清の紹介によれば，「ソーシャリスト・エコロジー」の雑誌とされる『資本主義・自然・社会主義』を主催しているという[19]。マルクス主義経済学者であるオコンナーの論調は，実は同じアメリカ左翼のなかでもフォスター，バーケットらとは微妙に異なると思われる。この点で，私は，次のように考えるのが妥当ではないかと思う。オコンナーは一般に，「ソーシャリスト・エコロジー」を唱えるマルクス主義経済学者とみなされている。だが彼は，自身の論文の表題「エコロジー的マルクス主義への序論」に明らかなように，自分の立場を「エコロジー的マルクス主義 ecological Marxism」とも規定するようである[20]。つまり彼にあっては，「ソーシャリスト・エコロジー」と「エコロジー的マルクス主義」は，同じ内容を指すといっていいだろう。しかし，私見では，バーケット，フォスターらが登場して以来，状況が一変し，この両用語に分岐が生じたと見られる。つまり，マルクスの唯物論思想をより深く読解することによって，彼らが「エコロジスト・マルクス」を発見し，それによって，「エコロジー的マルクス主義」，《エコマルクス主義》が独特の意味をもってきたといえよう。広く考えれば，マルクスが社会主義・共産主義を実践的に唱える以上，「社会主義エコロジー」と《エコマルクス主義》は同じものを指すといえる。だが，オコンナーを「ソーシャリスト・エコロジー」に帰属させるとすれば，オコンナーとバーケット，フォスターらとの思想傾向の違いを考慮に入れ

---

19) 戸田清「社会派エコロジーの思想」，小原秀雄監修『環境思想と社会』東海大学出版会，1995年，170頁。

20) James O' Connor, "A Prolegomena to an Ecological Marxism: Thoughts on the Materialist Conception of History, "*Capitalism, Nature, Socialism* ", No.10 (2), 1999. に見られる。この論文では，マルクス自身の文献の読解はほとんどまったくおこなわれず，ひたすらマルクス主義の一般的見解を展開している。フォスター，バーケットらとのマルクス読解の姿勢の差異は明瞭である。

ると,《エコマルクス主義》を独自に唱えるのは,むしろ彼らであるといえよう。

(3)《エコマルクス主義》の独自性に向かって

ところで,《エコマルクス主義》のもっとも重要な文献として,戸田清はメアリー・メラー『境界線を破る!』[21]とキャロリン・マーチャント『ラディカル　エコロジー』を挙げる。戸田が,「通俗的には『マルクス(主義)は時代後れになった』とされるが,エコマルクス主義の本格的出番は,むしろこれからなのであろう」[22]と評価することには強く共感したい。だが,いま述べたように,バーケット,フォスターの《エコマルクス主義》が登場してきた現段階において,様相が一変してきたと思われる。私見では,エコフェミ社会主義を説くメラーに関しては,彼女を《エコマルクス主義》にではなくて,のちほど検討するように,マルクス主義と「他の思想との融合」の立場に配置する,海上知明の位置づけが妥当と思われる[23]。またここで,再びマーチャントに言及すれば,彼女は,『ラディカル　エコロジー』の「結び　ラディカル・エコロジー運動」で自分の立場を説明している。彼女はラディカルな理論家や運動家の寄与を総括しつつ,そこで多様な陣営が対立していることを認める。同時にまた,このなかでラディカル・エコロジーの諸潮流は影響を及ぼしあい,結びつくこともあるという。こうして,マーチャントはラディカル・エコロジーの諸潮流をできるだけ総合化したいのであり,そうした彼女の志向を,社会主義エコロジーや《エコマルクス主義》に収斂させることは,彼女の意図にも反するだろう。あくまで彼女の立場は,「ラディカル・エコロジー」の全体なのであり,そのなかのひとつである《エコマルクス主義》と限定しないほうがいいだろう。

以上のように整理できたとして,さらにまた,オコンナーのマルクス評価にも絡むが,マルクス,エンゲルスのオリジナルの思想と《エコマルクス主義》との関係もあらためて問題とならざるをえないだろう。そ

---

21) メアリー・メラー『境界線を破る!』(壽福眞美・後藤浩子訳) 新評論,1993年。全体としてメラーは,エコ・フェミ社会主義を説く。

22) 戸田,前掲論文,168頁。

23) 海上知明『環境思想』NTT出版,2005年,157頁参照。

してまた，もし従来のマルクス主義が総じて，《エコマルクス主義》に全面的に転換すべきであるという構想が提起されるならば，マルクス主義はそうしたエコロジー問題だけに限定されていいのかという，もっともな疑問も生ずるだろう。いずれにせよ，ここでは多くの解決すべき問題が一挙に噴出してくる。私は前節で，「ポスト・マルクス主義」の問題提起と関連させてこの微妙な問題群を対象化し，一定の理論的展望を与えておいたので，ここでは，問題提起だけにとどめる。

さて私自身は，「ソーシャリスト・エコロジー」と《エコマルクス主義》という名称の区別には，それほどこだわるつもりはない。ただ，「社会主義」はマルクス主義的形態のほかに多数存在するので，厳密にいうと，《エコマルクス主義》は「ソーシャリスト・エコロジー」のなかのひとつの形態であると規定することが無理がないと思われる。したがって私は，以上のかぎりで《エコマルクス主義》という名称にこだわるのである。それはとくに，マルクス（さらにエンゲルス）に深く関わることを条件とするエコロジーといえよう。ところで，『環境思想キーワード』という事典的著作における「エコ社会主義（ソーシャリスト・エコロジー）」という項目では，「エコ社会主義の思想的基盤は，マルクスの哲学と経済学にある」といわれている。ここでは，「エコ社会主義」は実質的に《エコマルクス主義》と同一視されていると見ていいだろう（同書に《エコマルクス主義》という項目は見当たらない）。そしてまた，執筆者の韓立新は，マルクスの思想には「資本主義批判」「自然主義」「人間主義」の三つの側面が含まれているとみなし，それをマーチャントらのように，もっぱら人間主義的に解釈することを批判している[*24]。この批判的観点に，私は積極的に賛同したい。

（4） 海上知明における《エコマルクス主義》の位置づけ

次に，2005年出版の，海上知明『環境思想』を取り上げ，そのなかでの《エコマルクス主義》の位置づけを検討したい。この著作は，実に広範に環境思想を紹介しており，しかも最新のものといえる。《エコマルクス主義》に関しては，おもに2箇所で議論されている。

---

24) 尾関周二・他編著『環境思想キーワード』青木書店，2005年，6頁以下参照。

《エコマルクス主義》に関しては，全体として，マーチャントよりもさらに低い評価が下されている。マルクスに関しては，パスモア，ヘンリック・スコルモフスキ，メラーらのマルクス評価を紹介しつつ，それらに依拠して，「マルクスの生きた時代は，進歩と機械論と科学信奉が風潮であった。この呪縛からはマルクスも抜け出ていない」と述べ，「マルクスが自然を人間のために効用をそなえた物質とみなしたこと」を主張する。さらに，「もちろんマルクスを評価しようという試みもあるが，あまりうまくいっていないようである」と総括し，『経哲手稿』などに見られる断片的叙述に注目することによって，それをエコロジー的であると評価することは「正しくない」，と断定される。マルクスとエンゲルスの関係に関しては，ハワード・パーソンズが環境問題に関連してエンゲルス『自然弁証法』を引用するとしても，実はそれはマルクス自身の思想ではないと批判される[*25]。そして，マーシャル・ゴールドマンに依拠して，『資本論』のマルクスは，その初期と異なり，「反エコロジー的思想家である」と評価される。

他方，マルクスへの肯定的評価としては，「わずかに，リービッヒを引用して人間の排泄物を利用することが述べられていることが特筆すべきことであろう」(41頁)といわれるくらいである。

全体として，この著作では，他の論者の評価の紹介が中心であり，オリジナルのマルクス，エンゲルスが実際にどうであるのかという展開はほとんど皆無である。全体として，マーチャントよりも，はるかに低くマルクスの思想を評価する。しかも，『資本論』にたいする認識の点など，マーチャントの評価とも明確に異なっている点がある。さらにまた，最近の《エコマルクス主義》の展開，たとえば，日本における一連の著作やアメリカのフォスター，バーケットの著作などは，残念ながらまったく取り上げられていない。幅広い著作であるにもかかわらず，その点で，大きな偏りがあるといえよう。

さてもう1箇所では，「エコ・マルキシズム」という表現も出現し，今度は「ソーシャリスト・エコロジー」との関係が論じられる。「元来は自然克服に近い立場にあったカール・マルクスの思想もエコロジーに

---

25) 海上知明，前掲書，38頁以下参照。以下，本書の引用頁数を本文中に記す。

適応するように修正されていった。エコ・マルキシズムがこうして登場してきたのだ」（89頁）といわれる。ここで，「エコ・マルキシズム」という表現が登場することが注目される。このさい問題であるのは，やはりマルクス自身の思想と後代のマルクス主義者との区別と関係の問題である。もともとマルクス自身には，エコロジー思想などほとんど見られなかったが，環境問題などとの対応で，後代のマルクス主義者はエコロジー的発想を取り込んできたのだ，という主張と，マルクス自身には実は深いエコロジー的発想があったが，それを後代のマルクス主義者は（再）発見できなかったのだ，という主張とは，相互にはっきり異なる。私も含め，さきのフォスターらは後者の立場を取るが，海上は前者の立場に近いと思われる。どちらが真実かは，オリジナルのマルクス，エンゲルスらのテキストを緻密に読解することで明らかになるだろう。私が本書で目指すのは，こうした作業，およびそこから導き出される展望である。

（5）　再度，《エコマルクス主義》の微妙な位置づけについて

さて，《エコマルクス主義》と「ソーシャリスト・エコロジー」，さらに「ソーシャル・エコロジー」の区別と関係の指摘も，マーチャントの場合と同様，微妙であり，理解困難なものである。海上は，《エコマルクス主義》の立場として，アンドレ・ゴルツ，ルドルフ・バーロを挙げるが，しかし「彼らの思想は，マルキシズムというよりも，その変形か，概念の枠組みが同じ，あるいはマルキシズムの片鱗が残るといった方が妥当に思えるものである」（146頁）と付加される。さらにテッド・ベントンもこの一員に加えられる。だが私には，彼らはほとんどマルクス主義の主張を大幅に修正しているので，どこが《エコマルクス主義》的なのかが結果的にはっきりしていないと思われる。さらに彼は「ソーシャリスト・エコロジーとはもともとエコ・マルキシズムのことであった」（146頁）とも指摘し，マーチャントに従い，オコンナーをソーシャリスト・エコロジーの代表者として出している。ここではっきりしているのは，「ソーシャリスト・エコロジー」が伝統的マルクス主義にエコロジー的観点から大きな修正を加えたという主張である（147頁）。《エコマルクス主義》もかつてのマルクス主義を大幅に修正しているとされるの

であるから，この面でも「ソーシャリスト・エコロジー」との区別が不明である。年代的に古い形態が《エコマルクス主義》であるとでもみなされるのだろうか。

さて海上は，「社会派エコロジストのマルキシズムにおける位置」という興味深い図表を示している（157頁）。すでにそこでは，なぜか《エコマルクス主義》という名称は見られず，「ソーシャリスト・エコロジー」のなかに，オコンナーとともにゴルツ，ベントンらが所属させられている。いずれにせよ，彼にとって，《エコマルクス主義》という名称は，現在では「ソーシャル・エコロジー」に吸収されており，ほとんど意味がなくなったようである。バーケット，フォスターらの立場は彼によって紹介されていないわけであるが，もしこの立場がここで《エコマルクス主義》と規定されるとするならば，オコンナーとは少し異なるこの立場が事実上，消失していると見ることもできるだろう。というのも，オコンナーの場合とは異なり，フォスター，バーケットはマルクス自身のなかにエコロジカルな思想が豊かに見られると主張し，マルクス自身をあからさまに批判することはしないからである。

さて以上のようにして，海上の《エコマルクス主義》の位置づけはやはり不明瞭であるといえるだろう。こうして，マーチャントと海上の考察をとおして，《エコマルクス主義》が従来どのような取り扱いを受けてきたのかは，ある程度解明できたと思われる。また彼らの考察の不十分性も，明らかになったであろう。ここで私に与えられた課題は，従来のマルクス主義評価を検討しつつ，オリジナルのマルクスをできるかぎり正確に描出し，明確化することである。そしてその作業を通じて，さらに《エコマルクス主義》の立場をより深いレベルで構築し，その現代的意義を論ずることである[26]。

だが，マーチャントと海上の説明にまつわる困難さ（《エコマルクス主義》とはいかなるものか）は，ある意味で私自身が背負わなければならない課題でもある。というのも，ことは単なる名称問題に収まるもので

---

26) ちなみに，鬼頭秀一『自然保護を問いなおす』ちくま新書，2002年，32頁以下における「環境思想の系譜」の表では，「ディープエコロジー」「エコフェミニズム」「ソーシャルエコロジー」は取り上げられているが，「ソーシャリスト・エコロジー」や《エコマルクス主義》は取り上げられていない。

はなく,《エコマルクス主義》を提起するとしても,あらためてその内容はいかなるものになるのかがさらに問題とされるからである。オリジナルのマルクスを摘出するだけにとどまっていればそれほど問題はないが,現代的問題状況を引き受けるとなると,それだけではすまされない分野へ突入することとなる。実際私自身は,とくに本書でこれから明らかになるように,オリジナルのマルクスの思想を掘り出し,批判的論者に向けて提起するとともに,対話的精神で現代的視野から,彼らの反マルクス主義的問題提起をまともに受けとめ,かえってそこに,マルクスにたいする批判のみならず,フォスターらエコマルクス主義者の限界もまた指摘するからである。これは一種の「思想の冒険」であり,私の《エコマルクス主義》のありようもまた,「ポスト・マルクス主義」的状況のなかであらたに問われることになるだろう。

4 《エコマルクス主義》の特徴

　以上の議論のなかからでも,ある程度《エコマルクス主義》の特徴が取り出せるが,本格的には,マルクスらの思想に肉薄するなかでの結論的主張として,この思想の性格づけが可能となるだろう。だが私は,さき回りをして,《エコマルクス主義》の特徴とみなされるものを以下,6点に概括して,その輪郭を確認しておこう。それらはいずれも,たしかに《エコマルクス主義》の元祖・マルクスが意識していたものである。

(1) 人間の主体性やその発現としての労働と生産を人類の生存と発展に第1に不可欠なものとみなすエコロジーとして,基本的に人間－自然関係のダイナミズムに注目する。この点で,経済活動・産業活動と自然世界とのつながりが重視され,そこで「物質代謝 Stoffwechsel」の全体構想が大きな役割を果たす。
(2) あくまで現存の資本(制社会)への批判,市場経済への批判を基盤にすえるエコロジーである。その点で,資本の活動が人間のみならず,いかに自然環境を搾取し,貧困化し,汚染・破壊・攪乱へと

もたらすかのメカニズムを執拗に追求する*27。《エコマルクス主義》は，経済のグローバル化のなかで，環境的弱者への支援・連帯，世界各国の負担の実質的公平化などに向けて，現代的にいえば，環境的格差を批判して，「環境的正義」も追求する必要がある。マルクスにとって以上の意味での政治経済学批判が重要であり，イデオロギーや思想・文化の問題も，この批判的認識を基礎において考察されることとなる。

(3) 「自然史的過程」(マルクス) ないし自然の根源性を重視する思想として，エンゲルス的な「自然弁証法」をその土台にもつエコロジーである。現代科学からの成果でいうと，自然進化論の発展過程と，人類の社会発展との重なり合いと相互促進を重視する「共進化 co-evolution」の構想をもっている。

(4) 学問的にいうと，従来の政治経済学の批判的摂取のみならず，近代自然科学の成果にも注目し，それを積極的に取り入れるエコロジーとして，科学的・学問的 (wissenschaftlich) であることを標榜する。それは，もちろん社会批判を欠如した科学主義・合理主義を批判するとともに，一種のロマン主義・神秘主義思想であることもまた拒否する。

(5) 古代から現代までの哲学史的伝統にも意識的に注目し，方法論からすると，古代ギリシャ以来の「唯物論」と「弁証法」の立場を自

---

27) 自然への「搾取」という表現は，マルクス自身が使っていると見られる。マルクスによると，前近代社会で土地が永久の共同財産として人間世代の連鎖のなかで自覚的に取り扱われたのにたいし，資本制社会では，利潤を高めようとして，「地力の搾取や濫費 die Exploitation und Vergeudung der Bodenkräfte」が現れる (*MEW* 25, 820.(5) 1040頁) という。この場合の Exploitation は，単に「利用」「開発」などの穏健な意味ではなく，むしろ「搾取」と訳されることがふさわしい。さらにマルクスは，地力の「浪費 Verschleuderung」(*MEW* 25, 821.(5) 1041頁) というような，類似の表現も使う。自然への「搾取」という表現の必然性は，以下の二つの点から由来するだろう。第1に，自然の生産性や豊かさに注目され，それが価値形成に利用されるのに，自然にたいして「労賃」が払われないという「自然の無償性」の規定。第2に，自然全体やとくに土地にたいして，資本家がそれを過度に利用し，実際にそこに含まれている自然成分や自然の性質を奪い，貧困化し，不正常な状態にもたらすということである。たとえば，マルクスは農業生産では，窒素，燐酸などの土地の有機成分を奪い，地力を低下させることを念頭においていた。さらに現代では，森林の過剰伐採や過放牧による草原の消失，地下水の汲み上げすぎなどによって，土地を不正常な状態にすることが考えられる。

覚的に継承し，発展させるエコロジーである。それはおのずと，従来の古い唯物論とヘーゲルに代表される弁証法的観念論との高次元での統一として（「フォイエルバッハに関する第1テーゼ」参照*28），弁証法的な《実践的唯物論》を基礎としている。

(6)　資本主義までの人類史の発展を「史的唯物論」として展望し，その歴史段階を弁証法的方法によって総体的に総括し，「自然主義」と「人間主義」の統一を実現する共産主義社会を目ざす。こうして，社会における階級的問題を中心に，差別・抑圧の解消に向けて運動するのみならず，将来社会で資本と自然との衝突・矛盾を解消し，人間－自然間の「物質代謝」を共同で統制しようとする。

　以上の(1)と(2)は，マルクスの現実批判の核心をなすものであり，マルクスを重視する者ならば，全員が肯定する説明であろう。(3)はマルクスが初期から後期まで保持したテーマであるが，それほど展開されているわけではなく，私はそれをエンゲルスの「自然弁証法」と結合して具体化したい。(4)と(5)は，広くマルクスの学問的・方法論的態度であるといえるだろう。私はこれらの規定を無視すれば，オリジナルのマルクスの再現とはならず，マルクスへの見方も偏ることとなると考える。(6)は《エコマルクス主義》の総括的規定であり，本書もこの規定に向けて叙述されている。

　ところで，以上の特徴づけは，ある意味で微妙な方向性をはらむだろう。私は上記の特徴づけを日本での議論やフォスター，バーケットらの主張を中心に，自分の見解を付加して述べた。とくにフォスターに次のような批判が見られることのなかに，《エコマルクス主義》の独自の特徴づけが見られると思う。

　「不幸なことに，社会科学におけるマルクス主義的なエコロジー思想

---

28)　念のために，その全文を掲げておく。「これまでのあらゆる唯物論（フォイエルバッハのも含めて）の主要な欠陥は，対象・現実性・感性がただの客体の，または観照の形式のもとでのみとらえられていて，人間的・感性的な活動，実践として，主体的にとらえられないことである。したがって活動的側面は，唯物論に対立して，観念論（これはもちろん，現実的・感性的な活動をそのようなものとしては知らないが）によって抽象的に展開されることとなった。」（MEW 3, 533. エンゲルス『フォイエルバッハ論』（出隆・藤川覚訳）国民文庫所収の79頁参照。

（Marxist ecological thinking）の最近の復活は，主としてエコロジー関係の政治経済学を中心においている。この立場は，これまでのところ，より深い唯物論（その哲学的ならびに科学的な立場におけるより深い唯物論）にたいしてまったく注意を払ってこなかったし，科学領域のラディカルな唯物論者たちのあいだで維持されてきた，より発展したエコロジー的唯物論（ecological materialism）にたいしてもまったく注意を払ってこなかった。」*29

　ここでは，「最近の社会科学におけるマルクス主義的エコロジー思想」の取り扱いに不満が表明されている。フォスターがここで，だれを批判しているのかは明示されていない。だがこれを，前記のオコンナー（およびそのグループ）とすることも可能と思われる。いずれにせよ，フォスターがここで，《エコマルクス主義》を政治経済学的偏向から回復しようとしていることに注意すべきである。私もまた，このフォスターの不満に共感する。以上の6つの規定のうち，(5)の「唯物論」や「弁証法」の重視の項目が，ここに関わるだろう。そして，「科学領域のラディカルな唯物論者たち」というのは，リチャード・R・レウォンティン，スティーヴン・J・グールド，リチャード・レヴィンズらの唯物論的弁証法の立場に立つ自然科学者のことであろう*30。いずれにせよ，《エコマルクス主義》では，人間史（史的唯物論）をより広く自然進化史と結合するような構想が不可欠である。

　以下第Ⅰ部において私は，まずは従来のマルクス主義の立場を批判的に総括するなかで，いかなる根拠でマルクス主義が《環境論的転回》を内部からひき起こすことができるのかを探究したい。

---

29) Foster, *Op. cit.*, p.253f. 前掲訳，396頁。
30) Foster, *Op. cit.*, p.251f. 前掲訳，393頁以下参照。なお，Merchant, *Op. cit.*, pp.150-3. マーチャント，前掲書，202-06頁にレヴィンズとレウォンティンの理論の紹介がある。

第Ⅰ部

マルクス主義の《環境論的転回》

第 1 章

《環境論的転回》はどのようにして生じたのか？

―――――――――

1 マルクス主義のタイプ分け

　地域的公害のみならず，地球規模の環境破壊が問題とされている現在，マルクス主義や社会主義の立場からも，環境問題や環境思想が多様に論じられてきた。私がここで検討したいのは，そもそもマルクス自身の哲学や世界観が本来どのように規定されるべきかをまず論じることであり，それを前提として，この思想がいかにして環境思想へと転ずることができるのかという問題である。従来，マルクスの思想が事実として，環境思想的なものを含むということがしばしば主張されてきたが，このようなかたちで周到に考察されたことはほとんどなかったように思われる。換言すると，マルクス主義の，とくにその唯物論哲学を正確に理解すると，それがおのずと環境思想にも対応できる内容を保持していることを論証したい。だが，マルクス主義哲学の正当な理解は，過去においてきわめてむずかしかったといえよう。こうして本章では，マルクスらの環境思想の内容を詳細に論ずる前段階として，エンゲルスの「自然弁証法」をめぐる従来の論争を再検討しつつ，マルクス主義の《環境論的転回 ecological turn》の可能性と成立根拠を追究したい。

　（1）　3つのタイプ分け
　マルクスの唱えてきた哲学の根本性格は何だったのだろうか。それがとくに，唯物論的で実践的・批判的なものであったことは疑いない。こ

の立場が，従来いわれてきた「マルクス・レーニン主義哲学」ないしスターリン哲学などではなくて，むしろそれとは明確に異なるものであったということは，多様な論争を通じてすでに明らかになってきた。ところで私の意見では，従来，マルクス主義の哲学的性格に関しては，おおむね3つの解釈が存在してきたと考えられる。

（1）スターリン，ミーチンらによって宣伝され，おもにソ連・東欧の社会主義圏で国定の哲学と定められ，教科書にも記述された「マルクス・レーニン主義哲学」。かつて「哲学のレーニン的段階」[*1]と喧伝されたものも，ほぼ同一の内容をもつだろう。

（2）ヒューマニスティックで人間中心主義的な，いわゆる「西欧（洋）マルクス主義」。ジョルジュ・ルカーチ，カール・コルシュ，アルフレート・シュミット，レチェク・コラコフスキ，さらに旧ユーゴのプラクシス・グループ（ミハイロ・マルコヴィッチ，ガーヨ・ペトロヴィッチら），そして実存主義者サルトルらもここに属すると見ていい[*2]。

（3）旧東独で，アルフレート・コージングやヘルムート・ザイデルらによって1960年代以後活発に議論された立場。その内容が日本でも紹介・導入され，全国唯物論研究協会などで同様に活発に議論された立場。《実践的唯物論》といわれる。かつて私自身は，この立場から論争に参加した。

さて以上のタイプ分けに関しては，人物的系列でいえば，以下のようなものが考えられる。

　　　　　①マルクス──②エンゲルス──③レーニン──④スターリン[*3]

(1)の立場は①から④までを首尾一貫したものとして主張する。血の

1）「哲学のレーニン的段階」への批判の詳細については，拙著『ポスト・マルクス主義の思想と方法』こうち書房，1997年，における第3章「『哲学のレーニン的段階』とはなんであったのか？」を参照。

2）「実践の哲学」を説くグラムシを，エンゲルスや「自然弁証法」との関係でここに属させていいかどうかは，研究不足でいまの私には不明である。参考までに述べると，グラムシは，マルクスと並んでエンゲルスを「実践の哲学」の創始者と名づけ，両者の関係を慎重に考えるべきだと示唆している。片桐薫編『グラムシ・セレクション』平凡社，2001年，327頁以下。

3）この区分に関するアイディアは，太田仁樹「マルクス主義思想史の中のレーニン」，上島武・村岡到編著『レーニン　革命ロシアの光と影』社会評論社，2005年，11頁以下を参照した。

第1章 《環境論的転回》はどのようにして生じたのか？ 33

大粛清をおこなったスターリンを挙げるのは具合が悪いと見る場合は，①から③への継承・発展関係を主張し，④の前で系列を切断するかもしれない。だがいずれにせよ，その理論的内容は同一である。(2)の立場は，基本的に，①と②のあいだで切断をおこなう。すでにエンゲルスは，マルクス主義の歪曲者とみなされる。スターリンはもちろんのこと，一般にレーニンも批判される。さて，(3)のなかには多様な立場がある。旧東独では，エンゲルスがあからさまに批判されることはなかったようだが，その代わりに，『経哲手稿』「フォイエルバッハ・テーゼ」『ドイツ・イデオロギー』などを書いた初期マルクスのなかの実践的思想に注目される。だが，思想的に自由な日本では，エンゲルスやレーニンへの批判もおこなわれた。この点からすると，(3)は，(2)と同様に，②の前で切断線を入れることになる。ただし私の場合は，以下に述べるように，エンゲルスの扱いは，(2)の西欧マルクス主義とはいささか異なる。ところで，中国でも，マルクス主義的唯物論の立場から，哲学原理論争が日本と同様なかたちで1980年代後半から1990年代にかけておこなわれており，それが日本へも紹介されてきた[*4]。まことに興味深いことに，社会主義中国において，マルクス主義を歪曲した3つの代表的著作として，何とエンゲルス『フォイエルバッハ論』，レーニン『唯物論と経験批判論』，スターリン『弁証法的唯物論と史的唯物論』が挙げられることもあった[*5]。

さて，(1)の立場は，スターリン『弁証法的唯物論と史的唯物論』が典型的であるが，旧ソ連の教科書『哲学教程』や，旧東独で実践的唯物論論争が政治的介入をうけたのちにあらたに作成された教科書『弁証法的・史的唯物論』などもその実例である[*6]。たとえば，スターリンでは，まず一種の広義の自然観が「弁証法的唯物論」として展開され，それを

---

4) 『ポスト・マルクス主義の思想と方法』（前掲），第1章4節「中国の哲学原理論争に触れて」における劉綱紀と高清海の見解の検討を参照。興味深いことに，中国でも，「物質本体論」対「実践本体論」というかたちで，マルクス・レーニン主義的見解と西欧マルクス主義的見解の対立が再現されている。

5) 劉綱紀「マルクス主義における〈唯物論〉概念の再考」，刊行会編『季報・唯物論研究』43／44号，1992年，29頁に見られる見解である。

6) スターリン『弁証法的唯物論と史的唯物論』（石堂清倫訳）大月書店，国民文庫。ソ連邦科学院哲学研究所編『哲学教程』（森宏一・寺沢恒信訳）全4冊，合同出版社，1959年。ゲッツ・レートロー他『弁証法的・史的唯物論』（秋間実訳）全2巻，大月書店，1973年。

「押し広げ」、「適用」するかたちで、社会の認識ないし「史的唯物論」が語られる[*7]。こうした傾向は、次節でも述べる後期のエンゲルス哲学に始まっており、それをすっきり定式化したものである。社会的成立過程の考察なしに自然観や弁証法的カテゴリー論として展開される「弁証法的唯物論」は、批判的根拠づけなしの一種の思弁的な「存在論 Ontologie」へと変質してしまい、マルクスの《実践的唯物論》とは無縁のものとなる。スターリンのこの啓蒙的著作では、もちろんマルクスの命題も散りばめられてはいるが、その根本精神は理解されていない。これ以後のマルクス・レーニン主義の立場は、含蓄のあるオリジナルのマルクスを学問的に再現しようとするよりも、それを政治的道具として利用するために、それ以後の後期エンゲルス『フォイエルバッハ論』『反デューリング論』『空想から科学へ』『自然弁証法』や、さらにレーニン『唯物論と経験批判論』、スターリン『弁証法的唯物論と史的唯物論』の解説書などにおもに依拠した。そしてそれを、「マルクス・レーニン主義」と称したのである。そこでは、若きマルクスの思想的格闘を表す『経哲手稿』などは、未熟なマルクスの著作として軽視された。私はこのマルクス・レーニン主義の立場の紹介と批判を前著『ポスト・マルクス主義の思想と方法』できわめて広範かつ詳細におこなったので、ここではくり返さない[*8]。

(2) 注意すべき2つの点

マルクス主義の《環境論的転回》の点でとくに重視したいのは、マルクス自身の思想を除けば、以下の2点である。

---

7) スターリン、前掲書、96頁参照。
8) ヨーロッパでは、さらにアルチュセールのマルクス主義理解が存在するが、周知のように、これはマルクス主義のヒューマニズム的解釈を批判し、さらに青年期の著作とそれ以後の著作とのあいだに「認識論上の切断」を想定する。彼によれば、「フォイエルバッハ・テーゼ」と『ドイツ・イデオロギー』は、「切断期の著作」といわれる。彼の主張には興味深い点がいくつかないわけではないが、マルクスの読解としてはきわめて荒っぽいものであり、彼はマルクスを借りて自分の意見を語っているだけである。その点は、訳者自身の河野健二がアルチュセールを批判するとおりである。アルチュセールの立場には、ヒューマニズム批判を掲げるわりには、環境思想につながるような自然観は見られないようである。ルイ・アルチュセール『甦るマルクス』(河野健二・田村俶訳)I、人文書院、1973年所収の「今日的時点」、および同書の「解説」を参照。

第1は，マルクス，エンゲルス以後の歴史的状況である。この点はすでに序論でも触れたが，あまり指摘されない盲点であろう。フォスターが紹介するように，ソ連においても，実は1920，30年代のレーニンの時代では環境思想や環境運動が重視されていた。それがスターリニズムの粛清のなかにあって，以後，消失させられてしまったという歴史的状況が見られた。すなわち，マルクスやエンゲルスを少し丁寧に読めば，彼らが環境問題をいかに重視していたかを理解できたはずである。ブハーリンを筆頭に，フォスターは旧ソ連の2大生態学者として，ヴェルナツキーとヴァヴィロフを挙げている。とくに後者は，生物圏の分析や，地球化学（または生物地球化学）の創始者として国際的名声を得たという*9。1970年代以後，《エコマルクス主義》が復権しつつあるが，これはまさに当時のソ連社会主義の環境思想の，文字どおりの「復権」なのである。本書も，マルクスの再読を中心に，この復権の作業をおこなっている次第である。この点で，マルクスの思想でいえば，のちほど議論の俎上に載せられるが，彼の自然の歴史（自然史的過程）と人間の歴史（人間史的過程）の相互浸透の思想，すなわち彼による《自然主義＝人間主義》（この点は，本書第Ⅰ部4章6節で展開される）の雄大な構想が注目される。

第2は，当時は注目されたが，それ以後，まさにマルクス・レーニン主義のひとつの淵源として，とくに西欧マルクス主義から徹底して批判されてきたエンゲルスの，とくに「自然弁証法」の構想の（批判をともなった）復権である*10。この点ものちほど詳しく考察されるが，マルクスのいう「自然史的過程」の議論は残念ながら，抽象的でそれほど中身が展開されているわけではない。いうまでもなく，エコロジーの立場は，まずもって自然の自立性，根源性への注目がなければ始まらない。人間

---

9) John Foster, *Marx' Ecology*, Monthly Review Press, New York, 2000, p.241ff. 渡辺景子訳『マルクスのエコロジー』こぶし書房，2004年，377頁以下参照。なお，ヴァヴィロフの重要性，ルイセンコとの対立などの状況については，いいだもも『エコロジーとマルクス主義』緑風出版，1982年，54頁以下に言及されている。

10) エンゲルスへの詳細で徹底した批判的検討は，拙著『ポスト・マルクス主義の思想と方法』（前掲）における第9章「エンゲルス研究における論争と到達点」および第10章「エンゲルスにおける唯物論・弁証法・自由論」ですでに遂行された。私にとって，いまもこのエンゲルス評価は変わっていない。

中心主義の思想だけで環境問題を根拠づけることには、どうしても無理がある。そして、自然の歴史的発展性、自己運動性、自然内部の有機的連関などを当時の自然科学の成果にそってとらえようとしたのが、エンゲルスの「自然弁証法」であった。そしてその自然史的発展のなかで人間の誕生があり、人間の歴史の出発点がある。だから、さきほどのマルクス的な第1点に含まれる自然史的過程の議論は、このエンゲルス的な「自然弁証法」によって的確なかたちで補われなければならないだろう。

　私は以下で、とくに環境思想を念頭におきながら、西欧マルクス主義のエンゲルス批判を考察したのちに、私の理解する、弁証法的な《実践的唯物論》を提示したい。

2　「自然弁証法」をめぐる相反する評価

　エンゲルスの「自然弁証法」についての本格的な叙述は本書第Ⅰ部4章のあとの「補論2」でなされる。ここでは、エンゲルスの評価をめぐる分裂状況を検討したい。いうまでもなく、さきのマルクス・レーニン主義にとって、マルクスとエンゲルスは理論的にも実践的にも一体化している。その意味で、「自然弁証法」はマルクス主義の体系構成にとって不可欠であった。

　エンゲルス哲学一般への批判の詳細についてはすでに私は述べたので、ここではあえて単純化して要点を述べたい。彼らマルクス・レーニン主義者はおもに、このエンゲルス的「自然弁証法」のなかに、単に一種の自然科学の総括を見るだけではなく、同時にそこに、世界を普遍的に把握するための認識論的装置である、唯物論的弁証法のカテゴリーや弁証法的諸法則も属している点に注目する。そして一般に、彼らは、自然弁証法に見られる物質的世界観、さらに論理学にも見られる一種の抽象的世界観を「弁証法的唯物論」として先導させて、そこから次に社会の弁証法的認識を展開しようとする。この「弁証法的唯物論」はすでに、当時のマルクス主義の進展と自然科学の発達によって実証されていると、エンゲルスは考えた。このさいに、この何らかの広義の自然観は、実は、そこで社会批判、イデオロギー批判による理論構築が遂行されて

いないという原理的な欠点をもっていたが,「科学」の名前で正当化されていることによって,それはおのずと永遠の真理を語る「存在論 Ontologie」の立場に接近するものであった。マルクス・レーニン主義哲学が当時の社会主義国家で聖典視されたかぎり,それは,キリスト教的真理を把握しようとするスコラ哲学の姿にも重なるだろう。

さらにここで問題としたいのは,あれほどまでにエンゲルスがマルクス・レーニン主義で重視されていたのに,彼の「自然弁証法」,つまりその弁証法的自然観が,スターリン支配以後,少しもエコロジーや環境問題にたいする導きの糸としては利用されなかったことである。さきほどフォスターの見解を述べたが,ここに,ひとつの歴史的由来をもつ,捩じれた関係がある。

他方,西欧マルクス主義のエンゲルスへの対応はどうか。

一部エンゲルスに由来するマルクス・レーニン主義が一種の「存在論」でもあり,他面において,科学主義を標榜する一種の「実証主義」であることにたいして,ヒューマニズムと人間実践の立場から強烈に反対してきたのが,この西欧マルクス主義であった。だが,興味深いことに,マルクス・レーニン主義とは逆に,彼らはエンゲルスを批判するがゆえに,その「自然弁証法」も当然にも承認できないので,「自然弁証法」に含まれる自然重視の思想やエコロジー的立場に無理解であった。おおむね彼らは,反スターリニズムという長所をともないながらも,逆に狭い意味での人間主義・ヒューマニズム(=反自然主義)に陥っていった。ところで,さきほど引用したフォスターは,まさにエコロジーの観点からエンゲルスの「自然弁証法」を再評価する。彼は《エコマルクス主義》の立場から,ルカーチらの「批判的西洋マルクス主義」を批判し,「より深い徹底した唯物論」を対置する[11]。

だが,エンゲルスの「自然弁証法」を結局は承認しないにしても,西欧マルクス主義もそう一枚岩ではなく,単純でもなかった。興味深いことに,そこに彼らのあいだでの理論的葛藤もあった。ここで,フランクフルト学派に属するアルフレート・シュミットのルカーチ批判の議論,さらにミハイロ・マルコヴィッチらの旧ユーゴの「実践の哲学」の議論

---

11) Foster, *Op. cit.*, p.8. 前掲訳,25頁以下。

を考察しよう。なお，シュミットについては，さらに第Ⅰ部2章2節以下で詳しく述べたい。というのも，彼においても，マルクスに即して，さらに興味深い洞察が展開されているからである。

3　西欧マルクス主義と「自然弁証法」

（1）　シュミットのルカーチ批判

　シュミットは実は，のちに述べるように，初期マルクスに明示されている自然の歴史と人間の歴史の統一という問題設定をよく把握していた。彼はそれを，「社会の自然的媒介」と「自然の社会的媒介」と名づけた。ところで，ルカーチは『歴史と階級意識』で次のように述べていた。

　　「自然はひとつの社会的カテゴリーである。すなわち，社会の一定の発展段階において自然はどのようなものとみなされるのか，人間にたいするこの自然の関係はいかなるものか，どのような形態において人間と自然との対決がおこなわれるのか，したがって，自然はその形態と内容，その範囲と対象性に関して何を意味しなければならないのか，これらのことはつねに社会的に制約されている。」[*12]

　ここでルカーチは，自然はそれ自体として考えられるのではなく，つねに社会と人間実践に媒介されて把握されるべきだということを強調した。その意味で，実は自然は一種の「社会的カテゴリー」なのである。現代風にいえば，これは一種の社会的構築主義の立場だといえよう。だが，シュミットのルカーチ批判によれば，「自然がひとつの社会的カテゴリーであるならば，同時に，社会はひとつの自然的カテゴリー（Naturkategorie）を表示するという逆の命題が妥当する」[*13]。つまりルカーチは，「自然の社会的媒介」という，事柄の半面しか見ていない。

　　12）　Georg Lukács, *Geschichte und Klassenbewußtsein*, Der Malik-Verlag, Berlin 1923, S.240. ルカーチ『歴史と階級意識』（『ルカーチ著作集』第9巻，城塚登・古田光訳，白水社，1968年）386頁。なお，この引用箇所は，同書の「史的唯物論の機能転換」という論文に見られる。

　　13）　Alfred Schmidt, *Der Begriff der Natur in der Lehre von Marx*, Europäische Verlagsanstalt, Frankfurt a. M/Köln 1978, S.66. 元浜清海訳『マルクスの自然概念』法政大学出版局，1971年，66頁。

自然も人間の歴史のなかで改良され，変革され，意義づけを与えられてきたのであり，そうした社会的規定性を捨象して自然について語ることはできない。フォイエルバッハの自然哲学がそうした誤りを犯したとマルクスは批判するのであり，エンゲルスもいつのまにか，その誤りに引き込まれている……。以上の限りでは，ルカーチは正当である。マルクスの自然観を深く理解したシュミットによれば，さらに，そこに「社会の自然的媒介」が追加されなければならない。こうして「人間の協力なしに天然に存在する物質的基体」（マルクス）*14 の存在が重視されなければならない。マルクス労働過程論における「物質代謝」の構想も，自然が社会を貫き，さらに自然に還流する運動を指摘する（本書の第Ⅰ部3章で展開される）。こうしてやはりルカーチは，「自然の社会的媒介」のみに注目する，ある種の人間主義に陥っている。

　以上のかぎりで，ルカーチにたいするシュミットの批判は鋭い。だが彼も，次章で述べるように，「社会の自然的媒介」の側面をマルクスから抽出したものの，それを積極的に評価できず，アポリアに陥る。その大きな理由のひとつは，彼がこうしたマルクスの自然観を丁寧に考察しながらも，それを環境思想ないしエコロジーの観点からとらえなおすという態度が欠如している点にあるだろう。《エコマルクス主義》の立場が勃興してきた現時点から見るとまことに不思議な現象であり，マルクスの社会観を論じているならばともかく，あれほどまでに執拗にマルクスの自然観を考察しながら，環境問題との結合がシュミットには思いいたらないのである。

（2）　マルコヴィッチのルカーチ，サルトル批判

　さて，旧ユーゴのプラクシス・グループの「実践の哲学」におけるエンゲルスへの態度も興味深い。たしかに旧ソ連などのマルクス・レーニン主義にたいする彼らの批判的舌鋒は鋭く，正当である。そしてまた，エンゲルス哲学の問題点も鋭くついている。たとえば，ペトロヴィッチは正当なかたちで，エンゲルスの「自然弁証法」に疑義を呈する。とはいえ彼は，マルクス自身も弁証法的法則が社会ばかりでなく自然にも妥

---

14) *MEW* 23, 57. マルクス＝エンゲルス全集刊行委員会訳『資本論』①，大月書店，58頁。

当することを述べていることを指摘して，それほど強くエンゲルス的な「自然弁証法」を断罪はしていないようである[*15]。そして，マルコヴィッチもまた，結局，エンゲルスの「自然弁証法」を認めない。彼の提唱する「実践の弁証法」によれば，弁証法は，「（ヘーゲルにおけるように）絶対的・抽象的な精神の構造でもなく，（エンゲルスにおけるように）自然の一般的構造にも妥当せず，弁証法的認識が妥当するのは，人間の歴史的実践およびその本質的な局面——批判的思考にたいしてである」。彼によれば，物質的なものも，自然も，私たちの実践的活動の特殊に歴史的に規定された特徴によって媒介されたものである。現実「自体」，真理「自体」，価値「自体」について語ることは無意味であるという[*16]。

以上の批判は，ルカーチらの批判とほとんど同一であろう。だが，マルコヴィッチは別の著書『実践の弁証法』では，もっと複雑で注目すべきことを述べている。彼によれば，マルクスが関心をもった自然は，人間と関係している自然である。だがそれは，その自然が人間の外部に，それに先行して存在すること，自然が人間なしでも運動や法則性を保持すること，を否定しない。「逆である。実践それ自身は，みずからの活動の客体が先行して実在することを，『自然的な物質』の実在を，論理的にも現実的にも前提する。」カント的「物自体 Ding an sich」はたしかに存在するが，人間実践や価値の観点からすれば，それは空虚な概念，無内容な抽象，つまり「無 nichts」である……[*17]。私は彼の言い分を是認しよう。もちろん，人間の実践的契機なしに何ごとも認識関心の対象として与えられない。だが，それを承認するとした場合，マルコヴィッチがさきほど認めた自然の運動や法則性は，さらにどのように対象化され，認識されるのか。その問題が次に出てくるはずである。これこそエンゲルスの「自然弁証法」の問題提起であった，と解釈できるだろう。

---

15) ガーヨ・ペトロヴィッチ『マルクスと現代』（岩淵慶一・田中義久訳）紀伊國屋書店，1970年，32頁など参照。

16) *Praxis*, Yugoslav Essays in the Philosophy and Methodology of the Social Sciences, ed. by M. Marković and G. Petrović, D. Reidel Publishing Company, Dordrecht, Holland et al., 1979, p.xxxi. ミハイロ・マルコヴィッチ他『増補・マルクス哲学の復権』（岩淵慶一・三階徹編訳）時潮社，1987年，48頁参照。

17) Mihailo Marković, *Dialektik der Praxis*, Suhrkamp, Frankfurt am Main 1968, S.37. マルコヴィッチ『実践の弁証法』（岩田昌征・岩淵慶一訳）合同出版，1970年，45頁参照。

しかし，彼の思考はここで止まるのである。

　さらに彼は，シュミット同様に，初期マルクスにおける，人間の歴史と自然の歴史の相互浸透・相互媒介の思想に注目したのちに，シュミット同様にルカーチを批判する。彼によれば，ルカーチは自然の歴史的発展を把握してきた自然科学の成果を知らず，いたずらに自然史と人間史を分離しようとした。たしかに，マルコヴィッチのこの批判は正しい。同種の批判は，サルトルにも向けられる。サルトルは，弁証法とは，現実の「全体化」の過程をとらえるものだが，社会現象とは異なり，自然にはそうした有機的全体性は見られないという。だが実は，私の見るところでは，サルトルの『弁証法的理性批判』の立場も曖昧であり，生命的有機体には，弁証法を承認してもいいような記述も残している[18]。いずれにせよ，マルコヴィッチは，自然が「外面性 Äußerlichkeit」しかもたず，弁証法的に理解されるべき内面性がそこに欠如するとサルトルが見ていると述べ，その考えは実はヘーゲル観念論にもどっている，と鋭くも指摘する。たしかにこの指摘は，ヘーゲル解釈に即しても正当である。「そのさい，サルトルが忘れているのは，われわれの身体，われわれの感官，感覚的能力が自然の一部であり，われわれが直接的な経験をそれについてもつ，その外的実在の一部であるということである。」[19]。

　以上で示されたように，マルコヴィッチは自然の弁証法に関して，ルカーチとサルトルに共通する誤った前提をずばり2つ指摘する。第1の誤った前提は自然と社会を引き離すことであり，この点で彼らは，自然科学の成果を何か機械論的なものとして粗雑に理解することともなる。第2の誤った前提は，弁証法についての狭すぎる規定である。弁証法は「思考の一般的な哲学的方法 allgemeine philosophische Methode des Denkens」でありえず，歴史研究と解釈の方法でしかありえないとされる[20]。要するに，私の考えでは，マルコヴィッチはここに，ヘーゲル

---

18)　竹内芳郎・矢内原伊作訳『弁証法的理性批判』第1巻，人文書院，1974年，95頁参照。サルトルは全体化を内発的におこなう否定作用のなかに「弁証法」を見るが，生命的有機体のみずからおこなう分解作用や排泄作用のなかにそうした否定作用があり，その意味で，生命に弁証法の萌芽があるとされる。この認識は正しいだろう。ここから自然弁証法の探究が始まるはずである。

19)　Marković, *Op. cit.*, S.51.『実践の弁証法』（前掲），65頁以下参照。

20)　*Ibid.*, S.48. 同上，62頁参照。

とサルトルに共通するある種の人間中心主義（同時に観念論的立場）を
かぎとったのだ。

（3） エンゲルス的「自然弁証法」の可能性への模索

　以上のルカーチ批判，サルトル批判は，私の考えでは正当であり，注目に値する。人間の自然的身体論にまで言及すれば，実は《エコマルクス主義》まであと一歩なのである。実に本書第Ⅱ部の主題は，「自然は人間の非有機的身体である」という命題であった。それでもマルコヴィッチは，エンゲルス的「自然弁証法」を承認できない。ところで，実はほかにも，「自然弁証法」に関する興味深い叙述がある。彼は，自然観というものに関して，それは，生（ナマ）の外的自然と，一定の時代と社会的条件のあいだの相互作用のなかにしか見られないと指摘する。たとえば，太陽系の本性，数学，相対性理論，量子力学，ダーウィン進化論，遺伝学，機械論と生気論などの本性についても，すべて文化的・イデオロギー的争いの影響を受けるのであり，これが何か「事実に関しての，受動的で情熱のない，純粋に知的な反省」ではありえない，という[21]。

　マルコヴィッチは以上のことを，エンゲルスの「自然弁証法」への批判として考えている。もちろんエンゲルスの「自然弁証法」の構想や論拠に不十分な箇所があることは，私としても積極的に認めたい。だがそうすると，「自然弁証法」の構築が「何か純粋な知的反映の営みではありえない」という以上の条件を是認したのちに，唯物論的立場からの「自然弁証法」はあらたに成立可能といっていいのだろうか。再度，こうした疑問が浮かぶ。

　ただこのとき，私には，いまのマルコヴィッチの批判を裏書きすることになるが，ひとつの条件があると考えられる。エンゲルス的な「自然弁証法」は，単純に当時の多様な自然科学からの実証的な結果として，おのずと出現するものではない。そんなことは事実上，ありえないことである。それは，唯物論的か観念論的か，さらに神秘的か，不可知論的か，機械論的かなど，いかなる態度や方法によってアプローチするのかといった問題を含めて，主体的な哲学的総括として，その多種多様な自

---

21) *Ibid.*, S.49. 同上，63頁参照。

第1章 《環境論的転回》はどのようにして生じたのか？

然科学の知識を，エンゲルスならば，唯物論的立場からあえて解釈する結果においてはじめて獲得されるということである。いうまでもなく，エンゲルスとは別様の自然哲学もありうるのであり，まさにヘーゲルは弁証法的ではあるが，観念論的な立場から別の自然哲学を説いた。周知のように，現時点でも，マルコヴィッチが列挙したような自然科学の成果を眼前にして，多様な自然観・自然哲学が渦巻いているのである。エンゲルスの注目するダーウィン進化論を取っても，その解釈は多様であり，またこれを承認しない宗教的立場も，何か科学的装い（いわゆる「知的計画説」）を取って現れている。エンゲルスは，明快な自覚がないが，まさに唯物論の立場から，彼はある種イデオロギッシュに自然科学の総括を試みたのである。ありのままに自然科学を眺めれば，おのずとエンゲルス的「自然弁証法」に到達するという考えは，あまりにも楽観的であろう[22]。私としては，唯物論と弁証法の立場がもっとも説得的に自然の問題をとらえると考えて，エンゲルス的「自然弁証法」の復権を試みているわけである。

　以上のように構想できるとすれば，エンゲルスの「自然弁証法」もひとつの哲学として成立可能であろう。いままでマルコヴィッチが柔軟な思考で，エンゲルス的な「自然弁証法」の手前にまで来たことを見てきた。彼がこの一線を超せないのはなぜか。やはりそこに，環境問題の解決に必要なエコロジー的自然観の必要性が彼に見られないということが大きいと思われる。事実，彼の著作では，環境問題はほとんど語られていない（参考までに述べると，『マルクス哲学の復権』における彼の論文は，明示されていないようだが，そこに引用された文献の年代から見て，1970年代中葉には書かれている）。彼は自然史と人間史の統一の構想に至りながらも，あまりにも，人間主義の思考が強かったといえるだろう。彼においては，まだマルクス主義の《環境論的転回》は開始されていず，その手前にとどまったままである。

22）この点はこれ以上述べられない。以前私は，ヘーゲルの自然哲学との関連で，エンゲルス的「自然弁証法」を，当時の自然科学的知識から何か単純に導出しようとし，それを正当化した旧東独のヘルムート・コルヒを批判したことがあるので，そこでの説明を参照されたい。拙著『ヘーゲル弁証法と近代認識』未來社，1993年，77頁以下。

4 《実践的唯物論》による《環境論的転回》

　マルクス主義は単なる社会批判や政治批判の理論でもないし，単なる主体的実践論でもないし，ましてや社会思想史の類でもない。フォスターが強調するように，マルクス主義はより広い意味で自然観を内包し，みずからの身体性が自然由来のものであることを自覚する。この意味で，マルクス主義哲学は社会的関係のみならず，人間－自然関係を内包した唯物論なのである。この自覚は，私の考えでは，弁証法をともなう《実践的唯物論》によってはじめて果たされる。「弁証法」を付加したのは，ヘーゲルに由来する弁証法的方法こそが，《実践的唯物論》の扱う複雑な対象を十分に把握できると考えるからである。もちろん弁証法すらも，逆に，《実践的唯物論》の立場から，その歴史的・社会的発生源が解明されなければならないのであって，それは何かア・プリオリな意味で哲学的方法であるのではない。

　私は拙著『ポスト・マルクス主義の思想と方法』において，《実践的唯物論》について詳細に理論化しておいたので，ここでは要点のみを述べる。マルクスに固有の《実践的唯物論》とは，端的にいって「物質的で対象的な労働を中心にすえ，実践的主体としての現実的諸個人を世界の形成根拠とみなす思想であり，共産主義を最終目標と考える立場である」[23]。拙著で，さらに，10項目にわたって《実践的唯物論》の規定を詳細に展開したので，参照願いたい[24]。誤解のないように付言したいが，《実践的唯物論》の核心は，あくまで史的唯物論などの歴史認識ないし社会認識である。マルクスも資本制社会の認識を中心に，そこに心血を注いだ。だが，その認識も，徹底した自然主義で裏打ちされているといえよう。ところで，芝田進午のように，マルクス主義の「史的唯物論」を，人間の歴史の理論とは見ずに，「人間的自然，社会，認識をも包含するところの自然史的唯物論である」と主張し，この用語を人間の歴史に限定する通説を批判する場合もある[25]。たしかに，シュミット

---

23)　『ポスト・マルクス主義の思想と方法』（前掲），23頁。
24)　同上，23-26頁参照。
25)　芝田進午『実践的唯物論の根本問題』青木書店，1978年，196頁などを参照。

らが洞察したように（次章を参照），マルクスにこうした雄大な「自然史的過程」の構想は存在する。だが，この解釈は史的唯物論の独自性を薄めかねないもので，私は「史的唯物論」のもとで，やはり人間独自の歴史を考えておきたい。

ところで，通例の考え方からすれば，実践や主体性を重視するこの立場は，人間中心的で近代主義をまぬかれていず，環境問題の基礎づけには適合しないものと映るかもしれない。だが私はむしろ，拙書『ポスト・マルクス主義の思想と方法』で示したように，この《実践的唯物論》の立場およびマルクス自身の思想は，環境問題にも重要な示唆を与えるものと考えてきた。

したがって私は，拙書で《実践的唯物論》の性格規定を，できるかぎり環境問題にも適合するように展開しておいた。たとえば，その第4規定は以下のようである。

「人間の主体的実践活動は……自然世界を大前提としておこなわれる。それはけっして，自然を人間理性のための利用・変革の素材に貶めるものではない。むしろ人間が根本的に自然から生まれた自然存在であるからこそ，外的自然を要求するのであり，外的自然からすれば，人間的自然もまたその対象であり，受動的存在であるという逆の関係も存在する。外的自然は人間にとって，不可欠な生命そのものである。」[*26]

これはおもに，フォイエルバッハの人間学的唯物論から批判的に継承された。すなわち，フォイエルバッハは一方で，思考・精神にたいする感性・物質・自然の優位を説いたが，他方では，愛などの観念を媒介して，「人間と人間の共同が真理と普遍性の最初の原理であり，基準である」[*27]として，人間中心の思想も説いた。総じて彼の立場が，「人間学的＝唯物論」といわれる所以である。だが彼は，いかにしてこの唯物論（自然主義）と人間（中心）主義が統一されるのかについての具体的根拠を展開できなかった。若きマルクスはこの問題と格闘し，そして《自然

---

26) 『ポスト・マルクス主義の思想と方法』（前掲），24頁。

27) Ludwig Feuerbach, Grundsätze der Philosophie der Zukunft, in: Feuerbach, *Gesammelte Werke 9*, Akademie-Verlag, Berlin 1982, S.324.フォイエルバッハ『将来哲学の根本命題・他二編』（松村一人・和田楽訳）岩波文庫，第41節。

主義＝人間主義》の構想に到達したのである。いずれにせよ，ここにある問題設定は，自然であるがゆえに絶対的に受動的な存在（人間）が，そこから発していかにして実践的能動性を獲得し，社会や文化を形成するかというものであった。

　こうして，以下の『経哲手稿』の叙述のなかに，人間が受動的で対象（自然）から制約される自然存在であることが明示される。つまり人間は進化過程の結果として，たしかに「ひとつの活動的自然存在」へと生成しているが，だがそれでも，第一義的に身体をもった自然存在として，「動物や植物がまたそうであるように，ひとつの受苦的な，条件づけられた，制限された実在（ein leidendes, bedingtes und beschränktes Wesen）である点をまぬかれない。すなわち自分の衝動の対象はその外に，自分から独立な対象として現存している。だが，これらの対象は自分の欲求の対象であり，その本質力を活動させ，確証するのに不可欠な，本質的対象である」[28]。さらにまた，人間の神的なまでの能動性・純粋性を強調する観念論にたいして，「対象的な実在〔人間〕が対象を創造し，措定するのはただ，人間が対象によって措定されているからであり，人間がもともと自然であるからに他ならない」[29]と，マルクスは釘を刺すのである。

　こうして，受動的身体性をもち，外界にさらされる自然存在である人間の基本性格こそ，《実践的唯物論》の根本規定である。この意味で人間は対象である自然界とたえず交流しなければ生きていけない存在であり，「〔みずからの外部に不可欠な対象をもたない〕非対象的な存在とは，ひとつの非存在（化けもの Unwesen）である」[30]とまで断定される。自然存在である人間は，だからこそ外部の自然界にたいする身体欲求をもつ。マルクスにならい，一例を挙げよう。

　人間が食欲という肉体的衝動・欲求をもち，自然界に食料を求めて活動するのは，人間自身が動植物同様，「ひとつの受苦的な，条件づけられた，制限された実在」として，食料を含め，外界をみずからの生命の「本質的対象」として求める対象的な自然存在だからである。空腹感に

---

28) *MEGA* I-2, 408. 藤野渉訳『経済学・哲学手稿』国民文庫，222頁。
29) *Ibid.* 前掲訳，222頁。
30) *MEGA* I-2, 408. 前掲訳，223頁。

第1章 《環境論的転回》はどのようにして生じたのか？ 47

さいなまれるのは，外的自然（食料）を必要とする，人間の受苦的性格の現れとみなせる。その事実を人間の本質と無関係とみなしたり，それを恥じるのは観念論であり，唯物論はむしろその事実を積極的大前提とする。その意味で，人間は長い進化のなかでではあるが，これこれの身体的特徴をもったものとして，「措定されている」。これは『ドイツ・イデオロギー』の表現でいえば，「人間史の第1前提」が「これら個人の身体組織と，それによって与えられる，他の自然にたいする関係」[*31]に存する，ということによって示される。

　自分にとって本質的で不可欠な対象を外界にもち，それに依存せざるをえないこと，この絶対的受動性の事実から出発するのが唯物論であり，そこにまた唯物論のエコロジー的性格があるといえよう。というのも，みずからが生命をはらんだ1個の自然存在として，つねに外部の（生命を含む）環境世界と結合していることを意識するのがエコロジーの原点だからである。第Ⅱ部の中心テーマである「自然は人間の非有機的身体である」という命題は，いま述べたことに直結する。マルクス主義はこうしてエコロジー的な唯物論として再読解可能であり，だが同時にそれゆえ，それはまた実践的で批判的な唯物論として，とくに資本の活動による自然破壊を鋭く告発するし，エコロジカルな社会主義社会の構築についても一定の示唆を与えることができるだろう。こうした再読解は，マルクスの原思想を《実践的唯物論》と規定することによって可能となったのであり，それは，マルクス・レーニン主義や西欧マルクス主義の立場からの解釈では，不可能といえよう。ところで，《エコマルクス主義》を自称するジェームズ・オコンナーが，「労働と自然についてのマルクスの説明，および科学と技術についてのマルクス主義者の説明は，人間中心的である。それらの説明は，能動的な唯物論哲学に依拠する（フォイエルバッハの受動的唯物論にも，まして観念論のいかなる形態にも依拠しない）」[*32]と述べるとき，こうした単純化された説明がいかに凡庸な

---

31) *MEW* 3, 20f. 服部文男監訳『新訳・ドイツ・イデオロギー』新日本出版社，1996年，17頁。
32) James O'Connor, "A Prolegomena to an Ecological Marxism: Thoughts on the Materialist Conception of History, "*Capitalism, Nature, Socialism*, No.10 (2), 1999, p.82.

マルクス解釈に由来するかは，以上の展開で明らかであろう。こうしたマルクス読解からは，新しい《エコマルクス主義》は生まれない。

　ここにマルクス主義の《環境論的転回》が開始されるのである。人間の労働や実践も，さらに高次の文化形成も，こうして動物的身体性からの反作用でしかありえない。さらに，この受動的身体性が根底にあって，エンゲルスもまた「自然弁証法」で指摘するように，公害問題・環境問題において外的自然が破壊・汚染されると，受動的な自然としての人間は，その汚染された外的自然の影響・反作用を受けざるをえない。ここで公害としての「自然の復讐」が始まるのである[*33]。

　《実践的唯物論》と称されるものにも，かつて多様な形態があった。私の理解するそれは，《環境論的転回》に関するかぎり，以上のようなものである。だがもちろん，《エコマルクス主義》の内容は，まだほとんど具体的には語られていない。その詳細は，次章以下で展開される。

---

33)　*MEGA* I-26, 550f. 秋間実・渋谷一夫訳『新メガ版・自然の弁証法』新日本出版社，1999年，117頁。菅原仰・寺沢恒信訳『自然弁証法』(1)，国民文庫，223頁参照。

補論1　日本における環境思想

　公害や地球環境の悪化の問題を背景として，現在，日本でも多様な立場から環境問題について議論がなされている。だが，環境の思想・哲学をマルクス主義や社会主義，さらに唯物論的立場と結合するという立場は，かならずしも多いわけではない。それでも，この《エコマルクス主義》の傾向が，いままである程度示されたように，環境思想に重要な論点を付与することと思われる。以下では，不十分ながら，環境思想のいくつかの論点の整理をおこなったのちに，マルクス主義・社会主義ないし唯物論の側からの展開，さらにそのほかの立場からの展開も少し補足して，若干の紹介・検討をおこないたい。

　環境問題は，もちろん環境経済学，環境社会学，（狭義の）生態学（エコロジー），さらに環境学・環境科学，環境教育，環境政策など，さらに多様な視点から扱われなければ，その全体像をとらえることはできない。私が本書で述べてきたことは，そうした分野との結合を考慮に入れつつも，環境問題の原理的・思想的把握であった。以下では，4つの論点を環境思想の立場から提起し，その全体的視野の確保に努めたい。

(1) 自然観や生態系に関する客観的認識の問題。
(2) 人間は自然にたいしていかにふるまうべきかという意味での環境倫理の，さらに生命倫理の問題。
(3) 社会認識・社会批判や社会的なエコロジーの視点から見た環境問題。
(4) エコロジカルなライフスタイルや運動をいかに構築するかという，生活者としての人間のありかたの問題。

　以上の4つ以外にも論点があるだろうし，各論点は相互に絡み合ってもいるが，以上の論点にそって，論文集『環境哲学の探究』（『環境哲学』と略記する），同じく論文集『環境思想の研究』（『環境思想』と略記する）を中心に概観したい[1]。というのも，この2著は，マルクス主義や社会

---

1) 尾関周二編著『環境哲学の探究』大月書店，1996年。岩佐・劉編著『環境思想の研究』創風社，1998年。

主義, さらに唯物論からの立場の論文を多く含むからである。

1 自然観と生態系

　環境問題を原理的に論ずる場合, その基礎として, まずそもそも自然とは何か, さらに, 生命存在としての人間は自然世界のなかでいかなる位置づけをもつのかということが問題となるだろう。従来から哲学では,「自然哲学」という分野が存在してきたが, そこではヨーロッパにおける古代から現代までの自然哲学の発展史, さらに欧米的自然観と非欧米的自然観（日本的自然観もここにはいる）の対比, 神話・宗教や自然科学と自然観との関係などもまた問題となってきた[*2]。ここでは, 従来の自然哲学という分野の再読解が問題となる。また生物学の一分野と考えられる（狭義の）生態学(エコロジー)の成果も重要である。そこではもちろん, 水・空気・炭素などの物質循環, さらに食物連鎖なども大きなテーマとなる。以上の多様な課題が, 環境問題へ向けて解釈しなおされる必要がある。

　いままでに示唆したように, 唯物論ないし自然主義としてのマルクス主義は, (1)についても大きな関心を寄せている。尾関周二は自然哲学・生命哲学を, 近現代の人間観の変貌の問題と連動させて幅広く展開し, 示唆的である。入江重吉はとくに生物の多様性の確保, および人間と自然の持続的共生が重要だと強調する。また市川達人が述べたように, 主体・客体の相互浸透関係としての風土（和辻哲郎, A. ベルクらによる）という概念もここで注目される[*3]。私自身も前掲拙論で, 産業の基礎としての近代自然科学がいかなる自然観の変貌をもたらしたかなどに注目して, 論じてきた。というのも, ここで成立した自然観こそ, 公害や環境汚染をある意味で促進する自然観だからである。

　ここではまた, 比較文化論の立場から, 中国の陽明学や朱子学におけ

---

　2)　自然哲学史など, この分野における拙論として, 『環境思想』所収の拙論「自然哲学は環境問題とどう関わるのか？」を参照。この拙論は, 拙著『現代を読むための哲学』創風社, 2004年所収の「自然哲学は環境問題とどう関わるのか？」（第4章）として加筆・収録された。

　3)　『環境哲学』所収の, 尾関周二「環境問題と人間・自然観」, 入江重吉「生物多様性と共生の論理」, 市川達人「環境・所有・風土」を参照。

る気の思想を環境思想へ導入する試みなどもなされたり*4仏教的自然観のなかに環境思想として有益な内容を取り出そうと試みられたりする*5。こうした問題は，異文化・多文化の領域にはいるので，マルクス主義も含めて，従来の社会科学的手法では手に負えない側面が出てくるだろう（本書の第Ⅱ部5章，6章でこの問題が扱われる）。さて，桑子敏雄は，環境思想の観点から，あらたに中国の陰陽五行説，天人相関説などを読みなおすが，その視点は新鮮であった。彼の立場は一種の思想史の立場といえよう。この場合，こうした説がかならずしも，科学的に論証できるかどうかは問われない。思想史の立場からすれば，その思想が何らかの意味で有意義であれば，それ以上は問われないだろう。

　だが，唯物論でもあり，科学的であることを標榜する《エコマルクス主義》の立場からすれば，社会批判の観点や，唯物論からの科学的な観点がさらに必要であるといえる。「科学的な観点」が必要であるというのは，実際に「陰陽五行説」「天人相関説」，さらに「気」などといわれるものが，科学的に証明可能なのかに関する吟味の必要性を意味する。それは，従来の科学的な原子論的世界観のほかに，「気一元論」のような考えが科学的に成立可能かという問題である。かりにそれが実証可能とすれば，従来の自然観，エコロジー思想は根本から変革されることとなるだろう。私は近代主義者でも科学主義者でもないので，この点の可能性はまじめに検討されるべきだと考える。なお，注目すべきことに，中国では，気や気功が何と「唯物弁証法」の立場から，科学的に研究されているという指摘もある。たとえば，中国科学界の重鎮でロケット工学の世界的権威とされる銭学森は，「中医学」「気功」「超能力」などの「前科学」を「（唯物）弁証法という正しい方法」によって科学にしなければならない，と考える。そしてこの3分野は，21世紀の科学革命を導く火種であるという*6。たしかに共産主義中国では，「唯物弁証法」は

4）桑子敏雄『気相の哲学』新曜社，1996年を参照。
5）亀山純生「東洋思想からの人間－自然関係理解への寄与の可能性」（尾関周二編『エコフィロソフィーの現在』大月書店，2001年所収）の，東洋思想や仏教的自然観への慎重な取り扱いを参照されたい。なお亀山には，新著『環境倫理と風土』大月書店，2005年がある。
6）中里誠毅「気の科学・その最前線を歩く」，『別冊宝島・気は挑戦する』JICC出版局，1990年，139頁参照。さらに，「……1948年の革命によって新中国が誕生してからは，唯物弁証法の立場から，〈気〉の問題も気功も科学的に研究されるようになっていった。／〈気〉の

基本的思想であろうが，これが東洋にかなり独自の気ないし気功と結合される可能性もないわけではない。

2 環境倫理と生命倫理

　環境倫理や生命倫理というのは，現代になって注目されてきた考えであり，その研究は実践的要請もあって急ピッチで展開されてきている。その背景にはまた，従来の欧米の倫理学が基本的に人間間の，また社会内の倫理学であったという反省がある。従来の倫理学は，アリストテレスにせよ，カントにせよ，自然との関係を十分に包摂しておらず，むしろ自然は人間の下位にあり，道具的に利用されればいいという暗黙の前提があったとされる。環境倫理学では，以下のような論争問題が展開されてきた。

(1) 環境問題を考察するさい，人間中心主義に立つべきか，自然中心主義（生態系中心，生命個体中心など多様な立場が見られる）に立つべきかという問題。

(2) 人間が功利的に自然に価値を付与して自然を利用するのではなくて，自然自身に内在する価値があるのかという問題。

(3) 倫理や道徳は同時代の人々のあいだのみではなく，地球環境の悪化や資源・エネルギーの枯渇の事実を考えると，その点で未来世代にまで責任をもつべきかという問題。

(4) 人間のみではなく，動物，とくに感情をもつ高等動物にも人間と同様な「権利」を承認すべきか否かという問題。

　たとえば，河野勝彦は生命中心主義や動物の解放論から生ずる細かい賛否の論点を検討しつつ，彼自身，一種の「全体論 holism」に立ちながらいわゆる政治的「全体主義 totalitarianism」に陥らない方向を提唱し，価値の実在論（自然にも価値が内在する）を主張する。彼はどちらかというと，生態系中心の立場をとる[*7]。だがこの価値論には，強い批判も

　問題に科学のメスが入るようになったのは，中国人民の健康福祉に気功が広範に役立ったことが大きく貢献している。」（同上，127頁）。

　7) 前掲『環境哲学』の河野論文「環境倫理の諸論点」は，河野『環境と生命の倫理』

あり，唯物論の内部でも論争がなされている[*8]。また，「環境の価値」をCVM（Contingent Valuation Method 仮想評価法）によって測定する試みもある[*9]。

ところで欧米の功利主義の成果を学びつつ，加藤尚武はもっとも先駆的かつ精力的に環境倫理を展開してきた。彼の論点は以下の3つであった。

(1) 自然の生存権の問題（人間以外の自然にも生存の権利がある）
(2) 世代間倫理の問題（同時代だけでなく，未来世代への倫理も考慮すべきである）
(3) 地球全体主義（地球資源は有限なので，全体的規制をかけるべきである）[*10]

だが，この加藤の環境倫理には，次に論ずる社会批判の視点が希薄であるとみなされ，とくに牧野広義が鋭い批判を浴びせてきた[*11]。しかし，最新の議論を満載した加藤の新著『新・環境倫理学のすすめ』[*12]は，社会批判や社会認識の観点もまた充実しており，前著とはスタンスが異なるという印象を受けた。

現在では，功利主義的アプローチとは異なった，生命倫理を環境倫理と意図的に結合する，ドイツのエコロジー哲学が日本にも導入されてきた。この新しい立場は，とくに生命倫理の基礎づけとして，アリストテレスやカントを採用する[*13]。ところで，環境倫理と生命倫理をむしろ

文理閣，2000年の第2章として収録されている。

8) たとえば，高田純「環境倫理と価値論」，札幌唯物論研究会編『唯物論』第45号，2000年，24頁の批判を参照。

9) CVMについては，栗山浩一「環境政策は環境の価値を反映できるか」，『日本の科学者』水曜社，2001年6月号を参照。CVMとは，アンケートなどを用いて住民に，当該の自然環境の保全にいくら自分が支払うかを尋ね，その回答によってその環境の価値を評価するものである。アメリカ，日本においても，実際に試みられている。

10) 加藤尚武『環境倫理学のすすめ』丸善ライブラリー，1991年。

11) 牧野広義「環境倫理学と民主主義」，鰺坂真編著『史的唯物論の現代的課題』学習の友社所収，2001年。

12) 加藤尚武『新・環境倫理学のすすめ』丸善ライブラリー，2005年，vi頁参照。

13) 松田純『遺伝子技術の進展と人間の未来』知泉書館，2005年が，ドイツにおける状況を生き生きと描写している（とくに第1章）。この本の副題は「ドイツ生命環境倫理学に学ぶ」となっており，ドイツでは生命倫理と環境倫理が一体化されているという。この本の付論「穏健な生命中心主義」（同書，203頁以下）で中心的に紹介・検討されるフリエド・リケ

意識的に結合する試みがすでに森岡正博らによってなされてきたが、これは重要な視点であろう[*14]。なぜなら、環境思想もまた、人間の生命と外的自然の生命をともにどう考えるか、を考慮せざるをえないからである。この点では、さらにまた、尾関は環境思想と情報倫理をさらに結合しようとしており、新視点として興味深い[*15]。というのも新型の倫理学としては、環境倫理・生命倫理・情報倫理の3者がおもに考えられるからだ。

3　社会認識と環境問題

　この立場は、環境問題をあくまで人間がつくりだしたものとして、その社会的発生源を批判的に追求しようとする。これは環境問題を社会科学と結合するだろう。いうまでもなくこの論点は、資本主義批判・市場経済批判を中心課題としてきたマルクス主義の立場にとって重要な課題となる。これはエコソーシャリズムやソーシャル・エコロジーの立場と結合し、またエコロジカルな社会や経済体制がいかにして可能なのかを追求する。

　そのためには、資本制経済が、人類史上、きわめて特殊歴史的な社会であることの認識から始めなければならないだろう。カール・ポランニーは「経済人類学」の立場から、長い人類史のなかで、商品・貨幣を組み入れた資本制経済が成立したのはようやく近代においてであり、それ以前には、商品流通が発達していたとしても、この体制はけっして見られなかったという。彼は人間の経済一般と資本制経済を同一視する「経済主義の誤謬」を指摘し、市場の供給・需要－価格システムを絶対視する態度は、人類史の大部分を史実から捨象することだと主張する[*16]。

ンが、環境倫理と生命倫理にまたがって、動物の権利、人間中心主義と生命中心主義の対立などの問題に関して妥当な議論をしており、興味深い。
　14）森岡正博『生命観を問いなおす』ちくま新書、1994年。
　15）尾関周二『環境と情報の人間学』青木書店、2000年を参照。
　16）カール・ポランニー『人間の経済』（玉野井芳郎・栗本慎一郎訳）Ⅰ、岩波書店、1980年、36頁以下。なお、ポランニーをマルクス主義経済学の立場から詳細に論じた著作に、平野喜一郎『現代思想と経済学』青木書店、1986年、の第1章、第2章があり、興味深い。

補論1　日本における環境思想　　55

　さらに玉野井芳郎は，カール・ポランニーとマルクスを結合して，資本制経済体制の特異性を指摘する。この体制は人類史上，たかだか400年ほどしか続いていない体制であり，そこではじめて人間が土地から完全に分離され，労働力が普遍的に商品化されるという事態が大規模に生じたのである。この点で，玉野井によれば，資本制経済に関して，「土地によって代表される母なる自然＝環境が商品として分割されて販売に付されるというのも，きわめて不自然なやり方である」といわれる。この意味で，「社会から経済が分離（セパレート），離床（ディスエンベッド）」した歴史上特異なシステムが，資本制経済なのである*17。マルクスが資本制生産発生の状況として考察した，いわゆる本源的蓄積が，この歴史的事実を明示している。そこでは，従来，大地（自然）と結合していた人々が，（イギリスでいえば）囲い込み運動などの結果として，自分の仕事場としての土地から追放された状況が描かれる*18。ここで歴史上はじめて，労働力以外に何ももたない存在として，彼らは労働力商品として，資本家の前にみずからを差し出さざるをえない。この事実を原点として，《エコマルクス主義》もまた成立するといえる。

　《エコマルクス主義》とは，何らかのエコロジー的社会主義を提唱すること以外にはありえない。この点で，武田一博は，市場経済をラディカルに批判しつつ，エコロジー的社会主義を主張するが，最近はさらにそれをフェミニズムとも結合し，全体として「エコ・フェミ社会主義」を説いている*19。そしてその点から，彼はマルクス主義的共産主義の問題点を遠慮なくついている。

　17）　玉野井芳郎『生命系のエコノミー』新評論，1984年，50頁参照。
　18）　『資本論』第1部24章「いわゆる本源的蓄積」の箇所がそれを物語る。マルクスによれば，資本制生産様式の出発点である蓄積がここで描かれる。直接に生産手段に従属する奴隷や農奴とは異なり，「自由な労働者」（賃労働者）は基本的に，土地＝生産手段からの強制的分離によって発生する。将来の資本家たちは，イギリスでは，封建的従者団の解体を序曲にして，農民を共同地から追い出し，比較にならぬほどの労働者を創出した。宗教改革では，僧院に付随する農村も土地から駆り立てられた。18世紀中頃には，独立自営農民であるヨーマンリーもまた消失した。こうして，資本－賃労働関係の基礎が出現し，封建的搾取から資本制的搾取への転換が発生した。MEW 23, 741ff. マルクス＝エンゲルス全集刊行委員会訳『資本論』②，大月書店，932頁以下参照。
　19）　武田一博「エコロジーとフェミニズムをつなぐもの」，『環境哲学』所収。武田の主張は，『市場社会から共生社会へ』青木書店，1998年，としてまとめられた。

そしてまた(3)のもとで、環境問題が人類に平等に降り注ぐのではなく、社会的弱者に強く悪影響が出るといった論点が展開される(「環境的な公正ないし正義 environmental justice」の問題)[20]。さらに戸田清は、環境問題をあらたに平和や戦争の問題と適切にも結合し、新境地を開いたといえる[21]。彼のいうように、たしかに、戦争という暴力は、単に人命を奪うのみではなく、現在ではとくに、空爆、大規模爆弾、劣化ウラン弾、地雷などによって、広範な環境の破壊・汚染を必然的にともなう。また、エントロピーの経済学や資源物理学などの見地からエコロジカルな経済システムがさらに論じられているが、これは環境経済学などへつながるものであろう[22]。

4 エコロジカルなライフスタイル

上記(4)の論点は、いわば環境問題を原点として、「生活者の哲学」を説くものである。これは従来の市民運動にも通ずるが、地域の生活主体として、グリーン・コンシューマーとしてというように、あくまでも一個人のライフスタイルの構築やそこからの集団的運動が関わる。ここからさらに、エコ企業への支援、環境政策推進の運動などへと広がるだろう。この点からすると、身近なことを中心に、まずは不必要なものは買わない、廃棄物の分別にも配慮するなど、身近なことから運動が始まるだろう。企業の側でも、廃棄物問題などは大きなテーマとなっており、企業もエコロジカルなイメージにはおおいに配慮しているといえる。なお『日経エコロジー』では、企業にたいする環境ブランド調査の記事が掲載されている[23]。

---

20) 戸田清『環境的公正』新曜社、1994年が一例。戸田は、「環境的公正」のもとで、環境保全と社会的公正の同時達成を考える(同上、7頁)。そのさい彼は、環境破壊の原因・影響・対策の各レベルにおいて、エリート主義の存在を徹底的に暴いて批判する。

21) 戸田清『環境学と平和学』新泉社、2003年参照。

22) 玉野井、前掲書もその傾向をもつ。

23) たとえば、『日経エコロジー』第8号、2005年では、「環境ブランド指数ランキング」というかたちで、上位120社の順位を列挙している。これには、より詳細に、ビジネスパーソン、専業主婦、消費者などの立場からのランキングも掲載され、さらにマイナスイメージの企業もランキングされている。

さて，社会主義を念頭におくとすれば，そうした体制変革を肯定するとして，それをいかにしてエコロジカルなライフスタイルの形成と結合するかが問われる必要がある。たとえば，アンドレ・ゴルツは『エコロジスト宣言』で，資本制経済の内包する反エコロジー的な問題を指摘しつつ，「個人的・共同体的自律性」[24]を意識的に構築しようとする。逆にいえば，エコロジカルなライフスタイルを構築する可能性を社会全体が構想することがなければ，社会主義への志向も無意味となるし，現実に，その社会主義は，環境問題などを前にして行きづまってしまうだろう。実際ゴルツは，ややユートピア的に，エコロジー的社会主義の展望をわかりやすく描いている。政治的・経済的な体制を変えるということは，心や身体から始めて，日常の「生活を変える changer la vie」という姿勢をかならずともなわなければ，実際不可能である[25]。

こうして，環境問題は，当然にも机上の空論ではありえず，個人のライフスタイルの構築から出発する働きかけに大きく依拠する。たとえば，『季報・唯物論研究』が特集「エコロジー運動と思想の課題」を最近，提起する意味もここにある。そこでは，琵琶湖における生活と水環境の問題，香川県の豊島の，わが国最大と呼ばれる有害産業廃棄物不法投棄問題，熊本県南部の川辺川ダム建設問題が取り上げられ，そこにおける地域住民の生活状況と取り組みの運動が描写される。ここで多くを語れないが，現実問題としては，やはり自然と人間が深く関わり合うレベル（マルクスのいう「自然主義」と「人間主義」の統一に関係する）にしか，問題の解決はないということがいえそうだ。なぜなら，まさにそこにしか，人間の生活はないからである。ところで，状況が一変したのは，公害が発生してきた1960年代であり，それ以前は，たとえば，琵琶湖周辺の住民は，自然水を使い回して生活していたし，地域の共同体のあいだで水の共同管理がおこなわれていたという。だがそれ以後，上下水道の導入で水汲みなどの労働は楽になったが，自然と人間の距離が拡大し，同時に琵琶湖の水質汚染が加速した[26]。だがもちろん，かつての大変

---

24) アンドレ・ゴルツ『エコロジスト宣言』（高橋武智訳）緑風出版，1986年，57頁。
25) 同上，325頁。
26) 小坂育子「琵琶湖——水と人のかかわりから暮らしの変遷をみる」，『季報・唯物論研究』第85号，2003年，14頁以下参照。

な生活にもどれるわけでもなく，新たなレベルで自然と人間の関わりあい（統一）を創造的に再構築するより仕方がない。

　小坂育子がフィールドワークの立場から，地域住民のかつてのエコロジカルな生活ぶりを描いたのにたいして，他方，同誌は，企業による有害産業廃棄物の違法埋め立て問題にたいする，県議会議員である石井亨の告発や，さらにその問題にたいする住民の闘いぶりを描く。多様な重金属類やダイオキシンなどが高濃度で存在していることも確認され，そこから事業者と香川県にたいする住民の運動が始まった。1970年代から現在まで闘われた違法操業の問題は，香川県の欺瞞ぶりの露呈，県警による摘発，県知事の謝罪もあって，公害の調停もおこなわれているという。この問題からは，まさに「大量廃棄型社会」[*27]からの決別の必要性が主張されている。

　こうして，環境問題を考えるさいに，小坂の描いたエコロジカルな生活の視点と，住民の闘いの視点と，この2つの視点が相互補完的に必要であると思われる。

　ここで描かれた(4)はいうまでもなく，前節で転回された(3)の問題の主体的条件となるものである。環境問題とは，何かモノ・資源やエネルギーを何とかしようという問題ではなく，根本的に人間の生命と自然の生命の関わりあいの問題である。その意味では，環境問題への関心は，私たちが自分たちの命を健全なかたちで守るという意味でのライフスタイルの主体的形成がなければ無意味である。そのようであってこそ，自然とも生き生きと触れ合うこともでき，自然環境の変化にも敏感になれるだろう。さきに述べた武田の主張も，おのずとジェンダー論を踏まえた，生活（生命 life）の生産・再生産論を不可欠とみなしている。また岩佐は，リサイクルの観点を総合的に，①人間-自然間の物質代謝，②生産-消費-再生産のリサイクル，③資源の再生利用，としてとらえており，興味深い[*28]。いずれにせよ，社会や企業への批判の視点をもちつつも，単にそれを批判するのみならず，市民1人ひとりのライフスタイルの構築に環境問題の解決がかかっていることだけは明白である。本書の第Ⅰ部4章4節で扱われる内山節の，労働論にもとづく自然哲学

27）石井亨「豊島の産廃問題と自治の可能性」，前掲誌所収，30頁。
28）岩佐「リサイクルの思想」，『環境哲学』所収。

も，ライフスタイルの構築の重要性をみずからの経験を踏まえて，訴えている。エコロジーも運動論としては，「生活者の哲学」を説くことが重要となるだろう。

　以上，不十分ながら，4つの分野に区分して，環境思想の問題状況を概観してみた。

第 2 章

環境問題のなかで, いまマルクスをどう見るのか?
—— A. シュミットと H. イムラーの所説をめぐって＊——

1 環境思想からのマルクス評価の分裂

　自然環境の破壊・汚染・攪乱および資源枯渇という問題が, 21世紀が直面する大問題のひとつであることに疑いはない。この問題は現代の資本主義体制に難題をつきつけているのみならず, それを根本的に克服すると見られたはずのソ連・東欧の「社会主義」体制にも, 深刻な環境問題が生じていたことが, 1989年以後の「社会主義」崩壊ののちに白日のもとにさらされた。そしていま, 市場経済を大幅に導入した中国社会主義などにおいても, 環境問題はその行く手に大きく立ちふさがっている[*1]。

　ところで, 社会主義・共産主義の思想的建設者であったマルクスの思想は, 以上のような状況にあって, あらたな関心をもたれている。もち

　＊　この章はもと韓立新氏との共著であった。この旧稿の作成に関していえば, まず私が詳細なレジュメを作成し, 次に韓氏がそれにもとづいて文章化し, さらにそれを私が推敲した。本書の転載にあたって快諾してくれた韓氏に感謝したい。なお収録にあたって, 若干の変更を加えた。

　1) 私は2004年10月に雲南省昆明市における「環境問題と環境哲学」という, 中国・中央党学校主催のシンポジウムに参加した。現在, 中国では, 環境問題が大問題となっているが, 開催時に, 主催地に隣接していた, 大きな湖である塡池を参加者全体で視察することができた。標高1890メートルという高さではあるが, その周辺の広範な地域は生活地帯となっており, 私が見たかぎり, 湖はひどく汚染されていた。アオコのようなものが岸の近くに大量に浮遊していたことが印象的であった。

ろん予想されるように，エコロジーなどの環境思想からは，マルクスの経済学・哲学・共産主義理論は強烈な批判を浴びている。たとえば，テッド・ベントンや玉野井芳郎はマルクスの労働過程論を批判し，マルクスが土地や自然をもっぱら労働対象・労働手段とみなし，土壌などの生態学的意味を見失った，さらに農業労働の固有の意味を見なかった，などと批判する。さらに武田一博は，自然にたいする技術支配というマルクスの構想があまりにも楽観的であると指摘した。さらに社会主義中国でも，呉向紅は，資源それ自身の究極的価値という観点から，マルクスの労働価値説の不十分性を指摘する。それどころか，ジョン・パスモアは，ヘーゲル，マルクスに流れる思想ほど「生態学上，有害きわまるものはない」とすら非難する[*2]。上記の批判ではおもに，マルクスの思想が悪い意味での人間中心主義として，自然を単に労働素材や人間にとっての資源の位置におとしめており，実は近代（主義）の限界を克服するものではなかったという含意がある。

　以上の厳しいマルクスへの批判にたいして，だが他方，とくに資本の活動による全世界的な環境破壊が深刻化している現状にあって，マルクスらの社会主義思想と環境理論を結合しようとする《エコマルクス主義》ないしエコ社会主義の立場も活発化してきた。このなかには，すでに触れた日本での議論，フォスター，バーケットらの主張のほかに，たとえばデイヴィッド・ペッパーが属する。彼によれば，エコ社会主義の観点から，環境問題の解決にたいして，ヒューマニズム，人間中心主義，反神秘主義，自然への共同的制御などの考えのほかに，とくに社会主義的原則（平等主義，資本と貧困の除去，社会の民主的統制など）が要求されるという。これらの要素は，すでにマルクス的社会主義が提起してきたものである[*3]。煎じつめれば，稲生勝の評価するようになるだろう。

2）Ted Benton, "Marxism and Natural Limits: An Ecological Critique and Reconstruction, "*New Left Review*, No.178, 1989. テッド・ベントン「マルクス主義と自然の限界」（植村恒一郎訳），東京唯物論研究会編『唯物論』第68号，1994年。なおベントンの翻訳は部分訳であり，原文を通読しないと，わかりづらい。彼のマルクス理解はかなり誤解に満ちており，機会があれば，きちんとコメントしたい。玉野井芳郎『生命系の経済に向けて』学陽書房，1990年，9頁以下，68頁など。武田一博「社会主義とエコロジー」，『唯物論と現代』第9号，1992年，78頁。呉向紅「労働と環境的経済価値論」，岩佐茂・劉大椿編著『環境思想の研究』創風社，1998年，188頁。ジョン・パスモア『自然に対する人間の責任』（間瀬啓允訳）岩波書店，1979年，322頁。

「……マルクス主義こそ，環境問題の哲学を積極的に展開できるのではないだろうか。自然を連関と発展でみる自然弁証法に基づく自然史的発想，人間と自然の関係と人間と人間の関係の統一的把握，弁証法に基づく社会の把握など有利さが目につく。」[*4]

エンゲルス的「自然弁証法」の再評価などを含め，稲生の観点には賛同できる。

いずれにせよ，「社会主義」崩壊後のポスト・マルクス主義の思想状況という側面からも，さらにまた，環境思想の原理的把握やエコロジー運動という観点からも，ふたたびマルクスという思想家に大きなスポットライトが当てられているのが現実である。「社会主義」崩壊後においても，マルクスは「死せる犬」となってはいない。さてそのなかで，本章はとくに2人の理論家に注目する。それはもちろん以上の多面的な論争状況をさらに解明するための手がかりとしてという意味においてであるが，ひとりはフランクフルト学派のアルフレート・シュミットであり，もうひとりは経済学者のハンス・イムラーである。前者を取り上げるのは，シュミットが『マルクスの自然概念』という著作で，マルクスの「隠れたテーマ」といわれる自然観を詳細に解明し，それ以後の《エコマルクス主義》の理論的営みのなかでしばしば引用されてきたからである。また後者イムラーは，大著『経済学は自然をどうとらえてきたか』において，アリストテレス以来の経済学説史の流れのなかでマルクスの労働価値説を批判的に検討し，環境問題に適合する経済学（および自然価値説）を模索しているからである。とくに彼は，日本でも一定の注目を浴びながらも，膨大な研究蓄積のあるマルクス経済学に詳細に立ち入っているせいか，具体的な検討があまりなされていないからである。

以下では，シュミットおよびイムラーについてその理論を順に紹介・検討することによって，自然との共生を探る人間社会のありようを展望するという趣旨で，マルクスの自然観を探究したい。

3）　デイヴィッド・ペッパー『生態社会主義』（小倉武一訳）農山漁村文化協会，1996年，372頁以下。

4）　稲生勝「環境問題への哲学の取り組み」，全国唯物論研究協会編『唯物論研究年誌』創刊号，1996年，258頁。

2　シュミットにおける自然の「社会的・歴史的性格」

　シュミットは，マルクスの自然観ないし人間－自然関係の問題について，『経哲手稿』などの初期の著作のみならず，『経済学批判要綱』や『資本論』など，その中期，後期の著作にそって，詳細かつ網羅的に扱っている。その結果彼は，マルクスの独自性についても，以下のように指摘する。

　　「マルクスは『すべての労働手段および労働対象の第一の源泉』[*5]としての自然から出発する。つまり彼は，自然をそもそものはじめから人間的活動に相関的な（relativ）ものと見る。自然についての一切の発言は，それが思弁的なものであれ，認識論的なものであれ，自然科学的なものであれ，人間の技術学的・経済学的な獲得様式の総体，つまり社会的実践をそのつど前提としている。」[*6]あるいはまた，「マルクスの自然概念を他の自然観から区別する所以のものは，その社会的・歴史的性格である」（S.7.「序文」v頁）。

　ここでいわれた「社会的・歴史的性格」とは，自然（および自然観）がつねに人間社会と歴史によって実践的に媒介され，変化させられてきているという意味である。たしかに，マルクス／エンゲルスは『ドイツ・イデオロギー』で，「産業と交易がなかったら，どうして自然科学などありえようか」[*7]と述べて，昔から変わらない自然を素朴に想定し，何らかの自然哲学を説くフォイエルバッハを痛烈に批判する。たしかにこの意味で，マルクスに従えば，「この人間の外なる現実を，けっして媒介を欠いた客観主義の意味で，つまり存在論的（ontologisch）に理解

　　5）　*MEW* 19, 15.マルクス・エンゲルス選集刊行委員会訳『ゴータ綱領批判・エルフルト綱領批判』国民文庫，36頁。

　　6）　Alfred Schmidt, *Der Begriff der Natur in der Lehre von Marx*, Europäische Verlagsanstalt, Frankfurt a.M./Köln, 1978, S.8. 元浜清海訳『マルクスの自然概念』法政大学出版局，1971年所収の「序文」v頁以下参照。以下，同書の原頁と翻訳頁を本文中に併記する。

　　7）　*MEW* 3, 44. 服部文男監訳『新版・ドイツ・イデオロギー』新日本出版社，1996年，33頁。『ドイツ・イデオロギー』については，周知のように現在，廣松版を含め編集問題が発生しており，他方，新メガは未出版である。本書では，翻訳としてこの服部訳か後出の渋谷正訳を用いる。本書では，『ドイツ・イデオロギー』についてはごく部分的に触れるだけなので，原典は *MEW* に依拠する。

しているのではない」（S.19.11頁）ということになるだろう。この解釈は，社会批判を中心とするマルクスの《実践的唯物論》からの自然観といっていいが，この点で人間の周囲にある自然はすでに経済的・実践的に改良・変革されてきたものであり，よかれあしかれ自然はその時代状況のなかで価値づけられ，人間に利用される対象なのである。経済現象を中心にしてこうした人間－自然観をリアルに描かず，「自然に帰れ」とか「自然に感謝」といっても，それは無力であろう。

ここでこれ以上詳論できないが，こうした見地からシュミットは，「存在論」化しつつあったエンゲルスの「自然弁証法」の構想や，それを継承したソ連型のマルクス・レーニン主義の欠陥を正当についた。他面彼は，同時にジョルジュ・ルカーチ『歴史と階級意識』やエルンスト・ブロッホ『希望の原理』に見られる自然観も批判する。（ルカーチ批判に関しては，本社第Ⅰ部1章3節で言及した）ここで詳しくは述べられないが，そこにも大きな正当性が含まれているといえよう[*8]。

しかし他方において，シュミットのこうした実践的マルクス把握は，それが自然を経済と産業の対象と見るかぎり，おのずとデカルト，ベーコン以来の近代主義や人間中心主義（anthropocentrism）の傾向と合致することとなり，そこから現代では，マルクスはエコロジーからの批判を浴びることになった。エコロジーに関心のないシュミットにとって，こうしたマルクス批判は思いもかけないものであるかもしれないが，現代的観点からすると，そう批判されても仕方がないのである。この点でたとえば，シュミットは，成熟期のマルクスでは次のように考えられているという。

---

8) いままでに明らかなように，エンゲルスをいかに評価すべきかは，《エコマルクス主義》の展開に関しても重要である。シュミットのエンゲルス批判の論点を参考までに記したい。①その後期にいたって，自然観形成にたいする人間実践の契機が希薄化した。②自然は事実上，機械的で相互作用しかおこなわないものとみなされるべきであり，自然弁証法は適用できない。③マルクス主義の批判主義的傾向を忘れ，悪い意味での全体主義的世界観を構築しようとした。ここで詳しく述べられないが，①は文句なく正しい。②については，本書第Ⅰ部1章の第2, 3節を参照。そして現在まで，生命の弁証法的認識を始め，日本を中心として自然弁証法の研究が自然科学の成果に即して発展してきたことに注目すべきである（もちろんエンゲルスの個々の言明に，弁証法を積極的に肯定する私ですら，首をひねらざるをえないものがあることは認めたい）。③については，エンゲルスの考えがマルクス・レーニン主義的世界観への萌芽になったことは批判されるべきであるが，人間・自然・社会の総合的な認識の必要性はやはり残るといっておきたい。

「新しい社会は、ただ人間にとって役に立てばよく、しかも明白に外的自然に負担をかけて（auf Kosten der äußeren Natur）である。自然は、巨大な技術的手段をもって、労働と最小支出の時間によって支配される（beherrscht werden）べきであり、すべて考えられるかぎりの使用財の物質的基体として万人に役立つべきである。」（S.159. 175頁以下）

「外的自然に負担をかけて」（翻訳では「外的自然を犠牲にして」となっている）、「自然の支配」などの表現は、現代のエコロジー的観点からは、ただちに批判されるところであろう。実際シュミットは、マルクスの自然観を扱っていながら、不思議にも、環境問題（人間と自然の矛盾の問題、資本による自然破壊の問題）をまともに考察していない。いずれにせよ、以上のマルクス把握は、シュミット自身の指摘によれば、「技術主義的ならびに科学主義的」であるという批判（S.210.279頁）を浴びたという。シュミットはその批判の典拠を示していないが、おそらくそれは、旧ユーゴスラヴィアの一批評家ミラン・カングルガによるシュミットの同書の書評であろう[*9]。彼はその批判を誤解であるというが、彼のこうした自然観が、環境思想の発展した現段階において十分なのかどうか、そしてまたこれがマルクス自身の自然観なのかどうか、十分に吟味される必要がある。

3 「自然の社会的媒介と社会の自然的媒介」の全体構想

だが、シュミットがマルクスから摘出する自然観は以上にとどまらない。実は彼は、自然にたいする「歴史的・社会的性格」とともに、マルクスには別の側面、「自然と社会の両契機を包括する実在としての自然」（S.8.序文、vi頁）の構想があるという。マルクスに潜むこの側面を取り出したところに、シュミットの大きな貢献があるといえよう[*10]。いま

---

9) *Praxis. Revue philosophique*, No.1, Zagreb, 1965. 所収の Milan Kangrga による書評を参照。彼はシュミットの実践概念が、「実証主義的に」「抽象的・社会学的な意味で」エンゲルス同様、「実験的・産業的な枠内に」押し込められているという（Ibid., S.177.）。
10) 旧東独の実践的唯物論者フランク・フィードラーは、『マルクスの自然概念』を検

まで議論してきた，労働と経済を中心とした人間実践の契機としての自然とは，「自然の社会的媒介」と「社会の自然的媒介」の全体構想のなかの前者，つまり自然が社会的契機によって媒介されてはじめて存在するという側面に妥当する。したがって，シュミットによれば，後者の側面が付加されてこそ，マルクスの十分な構想となるのである。本節の表題は，シュミットの同書の第2章のタイトルそのものである（"Die gesellschaftliche Vermittlung der Natur und die naturhafte Vermittlung der Gesellschaft"）。マルクスに内在するとされるこの構想は，エコロジー的観点からしても，まことに興味深いものである。

シュミットは，「自然の社会的媒介と社会の自然的媒介」の全体構想を，マルクスの著作のなかから十分に説得的に取り出している。その観点から，彼は，ルカーチのマルクス把握の歪みもまた，正当に指摘する。

「ルカーチが，すべての自然意識ならびに現象する自然そのものが歴史的・社会的に制約されていることを指摘するのは，正しい。だが自然は，マルクスにとって，単にひとつの社会的カテゴリーであるだけではない。自然は，形式・内容・範囲・対象性から見て，けっして余すことなくすべて，その獲得の歴史的過程のなかに解消されることはできない。自然がひとつの社会的カテゴリーであるならば，同時に，社会はひとつの自然的カテゴリー（Naturkategorie）を表示するという逆の命題が妥当する。唯物論者マルクスにとって，自然とその法則は人間のすべての意識と意志から独立に存在するものであるが，自然についての言明は一般に，社会的カテゴリーによってのみ定式化され，適用されることができる。」（S.66.66頁）

以上のシュミットの把握のなかに，「自然の社会的媒介と社会の自然

討し，シュミットの実践的・社会的な自然観に賛同するが，残念ながら「自然の社会的媒介と社会の自然的媒介」の構想には言及していない。フィードラー『自然科学と社会科学の統一』（岩崎允胤訳）大月書店，1973年所収の補遺「アルフレート・シュミットはマルクス主義哲学者か？」を参照。日本では，鈴木茂が『マルクスの自然概念』を詳細に検討して批判する。彼はシュミット唯物論の弱点をついてはいるが，その積極性を理解できていない。彼もまた，「自然の社会的媒介と社会の自然的媒介」の構想には言及していない。鈴木茂「唯物論と主体・客体弁証法—シュミット『マルクスの自然概念』の批判」，日本科学者会議大阪支部哲学研究会編『科学と人間』第2号，1973年参照。

的媒介」という雄大なマルクスの構想が簡潔に述べられている。自然の社会的性格は，すでにルカーチらが強調してきたが，それはただ一面的に正しいだけである。そこにはまったく逆の「社会の自然的媒介」の側面が，つまり人間以前の根源的自然が人間活動のなかもまた貫いていくという側面が存在する。

　すでに述べたように，自然にたいする人間の主体的・実践的性格の強調のみでは，いかに労働の疎外を否定するといっても，現代の環境思想からは，近代主義，人間中心主義と批判されるだけだろう。だが，マルクスには，逆の「自然主義」の強調があった。シュミットは明言していないが，ここで要請されるのは，まさに，「自然の社会的媒介」と「社会の自然的媒介」という対立物の弁証法的統一の発想であろう。

　さて「社会の自然的媒介」の構想のなかで，とくにシュミットが強調するのは，人間と自然のあいだの「物質代謝 Stoffwechsel」の概念である。この概念については，次章で詳しく展開するので簡単に述べるが，この概念は『経済学批判要綱』や『資本論』においてしばしば登場する。一箇所だけ引用しよう。「労働はさしあたり，人間と自然のあいだのひとつの過程，すなわち，そこにおいて人間が自然との物質代謝（Stoffwechsel）を自分の行為によって媒介し，規制し，統制するひとつの過程である。人間は自然質料そのものに，ひとつの自然力として対応する。」（MEW 23, 192. ①234頁）

　ところで労働が目的実現という主体的契機と，自然存在と人間のあいだの相互交通の関係という客体的契機との統一とみなせるならば，「物質代謝」こそ，この後者の契機と考えられるだろう。労働過程の一契機としての「物質代謝」についてマルクスはとくに定義していないが，それは，人間社会への自然質料の取り込みと外界への廃棄物やエネルギーの排出の作用であり，労働によって規制された自然質料の循環のことである。こうして，人間の手を離れた自然質料は，自然界で自然法則に従い，変化していくのである。ここには，「自然－人間－自然」という循環過程が見られる*11。もしそうならば，労働過程における主体的目

　11）「自然－人間－自然」の定式については，シュミットに触れつつ，森田もまた言及し，マルクス経済学が単に資本と人間（社会）との矛盾・対立のみでなく，「資本と自然の矛盾」も承認し，検討せよと提案した。森田桐郎「人間－自然関係とマルクス経済学」，『経済

的実現の側面は「自然の社会的媒介」に,「物質代謝」は「社会の自然的媒介」の側面に,それぞれ対応するといえるだろう。

シュミットはそうは指摘しないが,この物質循環の汚染・攪乱・閉塞こそが環境問題であり,実はいま,シュミットを超えて,こうした労働観がエコロジー的な見方から注目されているのである。

4 シュミットのマルクス解釈のアポリア

だが,シュミットはせっかく,「自然の社会的媒介」と「社会の自然的媒介」という雄大なマルクスの構想や,「物質代謝」としての労働概念をマルクスの文献から取り出したにもかかわらず,それを意義づける段になって,不思議と,急に消極的になる。彼はこうしたマルクスの構想を,環境思想などとはけっして結合しようとはしない。実は,「社会の自然的媒介」にたいする意義づけと評価にたいしては,彼はきわめて消極的で曖昧である。つまり彼は,上記の「社会の自然的媒介」の構想をマルクスから取り出したものの,それを積極的に評価しないのである。

シュミットが積極的に評価するのは,やはりルカーチと同様に,「自然の社会的媒介」の側面である。だが,「自然全体の内部における自然と社会との相互浸透」という側面をマルクスのなかに発見してしまったシュミットは,自分自身困惑してしまい,それを「マルクス固有の思弁」(S.78.79頁),「隠された自然思弁」(S.77.78頁),さらに「消極的存在論 negative Ontologie」(S.74.74頁)などと名づけて,批判するにいたる。「すべての自然が社会によって媒介されているように,もちろん逆に社会も,全現実の構成要素として,自然によって(naturhaft)媒介されている。連関のこの側面が,マルクスにおける隠された自然思弁(geheime Naturspekulation)を特徴づける。」(S.77.78頁)だから実は,さきほどの「物質代謝」の位置づけも,有意義なものとしては評価されてはいないのである。

ところで,他方シュミットは,エルンスト・ブロッホが「自然主体」

評論』1976年六月増刊号,日本評論社,47頁以下参照。

「能産的自然」などの考えを強調することにたいしても，彼の自然観をロマン主義的・思弁的として，徹底的に批判する（S.160ff.177頁以下）。実は，「社会の自然的媒介」という上述のマルクスの構想は，ブロッホに近いものとみなされる。マルクスにも，ブロッホと同種の側面が，つまり「自然思弁的・ロマン主義的特徴 naturspekulativ-romantische Züge」（S.96.Anm.18.254頁）が見られるとまで述べる。だが，ブロッホはさておくとして，マルクスはそれほど思弁的かつ神秘的なのだろうか。実はマルクスが「物質代謝」の構想を学んだのは，当時の農業化学者ユストゥス・リービヒらからであって，その意味では何ら神秘的なものではなく，むしろ環境問題などを論ずるためには不可欠な構想であったといえよう。シュミットにそうした問題意識がないために，彼はそこにマルクスの不可解さを見るだけに終わってしまったといえるのではないだろうか。したがって，ある意味で，人間主義にまとわりつかれた西欧マルクス主義者であるシュミットの姿をそこに見ることもできるだろう。

　こうしてシュミットは，自分が引き出してきたマルクス自然観の二側面（実践的・非存在論的な自然観と根源的な自然観））を整合的に扱えず，後者の自然観を存在論的・思弁的と否定的に評価してしまった。だがそれでも，このみずからの不全感をシュミットはぬぐえず，彼は「あとがき」で「〔上記の〕矛盾は事柄のなかにある。矛盾は用語的に除去することもできず，論理的不徹底に由来するわけでもない」（S.209.278頁）と告白する。訳者もまた，この箇所に言及し，「自然と社会の両契機を包括する実在としての自然」にたいする「問題の追求の不徹底さが，本書〔『マルクスの自然概念』〕に対する不満ともなる」（278頁）と指摘する。すでにいままでに示唆してきたように，エコロジー的な観点からして，むしろ「自然の社会的媒介と社会の自然的媒介」の全体構想はきわめて有益なものであり，けっして神秘主義的なものではない。むしろ問題は，逆に，唯物論や歴史の本質，人間－自然関係，自然弁証法などの問題群に関するシュミットの発想の限界である[*12]。ある意味で，本書

　12）　なお服部健二『歴史における自然の論理』新泉社，1990年，80頁以下は，シュミットのこのアポリアを考察しており，興味深い。彼自身の展開は含蓄に富んでいるが，明快な結論を出してはいないようなので，後続のブロッホへの彼の考察とともに，別の機会に検討したい。

の目的は，このシュミットの挫折を引き受けて，より深いレベルのマルクスを摘出することを目ざしているともいえよう。

5 「自然の社会的媒介」と「社会の自然的媒介」の統一

いまここで，シュミットに代わって，マルクスの雄大な構想の積極的意義を究明しておこう。歴史上のあらゆるものを，自然の問題も含め，すべてを実践的観点からとらえ返すという意味での「自然の社会的媒介」の観点は，従来，いわゆる史的唯物論などの観点から，マルクス主義にとってもっとも特徴的なこととして重視されてきた。以上のことを大前提とすると，問題はここで，2段階に区分されるだろう。第1は，「社会の自然的媒介」の認識の意義であり，第2はそれを踏まえて，「自然の社会的媒介」と「社会の自然的媒介」の統一の構想の意義である。

第1点について。さて，すべて人間の活動は自然を大前提としており，人間社会も含め，すべてを自然的過程とみる観点は，『経哲手稿』から『資本論』にいたるまで，唯物論者マルクスに持続する大きな構想であろう。マルクス『経哲手稿』では，宗教的世界創造に対立して「大地の生成」などに言及し，人間以前の大自然の運動がまず承認される[13]。この発想は，エンゲルス的「自然弁証法」に通ずるものである。さらにマルクスは，エンゲルスとともに，ダーウィンの進化論に注目しており，『資本論』を彼に献呈したほどである。進化論を承認するということは，ある意味で，生命物質の自己運動を認めることになるだろう。もちろん生命の発生には，非生命物質からの原始生命の発生の事実が前提される。実にマルクスは，ダーウィン進化論のなかに，みずからの理論の「博物学的基礎 die naturhistorische Grundlage」，「自然科学的土台 naturwissenschaftliche Unterlage」を見いだしているのである[14]。

そしてそのうえで，「労働者は自然なしには，感性的外界なしには何ひとつ創造できない」（S.365.100頁）として，マルクスは自然の前提性

---

13) *MEGA* I-2, 397. 藤野渉訳『経済学・哲学手稿』国民文庫，159頁。以下，同書については本文中に引用する。

14) *MEW* 30, 131, 578.

を確認する。『ドイツ・イデオロギー』では，自然にたいする実践的変革の観点を強調しつつも，そのなかで人間にたいする「外的自然の先行性（Priorität）」*15 が指摘される。同様に『資本論』では，「人間の協力なしに天然に存在する物質的基体」（MEW 23, 57. ①58頁）としての根源的自然について指摘される。また労働という主体的・合目的的行為も，頭脳，筋肉，神経，手などの「自然力」の支出であるといわれる（MEW 23, 58f. ①59頁）。とすれば，人間社会のなかで主役を演じ，そのなかに貫くのは，ある意味で「自然」それ自身であるといえば，いいすぎだろうか。というのも，社会のすべては，自然的素材を大前提として，人間という「自然力」の産物なのであるから。つまりそこには，「自然」しか存在しない。さらに『資本論』では，「経済的社会構成体の発展をひとつの自然史的過程 ein naturgeschchtliche Prozeß」（MEW 23, 16. ①10頁）とみなす発想がある。こうして，人間社会以前から存在していた根源的な大自然が，さらに人間社会をも貫くと表現してもいいだろう。

　こうしたマルクスの自然主義的唯物論の観点は，何も不合理なものではないと考えられる。これは現実の一面を確実に把握しているといえる。だがこの点で，マルクスにあって，かなり抽象的な表現が多いということはいえるだろう。この点では，エンゲルスの「自然弁証法」や進化論などの科学的知識の解釈によってさらに具体化されるべきである。

　以下，第2点について。この「社会の自然的媒介」と「自然の社会的媒介」の統一は，同時に自然史的過程と人間史的過程の統一として，さらには自然科学と社会科学（人間科学）の統一として，総じて自然と人間の統一としても考えられ，このそれぞれの両側面は相互に弁証法的に前提しあい，浸透しあっているといえるだろう。この全体構想もまた，たしかにマルクスの思想に流れている。たとえば，『経哲手稿』でいうと，「〔人間の〕歴史そのものは自然史の現実的な一部分であり，自然の人間への生成の現実的な一部分である。ちょうど人間の科学が自己のもとに自然科学を包摂するであろうように，自然科学はのちには自己のもとに人間の科学を包摂するであろう」（S.396.158頁）と述べられる箇所である。かなり思弁的な表現ではあるが，ここでは，広義の自然史のな

15）　MEW 3, 44.『新版・ドイツ・イデオロギー』（前掲），33頁。

かに人間の歴史があると、まずもって指摘される。これをそのものとして取れば、「社会の自然的媒介」の側面に該当する。だが人間の歴史は平板に自然史のなかに包み込まれるのではなくて、そのなかで独自のリアルな意義をもつとされる。こうして「歴史は人間の真の自然史なのである」（S.409.225頁）。ここでは、人間史から自然を見返すということ、つまり「自然の社会的媒介」の契機が生じている。

そして、現実そのものというよりも「科学」の問題としてであるが、人間の科学と自然の科学の相互包摂がさらに明示されている。このときもちろん、自然科学という主観的認識のことだけをマルクスが表象していたと見ることはできず、科学はあくまで産業と経済活動の必要性のなかから生まれ、社会と人間生活を逆に実践的に変革するものである。マルクスは、その少し前では、産業を介して自然科学が実践的に人間生活を変化させたという趣旨のことを述べる（S.395f. 156頁以下）。この点ではさらに、ヘーゲル哲学の思弁性を批判する別の箇所で、「しかしまた、抽象的に取られた自然それ自身は人間にとって無であり、人間から切り離されて固定された自然は人間にとって無である」（S.416.238頁）ともいう。マルクスはここで、現実的な社会実践から切り離されて自然を論ずることの無意味性を、ヘーゲルに向けて語っている。この点に注目すると、ここに「自然の社会的媒介」の側面が見られるといえよう。こうした認識をもとに、マルクスは、共産主義を、「貫徹された自然主義として、＝人間主義であり、逆に貫徹された人間主義として、＝自然主義である」、と規定したのである（S.389.146頁）。

ところで、こうした雄大な構想は『ドイツ・イデオロギー』の抹消された箇所でも見られる。「われわれはただひとつの学問、歴史の学問しか知らない」[*16]として、それがあらためて自然の歴史と人間の歴史に区分されるという。ここでは、人間史も含めてすべてを「自然の歴史」であるとは述べられていないが、人間が存在するかぎりでは、自然の歴史と人間の歴史は相互に条件づけあうと指摘される。この意味では、自然の歴史は人間の歴史の内部に浸透するということもいえるだろう。もち

---

16) *MEW* 3, 18. この削除箇所は、前掲服部訳では収録されていない。渋谷正編訳『〔草稿完全復元版〕ドイツ・イデオロギー』新日本出版社、1998年、14-15頁参照。

ろん逆に，人間が活動するかぎり，よかれあしかれ，自然は人間によって変化を与えられつづけるのであるけれども。

以上の点に私は，マルクスの「社会の自然的媒介」と「自然の社会的媒介」の2側面の統一を，端的にいうと，自然主義と人間主義の対立物の統一という雄大な弁証法的構想を見たいと思う。まさにこの構想の全体は弁証法的にしか理解できないし，さらにエコロジー的発想によって，はじめて有意義になるものでもある。自然主義的見方はたしかに人間の活動の大前提ではあるし，人間の歴史は自然史の延長でしかない。ここでは自然主義的見方が貫かれる。だが，同時に，人間の歴史こそ自然史のなかの独自の部分であり，人間の活動によってしか，自然とは何かも知られないし，自然の現実の変化の原因も語りえない。ここには人間中心的な見方が貫く。自然主義と人間主義と，いずれも全体的事柄の一面であり，こうした展望のなかで環境思想も正当性を獲得する。こうしてマルクスは，理想社会としての共産主義を，「自然主義」と「人間主義」の相互貫徹の状態の実現と考えたのであった（この共産主義理念については，さらに本書第Ⅰ部4章9節で議論される）。

6 イムラーによるマルクス労働価値説批判

エコロジストとみなされるハンス・イムラーは，いま検討したシュミット『マルクスの自然概念』にも言及している[17]。彼はとくにシュミットの名前を出すわけではないが，興味深いことに，経済学者マルクスを哲学から，また政治経済学を哲学から，さらに「史的弁証法」（「史的唯物論」のことと思われる）を「自然弁証法」から，それぞれ切り離さないことが重要だと主張する。あるいは彼は，マルクスの「史的弁証法」と「自然弁証法」を対抗的に理解して，後者を軽視したりすべきではないと指摘する。この点でいえば，まさにシュミットはエンゲルスの「自然弁証法」を批判したが，イムラーは逆に，そうしたシュミットを反批

---

17) Hans Immler, *Natur in der ökonomischen Thorie*, Westdeutscher Verlag, Opladen, 1985, S.433. 栗山純訳『経済学は自然をどうとらえてきたか』農山漁村文化協会，1993年，563頁。以下本文中に，原著，翻訳の順に頁数を記す。

第2章 環境問題のなかで,いまマルクスをどう見るのか？

判しているかのようである。こうして,「自然弁証法」に《環境論的転回》をひき起こし,それをエコロジー的に再解釈するという趣旨において,イムラーの主張は正当性を含むだろう。

さらにイムラーは,次のような高いマルクス評価も付加する。

「人間と自然の関連性を強調することにおいて,すなわち自然の歴史を人間の歴史として,人間の歴史を自然の歴史として把握したことにおいて,いかなる哲学者といえども,マルクスの右に出るものはほとんどいない。」（S.240.307頁以下）

こうした叙述は,さきにシュミットが摘出した「自然の社会的媒介」と「社会の自然的媒介」の全体構想をなぞっているかのようである。こうしたイムラーの自然観にはおおいに共感できる。だが,彼は他方,労働価値説など,マルクス経済学の内部に立ち入って,別の問題を提起する。自然哲学と経済学と,この2つの分野を考察することによって,おそらくマルクスの自然観および人間－自然関係論は十分に把握できることだろう。

以下,マルクス労働価値説において,自然が消失してしまうというイムラーの批判の核心を紹介し,それがはたして妥当な批判なのかどうかを検討してみたい。

イムラーによれば,従来,人間の主体的労働と外的自然が経済学に欠かせない2つの要素とされてきたが,しかし近代以降,スミス,リカードウらの古典派経済学からマルクスにいたるまで,労働価値説が形成されるとともに労働と自然の役割が大きく変わり,とくにマルクス経済学が経済学から自然の役割を完全に排除してしまったという。こうしてイムラーによれば,『資本論』などに見られる自然の排除は,マルクスがリカードウの価値理論の影響を受けて,労働を唯一の価値の源泉に求めたことに起因するとされる（イムラーは言及していないが,このさいサミュエル・ベイリーの相対主義的価値説もマルクスの注目と批判の対象であっただろう）。具体的には,それは,マルクスが商品を使用価値と価値の二側面に区分して,ものの自然的性質と結合する使用価値が社会的形態規定に関わらないという理由で,「使用価値は経済学の考察の範囲外にある」（S.242.310頁）とみなしたことに依拠する。それはまた,マルクスが労働を「具体的有用労働」と「抽象的人間労働」に区分したさい,

社会的に必要な労働時間へと還元される後者の労働に価値の源泉を求めたということを意味する。以上の考えはマルクス経済学のイロハであり，マルクス経済学者であるならば，そこに何の問題があるのかと，いぶかるかもしれない。

　だがイムラーの言い分では，労働と自然という2つの要素のうち，自然のほうが抽象的なかたちですら残されていないことがおかしいというのである。その意味で，マルクスの労働価値説は反エコロジカルな思想であるといわれる。イムラーはこの事態を，「抽象的労働の自然喪失性」（S.251.323頁）と呼び，マルクスの価値論が，「『価値なき』自然 "wertlose" Natur と『自然なき』価値 "naturloser" Wert」（S.253.325頁）という「価値関係と自然の絶対的分離」（S.254.327頁）を前提にしている，と批判した。さらにここから彼は，マルクスの価値理論がリカードウの伝統に従い，無限に存在する自然を前提とするものであって，その労働のみによる価値形成理論がブルジョア経済学と同様に，自然破壊と資源枯渇が深刻化している現在，もはや維持されえないと宣言した。

　　「工業化社会において生態系上の衝突が本格的に始まっているのに，自然を経済学の範疇として一般的に受容することは，いまなおマルクス経済学にとって困難なのである。その原因は依然として，価値形成と自然の消費との関連性に目を向けようとせず，この関連性を承認しない点にある。」（S.270.347頁）

　このように述べるイムラーは，マルクス経済学にたいして，「価値形成と自然の関連性」を認めよと強く要求した。

　議論をはしょっていえば，労働価値説にたいして，イムラー本人は，現代の環境危機を克服するためには，フィジオクラシーの自然価値説に依拠して，自然と社会の調和のための経済学を構築する必要があるとし，結局，労働価値説の成立史をさかのぼり，フィジオクラシーの「自然価値説」を再評価する。彼は，自然もまた価値形成の源泉とみなし，自然価値と労働価値を統一する「新しい経済学」の構想を提唱する。これが彼の展望である。

7　マルクス労働価値説の真意

　さて，イムラーの批判をどう見るべきであろうか。いうまでもなく，マルクスが労働価値説を基礎として，商品・貨幣・資本のメカニズムを暴いたのは，近代ブルジョア社会（資本制社会）をトータルに批判しようとしたからであり，とくに強くエコロジー問題を念頭においたわけではなかった。マルクスの政治経済学批判の根底に労働価値説がおかれたことの理由は，社会とその人間の活動をとらえるさい，人間の社会的総労働とその配分こそが社会を物質的に維持・発展させるという洞察にあるだろう。そしてさらに，その社会的総労働が価値やその凝集物としての貨幣として疎外され，物象的な力を転倒的にもつという現象を批判したいがためである。労働に価値がおかれるという理由はそこにあるし，経済学の価値理論としては，それ以外の可能性を見ることはむずかしい。しかし逆に批判すると，イムラーはその「自然価値説」でいかに社会の形成原理を展開するつもりなのだろうか。結局彼は，まだそのことを提示していない。

　そしてまた，イムラーはマルクスとまったく異なる問題意識でマルクスを読み込んでいるせいか，相当に強引にマルクスを解釈しているように思われる。それはたとえば，マルクスが使用価値を価値形成から排除したにもかかわらず，人間の労働力という自然的な使用価値を価値の源泉とみなすのは「矛盾」であるという彼の見解に現れている（S.261f.336頁）。

　だがこれは，唯物論者マルクスにとって何ら不都合ではないし，「矛盾」ではないだろう。この事実こそ，マルクスが逆に強調したい事柄であって，唯一，人間の自然力が価値を生み出すのである。すでに述べたように，まさにここにマルクスの自然中心主義の一側面がある。また，そもそもマルクスが，商品の2要因として使用価値と（交換）価値を区別し，価値を抽象的人間労働から引き出した場合，実はそこに価値と使用価値の密接な関連がある。これは弁証法的な対立物の統一といっていい発想であって，イムラーはこの関連をまったく見ていない。マルクスによれば，商品における使用価値と価値はたしかに対立的であるが，同

時に相互に前提しあう矛盾物である。「商品になるためには，生産物は，それが使用価値として役立つ他人の手に交換によって移しかえられなければならない。結局どんなものも，使用価値であることなしには，価値ではありえない。」（MEW 23, 55.①82頁）こうして，商品が価値をもつとみなされるためには，使用価値をもつことが前提であり，価値の実現は使用価値の実現を前提としている。これは一種の弁証法的矛盾であろう。周知のように，商品のもつこの矛盾は，商品所有者相互の交換過程において顕現する。いずれにせよ，商品の2要因として，使用価値と価値を区別することは方法論的に必要なことである。だがあくまで，商品は，この2要因の（矛盾をはらんだ）統一でしかありえない。したがってイムラーには，マルクスの方法論的意図と弁証法的認識に無理解なまま，批判している面があると思われる。

　また自然にそもそも価値があるかどうかという問題は，もっと広い哲学的問題（哲学的価値論）に関わり，経済学を離れれば，マルクスも広い意味では自然に価値を認めるだろう。しかしなお，イムラーの批判に関して，従来のマルクス経済学を誤解しただけだといって，一笑に付するだけではすまされない問題がそこにあると考えられる。シュミットの場合と同様に，イムラーの問題提起を契機として，さらに深く環境思想の観点から，マルクスを再読しようと思う。

　実際，イムラー『経済学は自然をどうとらえてきたか』の提起に注目した論者はすでに存在した。たとえば，尾関周二は，同書を「大変刺激的な著書」と評価する。さらに服部健二はコヴァルツィクとイムラーとの注目すべき論争を紹介・検討したが，そこにも興味深い論点が提起されている。コヴァルツィクによれば，マルクスの説く価値法則や抽象的人間労働は，資本制生産の内在的批判の脈絡で使われており，マルクス自身の積極的思想ではないというのである。また，イムラーの同書の解説者である内山節は，以下のように指摘する。「たしかに労働価値説は，価値形成の根拠を労働（時間）にのみに求めることによって，価値生産における自然の役割を無視している。自然は労働のための前提として取り扱われ，自然自身がもっている『生産能力』についても，生産によって自然がいかに変わっていくのかも考慮されない。」[*18]。こうして彼は，イムラーの問題提起に全面的に賛成している。

第2章　環境問題のなかで，いまマルクスをどう見るのか？　　79

　シュミットがすでに示したように，また本書が展開してきたように，マルクスの哲学・思想は豊かな自然観を内包していた。このことはいまは問わない。それでははたして，『資本論』などにおけるマルクス経済学そのものは，イムラーや内山がいうように，自然をまったく忘却したのだろうか。次にこの問題を探りたい。

8　価値形成と自然の役割

　マルクス経済学における自然の存在証明については
　（1）　商品生産における自然の役割
　（2）　価値形成における自然の役割
　（3）　特別剰余価値形成ないし超過利潤における自然の役割
という3つの側面から展開できるだろう。以下とくに，(2)を中心として，順に述べたい。
　(1)に関しては，以下の『ゴータ綱領批判』におけるマルクスのことばを引用するのが適切であろう。周知のように，マルクスは，「労働がすべての富の源泉である」という主張に反対して，以下のように述べた。
　　「労働はすべての富の源泉ではない。自然もまた労働と同程度に，使用価値の源泉である（そして物的富は，たしかにこれらの使用価値から成り立っている）。そして労働そのものも，ひとつの自然力，すなわち人間の労働力の発現にすぎない。」[*19]
　イムラーはこの箇所を熟考すべきであっただろう。この点で，労働にすべてを委ねるブルジョア経済学とは異なって，マルクスの自然重視の立場が表明されている。だからマルクスは，極端な労働一元論者ではない。まずこのことを確認しよう（同趣旨の記述として，*MEW* 23, 57.①58頁）。すでに指摘したように，自然に由来する使用価値は，商品の価値形成に一定の役割を果たしていた。使用価値なしの価値はありえない。

　　18）　尾関周二編著『環境哲学の探究』大月書店，1996年，55頁。服部健二，前掲書，208頁以下を参照。『経済学は自然をどうとらえてきたか』所収の内山節「解説／具体的自然・具体的労働に踏み込む『未来の経済学』」，579頁。
　　19）　*MEW* 19, 15. 『ゴータ綱領批判・エルフルト綱領批判』（前掲），36頁。

次に(2)についてであるが、もちろんマルクスは、さきに確認したように、生活に不可欠なという意味での社会の形成原理と関わらせて労働価値説を提唱しているのであり、それを前提している。マルクスの労働価値説に従えば、「価値形成の実体」は、たしかに商品に凝固された抽象的人間労働の量、つまり商品の生産に費やされた「社会的に必要な労働時間」にほかならない。マルクスは次のように説明する。

「同じ労働は同じ時間には、生産力がどんなに変動しようとも、つねに同じ価値量に結果するのである。しかし、その労働は、同じ時間に違った量の使用価値を、すなわち生産力が上がればより多くの使用価値を、生産力が下がればより少ない使用価値を与える。それゆえ、労働の豊度を増大させ、したがって労働の与える使用価値の量を増大させるような生産力の変動は、それが使用価値総量の生産に必要な労働時間の総計を短縮する場合には、この増大した使用価値総量の価値量を減少させるのである。逆の場合も同様である」(MEW 23, 61.①62頁以下)。

したがって、労働生産力の増大と単位商品あたりの価値量とのあいだには、反比例的関係がある。そしてマルクスは、労働生産力を決める要因として、労働の熟練の平均度、科学・技術とその発展段階、分業と生産過程の社会的結合、生産手段の規模とその作用能力などさまざまな社会的要因を挙げると同時に、「自然の状態（Naturverhältnisse）」(MEW 23, 54.①54頁以下) をも挙げている。実際、一単位の小麦にふくまれる労働時間が天候などの自然条件によってまったく違ってくるという事例が明示するように、自然も機械や技術などと同様に、労働生産力に影響を及ぼし、これによって単位商品あたりの価値量に影響を与えるのである。

しかしここで注意すべきは、自然的生産性の影響は労働の生産力の要因となってからはじめて現実となるということである。つまりマルクスでは、価値形成の実体はあくまで人間労働にあるのであり、自然の豊かさなどは、労働生産性に組み込まれて、価値形成に間接的な影響を与えるにすぎない。だから、マルクスは自然価値説を原則的に承認しない。そしてこの労働価値説のもつメリットにはすでに言及した。残る問題は、この労働価値説が現代のエコロジー危機にたいしていかなる役割を果たすのか、果たさないのか、ということであろう。あるいはシュミットに

即して展開したマルクスの広義の自然観の意義は別として，彼の経済学固有の内容は，こうした問題にまったく無力なのだろうか。

9　自然の無償性と搾取の問題

　『資本論』を貫く労働価値説では，それが社会形成の原理として普遍的に見られるとともに，それが資本制生産社会の原理として人間疎外の根本要因となっていることもまた主張される。その社会では，生産力の上昇が剰余価値の増大につながり，また豊かな自然が生産力を高めることができるがゆえに，資本には豊かな自然をできるだけ占有し使用（搾取）する傾向がある。さらに特別剰余価値の生産のレベルでは，マルクスが『資本論』第3巻で「差額地代」を論じるさいに出した「落流（Wasserfall）」の例が示すように，個別資本にとっては，豊かな「落流」のような無償の自然力を占有し使用すればするほど，超過利潤を生み出すことができるという事情が成立する（以上は，前節(3)の問題に関わる）。したがって，すべての資本は，個別資本間の競争で勝ちぬくために，この超過利潤を追求しなければならない。こうして，資本の論理が支配している社会では，生産力を永久に量的に増大させる傾向があり，したがって自然を略奪的に過剰利用する傾向もある。その結果，まさにギャレット・ハーディンによって描かれた「共有地の悲劇」[20]が発生しかねないのである。

　かりに自然が価値増大に何ら関与しないとしたら，おそらく資本は石油や森林などの豊かな自然に目を向けない。また，自然が直接に価値を形成するとしたら，資本は自然そのものにたいして高いコストを支払わなければならないだろう。まさに，価格はつかないが，単位商品の価値量に影響するという自然の特殊な位置づけが，資本による超過利潤の達成を可能にしたのであり，したがって以上の論理が，自然の豊かさを資本の生産性のなかに組み入れ，自然をいわば「搾取」するという本質的傾向を明らかにすることができるのである。この意味で，マルクスの経

---

20)　ギャレット・ハーディン「共有地の悲劇」，シュレーダー／フレチェット編『環境の倫理』（京都生命倫理研究会訳）下，晃洋書房，1997年所収を参照。

済学批判は，剰余価値の生産と自然破壊との必然的な関連，およびそれによって引き起こされた資本と自然のあいだの矛盾を暴き出すのである。ちなみに，マルクスが資本制経済の農業部門について指摘した箇所を引用したい。「資本制生産は，それによって大中心地に集積される都市人口が優勢になるにつれて，一方では社会の歴史的運動力を集積するが，他方では，土地と人間のあいだの物質代謝を攪乱する。」(*MEW* 23, 528. ①656頁) 服部も指摘するように，「そこでのマルクスの功績は，資本主義的な価値経済においては，生きた自然がもはや存在しないということを価値経済の運動法則から再構成したことにある」[*21]。だがイムラーは，このことを承認しようとしない。

　問題はこうして「自然の無償性」をどう扱うかにある。自然を「搾取」しながら，あたかもそれが無限に存在するかのように，それに配慮を払わないのが（これがイムラーのいう自然の「消失」の真意であろう）資本の本性であった。こうしてマルクスは，何らかの強力な制約がないかぎり，資本は自然を「搾取」し，利潤を最大化しようとすることを明らかにした。それは人間－自然間の「物質代謝」を攪乱し，エコロジー危機をもたらすのである。マルクスは以上のことを十分に洞察していた。

　さてすでに言及してしまったが，上記(3)のレベルでの自然の役割に関連して，『資本論』第3巻38章「差額地代　概説」では，豊かな自然の落流を動力として利用する工場主たちが生産するさいの超過利潤の発生メカニズムについて展開される。さらにこの問題について，自然がいかに関与するのかを最後に考察しよう（不思議にもイムラーは，この「落流」の議論にまったく触れていないようである）。

　実はここには，落流を利用しての生産メカニズム，超過利潤の発生，生産者と地主の関係，地代の根拠，などの問題が複雑に相互に絡まっており，一言で結論を述べることはできない。いずれにしても，いままでの展開のなかで，マルクスにおいて自然の豊かさと力がけっして無視されていず，彼の経済理論のなかに組み込まれていることがかなりの程度明らかになってきた。より詳細な経済学的展開は本章の課題を超えるので，ここではポイントとして以下の2つのことを指摘しておくにとどめ

---

21) 服部，前掲書，209頁。

たい。

　(1)　上記の課題についてマルクスは，超過利潤を得るのは，もちろんほかの要因として労働方法の改良，優れた発明など多様に存在するが，さらに無償の「自然的生産要因（natürlicher Produktionsagent）」（自然力である落流など）によると考える（*MEW* 25, 656. ⑤830頁）。このさいマルクスは，この落流の利用が「超過利潤を創造する（schaffen）」（*ibid.* 同頁）という表現さえも使用している。

　(2)　落流に由来する超過利潤は，資本による独占によって可能である。「だから落流の利用から発生する超過利潤は，資本から発生するのではなく，資本によって独占されうるかつ独占されているひとつの自然力の充用から発生する。」（*MEW* 25, 659. ⑤833頁）そして，落流の所有者がもしほかにおり，資本家がその土地を借りているのならば，そこに地代が発生する根拠もまた存在する。

　こうして，マルクス経済学において，自然的要因がいかに深く生産に関わっているかを検討してきた。とくに超過利潤に限定していえば，自然は「超過利潤を創造する」というのが，マルクスの結論といえよう。イムラーはそこまで詳しく，マルクス経済学を分析していないのである。ところで彼の不満は，自然が単に人間が自由に利用できる素材を提供するのみならず，「自然それ自身がつねに労働と共同して生産する主体である」（S.263.338頁）ことを，マルクスがその労働価値説によってどうしても承認しない点にあるだろう。そして，こうした自然の生産性と主体性を明確に承認しない点にエコロジー危機が訪れるとされる。

　本書第Ⅰ部4章で述べるように，私は自然の主体性を積極的に承認している。だが，自然の主体性を認めるからといって，自然価値説もただちに承認するという風には，短絡的につながらないだろう。そしてまた，経済学における価値論と，広い意味での哲学的価値論とは領域が異なる。マルクスもまた，哲学的には，自然の価値をおおいに認めるだろう。たしかに自然は，人類にとっておおいに貴重なものではある。私たちはさらにこの問題について，考える必要があると思われる。いずれにせよ，イムラーの著作では，労働価値説と自然価値説を両立させる新しい経済学はまだ展望されてはいないので，彼がこうした経済学を『資本論』に代わって提示したとき，私たちはこの問題を再考できるだろう[22,23]。

22) イムラーにたいしては，さらに韓立新「『労働価値説』における自然の問題」，全国唯物論研究協会編『暴力の時代と倫理』青木書店，1999年。田辺勝義「マルクス経済学は自然をどうとらえてきたか」，『唯物論と現代』第23号，文理閣，1999年，などの批判がある。参照されたい。なお私は，服部「環境世界の人間学的構造とエコロジー問題」（『季報・唯物論研究』第85号，2003年），83頁などによって，本章で扱われたイムラーの著作以後，彼自身によって，Immler, *Vom Wert der Natur. Zur ökologischen Reform von Wirtschaft und Gesellschaft*, Westdeutscher Verlag, 1989, 1990. という著作が出版されているのを知った。この著作の評価は将来の課題としたい。

23) 最近出版された，三浦永光『環境思想と社会』お茶の水書房，2006年では，マルクスの環境思想への厳しい批判がおこなわれるが，おおむねイムラーの理論に依拠した批判とみなせよう。そして残念なことに，最近の《エコマルクス主義》の理論的成果はまったく参照されていない。

第3章

マルクス唯物論における物質代謝概念

---

1 エコロジストとしてのマルクス？

　いままで述べたように，マルクスの哲学や経済学は，環境思想の観点からあらたに解釈されており，その点から新しいマルクス像も形成されてきている。たとえば，アメリカのジョン・フォスターは最近，『マルクスのエコロジー』で，マルクスその人を，何とエコロジストとして詳細に描いている。「マルクスの世界観が深く，本当に体系的に（その用語が今日使われるすべての積極的意味において）エコロジカルであること，このエコロジカルな展望が彼の唯物論に由来すること，この結論に私がいかにしてついに到達したのかという次第を説明することは，（多分，本書の後続の議論を指示することによらなければ）不可能である[1]。フォスターは，マルクスを，自然と経済・社会との関連を重視するエコロジストとして描くのに，かなりの程度成功したと思われる。さらに彼は，マルクスの経済学と思想に関して詳細に展開したあと，次のように結論する。

---

　1)　John Foster, *Marx' Ecology:* Materialism and Nature, Monthly Review Press, New York, 2000, p.viii. 渡辺景子訳『マルクスのエコロジー』こぶし書房，2004年，10頁。なお同書の書評として，Jason W. Moore, "(Re) Discovering Marx' Materialism", *Organisation & Environment*, Vol.14, No.2, 2001. があり，そこでフォスターに高い評価が与えられている。また最近では，小松善雄が経済学サイドから同書に注目し，とくにその第5章「自然と人間の物質代謝」を紹介した。小松善雄「資本主義的生産と物質代謝・物質循環」，『経済』2001年6月号。なお小松論文には哲学サイドからの考察は希薄であり，かつて「物質代謝」について詳論した，後出の吉田文和の重要な著作『環境と技術の経済学』への言及・検討がなされていない。

「したがって資本主義にたいする革命は，労働の搾取というその特殊な関係の転覆を要求しただけではなく，近代的な科学と産業という手段によって，人間－自然間の物質代謝的関係の合理的規制を通して，大地からの〔人間の〕疎外の超克もまた要求した。大地からの疎外こそ，資本主義にたいする究極的基礎ないし前提条件である。これらの用語によってのみ，『賃労働の廃止』というマルクスのたびたびの要求は意味をもつ。」[*2]

ここでは当然にも，大地からの農民の切り離しという資本の本源的蓄積の過程が念頭におかれていると見られる。すなわちここで，人間による人間の疎外と搾取の現象が，自然（大地）からの人間の疎外と一体のものとして見られている。さらに，マルクスは『資本論』で，「資本制農業のどんな進歩も労働者から略奪するための技術の進歩であるのみでなく，土地から略奪するための技術における進歩でもある」[*3]，と指摘する。ところで，フォスターもまた注目したように，以上の点で，マルクスの「物質代謝」（質料転換）の概念と構想はおおいに注目を浴びている。前章でもある程度述べたように，「人間と自然のあいだの物質代謝」という構想は，すでにアルフレート・シュミットがマルクスの自然観という観点から注目し，詳細に展開していた。だがそこでは，（考えてみれば不思議なことだが）この構想を環境思想やエコロジーと積極的に結合するという意図はまだ見られなかった[*4]。そしてフォスター自身も

---

2) Foster, *Op. cit.*, p.177. 前掲訳，279頁。なおフォスターには，渡辺景子訳『破壊されゆく地球』こぶし書房，2001年（原著1999年出版），という著作がある。このなかでわずかであるが，マルクスに言及し，マルクスへのリービヒの大きな影響（後述）も指摘している（同書，76頁以下）。この著作の執筆当時に関して，興味深いことに，フォスターは次のように述懐している。「マルクスのエコロジー的洞察が彼の思考内部で何か二次的であり，それはエコロジーの現代的知識そのものにたいしては新しく本質的なものを何も貢献しないと，私はまだ信じていた。」(*Ibid.*, p.vi. 前掲訳，8頁) 第Ⅱ部で紹介・検討するように，アメリカでは，フォスターとバーケット（Paul Burkett）の《エコマルクス主義》の連合に対立して多様な議論が開始されている。

3) MEW 23, 529. マルクス＝エンゲルス全集刊行委員会訳『資本論』①，大月書店，657頁。以下，Dietz 版の『マルクス・エンゲルス全集』の『資本論』については，本文中に全集の巻数と頁数を並行して記し，そのあとに①，657頁のように，大月書店版『資本論』全5巻の巻数と頁数を記す。

4) Alfred Schmidt, *Der Begriff der Natur in der Lehre von Marx*, 3. unveränderte Auflage, Europäische Verlagsanstalt, Frankfurt a. M./Köln 1978. （初版1962年）同書の第2章の B節は，「人間と自然の物質代謝の概念 歴史的弁証法と消極的存在論」と題される。シュミット『マ

また，マルクスのドイツ語原典に即して，緻密に「物質代謝」などの概念を構築したわけではなかった。したがってそのかぎりで，彼の「物質代謝」に関する分析は大雑把なままにとどまっている。ところで従来，経済学サイドから，たとえば，日本の吉田文和が詳細に「物質代謝」などに関してすでに展開してきたが，そこにはより広い，哲学的（唯物論的）立場からの考察はまだ希薄である。近年，とくに韓立新が，幅広くエコロジーとマルクスを結合する試みをおこなったが，「物質代謝」概念に関しては，さらに豊かに展開される余地があると考えられる[*5]。

私は以下で，「物質代謝」「質料転換」「物質交代」などと多様に訳される "Stoffwechsel" の用語をとくに考察することによって，その概念がマルクスの環境思想一般にたいしてもつ原理的意義を確認し，内容的にも正確化・豊富化したい。さらにそのさい，社会批判・社会変革という実践的要請に駆られて，自然や物質を基盤とするという意味でのマルクスの唯物論的世界観がそこに密接に関わっていることもまた明らかにしたい。逆にいえば，マルクスがみずからの唯物論的世界観を貫こうとしたからこそ，そこに環境思想と現代的に再解釈されるような考えが成立したと主張したい。そしてこの唯物論は，当時の資本主義の経済発展がもたらす人間と自然とのあいだの「亀裂」，都市と農村の分裂をマルクスが直視し，この問題を実践的に解決するという思想と密接に結合しているといえよう。さらにマルクス的唯物論は，エンゲルスの唯物論的・弁証法的な自然観（自然弁証法）にも積極的に結合するであろう（この問題は次章で詳しく述べられる）。エンゲルスの「自然弁証法」はいわゆる独断的なスターリン哲学の1源泉とみなされる余地もあり，その点は厳しく批判される必要があるが，正しく位置づけられた「自然弁証法」は，むしろ環境思想やここにおける「物質代謝」の構想に不可欠であろう[*6]。

ルクスの自然概念』（元浜清海訳）法政大学出版局，1972年，74頁以下。

5）　韓立新『エコロジーとマルクス』時潮社，2001年。とくに同書の第3章「物質代謝とエコロジー」を参照。

6）　なお最近，前掲のフォスターの著作のなかに，私は環境思想とエンゲルスの「自然弁証法」の積極的結合をはかる構想を見いだしたが，それを嬉しく思う。彼は，自分の「エコロジー的唯物論」や「自然史の弁証法的構想」とエンゲルスの「弁証法的唯物論」とに重なる点があることを指摘し，「マルクス主義的な思考の発展のなかの原理的空白が発見されるべきなのは，まさにここ〔自然の弁証法〕である」と指示する。Foster, *Op. cit.*, p.19. 前掲訳，

2 人間-自然間の「物質代謝」の構想と歴史的背景

　まず私は，おもに成熟期の著作『資本論』に即して，マルクスが労働過程についてどのように「人間と自然のあいだの物質代謝」について述べているのか，いくつか例示したい（マルクスは『資本論草稿集』などでも，この概念を使用している）。まさにこの箇所に，マルクス物質代謝論の眼目がある。

　　「それゆえ労働は，使用価値を形成するものとしては，有用労働としては，すべての社会形態から独立した，人間の存在条件であり，人間と自然のあいだの物質代謝を媒介するための，したがって人間生活を媒介するための，永遠の自然必然性である。」(MEW 23, 57. ①58頁)

　そのさい注目すべきことに，さらに，労働は素材的富の父であり，土地はその母である，と付加される。すなわち土地（さらに自然全体を含む）のもつ素材，エネルギー，栄養分を吸収・利用することによって，人間の富は成立するのである。

　　「労働はさしあたり，人間と自然のあいだのひとつの過程，すなわち，そこにおいて人間が自然との物質代謝を自分自身の行為によって媒介し，規制し，統制するひとつの過程である。人間は自然質料そのものに，ひとつの自然力として対応する。」(MEW 23, 192. ①234頁)「これまでにわれわれがその単純な抽象的な諸契機〔労働活動，労働対象，労働手段〕について述べてきたような労働過程は，使用価値をつくるための合目的活動であり，人間の欲望を満足させるための自然的なものの取得であり，人間と自然のあいだの物質代謝の一般的条件であり，人間生活の永久的な自然条件であり，したがってこの生活のどの形態にも関わりなく，むしろ人間生活のあらゆる社会形態にひとしく共通なものである。」(MEW 23, 198. ①241頁)

　このとき，「一方の側の人間とその労働」と「他方の側の自然とその素材」のあいだで「物質代謝」がおこなわれるのである。

42頁を参照のこと。

第3章　マルクス唯物論における物質代謝概念

以上の叙述例から，次のことが明らかとなる。

(1)　明らかに，「物質代謝」は，基本的に労働過程を特徴づけるものとして積極的に用いられ，それは人間と自然のあいだの生理的「物質代謝」を固有に媒介する過程とみなされる。ここでマルクスがいうところの「人間と自然のあいだの物質代謝」が，①生理学的・自然科学的な意味でのそれであり，この物質代謝を媒介する活動がとくに労働といわれるのか，②「人間と自然のあいだの物質代謝」そのものがすでに労働であるのか，という細かい問題が生じている[*7]。以上の3つの文言をすなおに読むと，前者のように読めるであろう。だが，労働が物質代謝的側面をもっているということは注目に値するものと思われる。いずれにせよ，後述の第6節で見るように，商品交換なども「物質代謝」的なものと見ており，かなりマルクスがこの用語を自由に幅広く使用したことは疑いない。

(2)　マルクスのなかで物質代謝の概念それ自体の説明は見られず，あたかもそれはどこかで説明されているかのようで，彼がそれをどこかから借りてきたかのようである。この点でいえば，おそらくマルクスは「物質代謝」というこの用語そのものについて具体的にあらためて定義ないし概念化したことはどこにもないと思われる。そしてすでに指摘されているように，「物質代謝」は当時，ユストゥス・フォン・リービヒ，モレショットらの自然科学者によって，自然界における物質循環や生理学的・生態学的な代謝過程として，またとくに農業化学（Agrikulturchemie）のなかで指摘されていた（おもにリービヒ）。マルクスがとくにリービヒから大きな影響を受けたことは，すでに明白である[*8]。そのさいマルクスは，モレショットらを俗流唯物論者としておおむね軽蔑の対象とするが，リービヒにたいしては，いくらかの誤りを犯したが，「不滅の業績」（MEW 23,530.①657頁）を残したと高く評価する。この点にまず留意したい。

---

7)　岩佐茂『環境の思想』創風社，1994年，131頁以下は，この点を論じている。

8)　この点では，椎名重明『農学の思想』東京大学出版会，1976年，第5章「マルクスとリービヒ」や，吉田文和『環境と技術の経済学』青木書店，1980年，第2章1節「リービヒの物質代謝論」が，マルクスにたいするリービヒの影響を詳細に論じている。Foster, *Op. cit.*, p.147ff. 前掲訳，237頁においても，マルクスにたいするリービヒの絶大な影響が論じられる。三者とも，モレショットではなく，むしろリービヒの影響を重視しているといえる。

ところでマルクスは、『資本論』へ向けて模索していた当時，なぜいかにしてこの物質代謝の構想に到達したのだろうか，その点に関する歴史的事情をフォスターらに依拠して補足したい。

　マルクスは1850年代当時，資本主義における農業生産のあり方，都市と農村の分裂状況，地代の理論づけ，などの相互に関連する問題に取り組んでいたが，そのなかで James Anderson, Henry Carey, George Waring らの経済学者，農学者，さらにとくにリービヒの直接的・間接的影響を受け，経済学批判のなかに物質代謝概念を導入することに想到したのである。当時は「第２次農業革命」（1830-80年代）のただなかであり，その中心人物が農業化学を唱えたリービヒであった。農業生産の資本制経済への組み込みのなかで，豊かな収穫を保持する手段としての土壌改善，施肥の問題は深刻であった。農業生産高の低下に悩んだ農民たちは，ナポレオン戦争以後の戦場に放置してあった動物や人間の骨を拾って，農地にばらまいたほどである。

　そもそも農業生産は，窒素，燐酸，カリなどの土壌成分を大地から作物が吸収することによって成り立つが，植物の残余や人間の排泄物を大地へ再び返すことによって，はじめて自然の健全な循環は回復される。ところが農業生産物の都市への一方通行的運搬は，こうした物質代謝（自然の循環）を断ち切り，不可能とする。農地は栄養成分の枯渇に悩み，他方，都市は大量の廃棄物の出現に悩む……。まさにこれは，字義どおりの自然からの「搾取」ではないだろうか。だが，自然からの「搾取」がなければ，資本主義農業は成り立たない。そこでペルーなどのグアノ（糞化石）――窒素，燐酸を多量に含む――が大量に搬入され，自然の循環を補おうとした。「グアノ帝国主義」の出現である。リービヒはこうした自然循環のメカニズムを把握し，警告を発したが，ヨーロッパと北米の農業生産で生じた土壌の化学成分の枯渇の問題は，資本主義を研究していたマルクスにとっても，資本主義的農業の持続的発展（sustainable development）の可能性の問題と関わり，重大であった。まさにここに，「物質代謝」の構想が確立したのである[*9]。

9）　以上の歴史的背景については，とくに Foster, *Op. cit.* の第5章「自然と社会のあいだの物質代謝」を参照した。

3 人間−自然間の「物質代謝」論と労働過程

(1) マルクス労働過程論の全体認識

マルクスが労働過程や人間−自然関係の考察において,「物質代謝」のアイデアを導入したことは,上記の資本主義批判の視点とあわせて,マルクス自身が唯物論的世界観を貫こうとした結果,可能となったといえよう。ところで物質代謝（新陳代謝）は,まずは生物学的・生理学的意味におけるそれとして,生命体がおこなう生命維持活動と見られる。それは同化・吸収と異化・排出の循環過程であり,そうした物質の循環がスムーズにおこなわれるかぎりで,生物は生きていくことができる。あるいは物質代謝はさらに広く,自然界の動物・植物のあいだの物質とエネルギーの交換を意味するが,いずれにせよ,マルクスはこの物質代謝をみずからの労働概念の構築に応用したといえよう。

さて私見では,マルクスの労働過程論は,労働活動そのもの,労働対象,労働手段という3つの契機を含みつつ,以下の2側面の弁証法的統一としてとらえられ,しかもそこに唯物論的世界観が貫かれている。前節の3つの「人間と自然の物質代謝」の叙述例では,以下の(2)を中心としているが,そこにすでに(1)の側面も含まれていたと見られる。

(1) 労働の主体的側面

生産物を形成する「合目的活動」であり,「人間の欲求を満足させるための自然的なものの取得」(*MEW* 23, 198. ①241頁) の過程であり,目的実現のための,労働素材に形を与えるための,労働者の理性的活動である。または,労働活動が対象性の形態に転換される過程であり,「対象化」の活動ともいえる。

(2) 労働の客体的側面

生命の維持活動に結果する,上記の物質代謝の過程であり,人間主体と自然界とのあいだの物質ないし素材やエネルギーのやりとりの客観的過程を意味する。第2節における3つの引用が示すように,マルクス労働論には,物質代謝過程の議論が不可欠である。

(3) マルクスの唯物論,唯物論的人間観

補足的に述べると,(1)として,人間の理性的・観念的契機がはいろ

うとも，マルクスでは，全体として労働過程は自然的なものとみなされる。

したがって，厳密には，物質代謝そのものが労働過程一般であるのではなく，私の意見では，物質代謝は労働過程の客体的側面であるとみなしたい。そして，ある意味で(1)のみが取り出されると，人間の主体性・能動性が，そして(2)が取り出されると，エコロジカルな自然の過程が，それぞれ全面に出るといえよう。だが労働の全体は，(1)と(2)の弁証法的統一でしかありえない。(1)に関しては，マルクスは本能で巣をつくるミツバチの例と比較して，人間の労働が自覚的で，目的意識的活動であることを強調する（MEW 23, 193. ①265頁）。さらに(3)の点では，たとえば，「人間自身も，労働力をもつ単なる定在として見れば，ひとつの自然対象であり，たとえ生命のある，自己意識のある物だとはいえ，ひとつの物である。そして労働そのものは，かの力の物的発現である」（MEW 23, 217. ①265頁）といわれる。あえてこう主張する背景には，アリストテレス，ヘーゲルなどの観念論的制作論・労働論への唯物論的批判があるものと思われる。ヘーゲルならば，人間の本質を「自己意識」とみなしたがゆえに，人間は根本的に精神的存在であり，ゆえに自分の観念論も，目的意識的なこの労働論でひとつの正当化を得るとされよう。しかしマルクスによれば，以上のように，それでも人間はひとつの自然的な物なのである。さらに展開するように，唯物論へのこうしたこだわりが，マルクス労働論をエコロジー化させたと見られる。

(2) 労働過程論の唯物論的含蓄

こうして，あえて(1)の主体的側面のみを取り出せば，ヘーゲルらの観念論的立場からの労働論にも妥当するであろう。というのも，ヘーゲルでは，労働や制作活動は質料的なもの（労働対象）に，「形式（ポイエーシス）」を付与する活動であるからだ。たとえばヘーゲルは，『小論理学』の「補遺」においてであるが，1個の大理石を無規定の質料とみなし，それに立体の彫像という形が与えられようと，円柱という形が与えられようと，その大理石にとってはどうでもいいことだと述べた[*10]。人間の主体的な活

---

10) ヘーゲル『小論理学』下巻（松村一人訳）岩波文庫，第128節「補遺」を参照。

第3章　マルクス唯物論における物質代謝概念　　　　　　　　　93

動において，はじめて質料は形式化・形態化されるのであり，ここでは自然は，無規定の受動的な質料にすぎない。ところでアリストテレスでは，世界の事物は基本的に質料（ΰλη, Stoff）と形相・形式（μορφή, Form）の結合体である。このさい質料は受動的なものにすぎず，プラトンのイデアを発展させた形相こそ，その質料に能動的な力を与えるとされる（この立場は「質料形相主義」といわれる）。ちょうど人間でいえば，肉体が質料であり，魂がその肉体を動かす形相に当たる。この形相・形式こそ，目に見えぬ観念的なものであり，物質を軽視する観念論が注目するものである。だから，アリストテレスを継承して，ヘーゲルは人間の活動を質料に形式を付与する活動とみなしたのである*11。

　注目すべきことに，マルクスにおいても，ヘーゲルを継承して，労働は形式化の活動と規定される面がある。マルクスによれば，労働はやはり「形式づくり Formierung」であり，自然法則に従ってではあるが，「素材の形式を変えること die Formen der Stoffe ändern」とみなされる（MEW 23, 57, 58．①58頁）。だがそれでも，上述のように，マルクスによれば，この労働活動は全体として自然的なものであり，さらに加うるに，労働は「物質代謝」を媒介するという唯物論的側面をもつ。明らかに，ここでマルクスは，アリストテレス，ヘーゲルらの観念論を意図的に論駁しようとしている。

　こうして，形式（形態）－内容（素材）関係からすると，以下の2つの側面を区別し，複眼的視点をもたねばならない。マルクスにはこの両面が明確に存在するが，そこにはあくまで唯物論的観点が貫かれる。さて物質の自己運動という観点からすると（上記労働過程の(2)の立場），すべての物質はそれ自身もちろん形式と内容の統一体であり，単なる受動的素材などではない。これはエンゲルスの「自然弁証法」につながる，自然主義的唯物論の立場といえる。他方，人間の主体性の観点からすると（上記の(1)の立場），自然は受動的素材であり，それに形を与える（形態化する）のは，人間の目的活動なのである。だがそれでも，やはり上記の(1)の立場が回復されて，人間が与えた形態には自然は究極的には無

11）アリストテレス『形而上学』（出隆訳）上巻，岩波文庫，253頁以下，269頁など参照。

関与であり，自然の自己運動によって，すなわち自然法則（自然自身の形態化作用）によって自然物質は人間なしに変化していく。この意味で，労働によって付与された「形態にたいする〔素材の〕無関与性 Gleichgültigkeit gegen die Form」[*12]について，マルクスは明確に指摘する。

そして同時にまた，ここで近代主義的・人間中心主義的に解された労働観も批判されることができよう。というのも一般に，デカルト，ベーコンらに見られたように，近代の産業主義では，自然はもっぱら合目的な労働の受動的な素材とみなされ，利潤追求や「搾取」の道具とされる。こうして自然は人間の手でどんどん開発されるべきであり，そこにこそ自然の意義がある……。この論理のかぎりでは，環境問題への配慮などは希薄となる。もちろん(1)の労働の主体的側面は労働における不可欠な契機であり，これなしでは人間は人間たることをやめなければならず，太古の猿人にもどらなければならない。そしてさらに，環境思想で注目されるのが(2)の労働の客体的側面であることは明らかである。この観点からは，人間は自然物質の流れのなかに存在するものである。この側面は，自然重視・物質重視のマルクスの唯物論的世界観と密接に結合している。環境思想的視点から，唯物論・観念論，形式・内容との絡みで，以上のようにマルクス労働論が緻密に展開されたことはかつてなかったと思われる。そこで次に，この唯物論的世界観の立場から，訳語の問題も含めて，広く "Stoffwechsel" を再検討しよう。

4　ひとつの論争点

ところで最近，高田純はマルクス的な「物質代謝」概念の重要性を確認しながらも，より細かい点で疑問を提起した。労働過程論における上記の「物質代謝」を生理学的な物質代謝の側面も含めて，自然質料の同化・吸収と異化・廃棄と明確に読めるかどうか，あるいはそのように読むべきか否か，という問題である[*13]。

彼によれば，物質代謝を《自然→人間》の側面と《人間→自然》の

---

12)　*MEGA* II-1.1, 221. マルクス『資本論草稿集』①，大月書店，361頁。
13)　以下に関しては，高田純『環境思想を問う』青木書店，2003年，85頁以下，さらに

側面とに区分すると,前者に関しては,マルクスは十分に述べているが,労働過程からの廃棄物の排出としての後者の側面に関しては,労働過程を分析した箇所ではまだ触れていないという。マルクスの説明を率直に読むと,《人間→自然》は,人間が自分の身体や道具によって物質的な力(「自然力」)を原料に加え,その形態を変化させることを指す。このことを「異化」との類比でとらえることはできないとされる。彼によると,労働における物質代謝はもともと比喩的なものであるから,同化と異化の図式に当てはめることには無理があるという。マルクスが強調しているのは,労働が人間と自然の物質的相互作用に基づくということである……。

こうして高田は,さらにリービヒを出し,無機物を含めた広い意味で自然における物質のやりとりや移動を理解するためには,「物質循環」という用語を用いた方がよいと思うと提案する。この点では,実は私も「物質代謝」に関連して,「人間と自然のあいだの物質的相互作用の過程」[*14]といいかえたことがある。

たしかに,以上から確認できることは,第1に,マルクスの労働過程論の表現にかぎって見ると,《人間→自然》という廃棄物の排出過程に関しては,マルクスは直接には言及していないということである。第2に,訳語の問題として,"Stoffwechsel"をどのように訳すべきか,「物質代謝」か,または高田氏がいうように「物質循環」などと訳すべきかということである。

第1点に関していうと,さきに述べたように,マルクスはリービヒらの農業化学の主張に学んで,一般的には農業などの分野に関するエコロジー的な発想を十分にもっていたといえる。ただ,そうした認識は『資本論』における労働過程論の分析においては,一般に,まだ現れていな

63頁参照。すでに森田桐郎「人間-自然関係とマルクス経済学」,『経済評論』6月号臨時増刊,1976年,48頁以下が,この問題を指摘していた。なお高田は,精力的に「労働における物質代謝と自然における物質循環」(札幌唯物論研究会編『唯物論』第49号,2004年)をさらに展開する。これにたいし,同誌は「特集・マルクスの物質代謝論」を組み,島崎「マルクスの物質代謝・質料転換概念をどうとらえるか?」,岩佐茂「人間と自然の物質代謝について」,浅川雅己「『生命の再生産』と『人間と自然とのあいだの物質代謝』」がそれぞれ高田論文にコメントを寄せている。

14) 拙著『ポスト・マルクス主義の思想と方法』こうち書房,1997年,211頁。

いと見られるだろう。だがそれでも、マルクスが労働過程で明確に「物質代謝」に言及している以上、廃棄物の異化（排出）を想定することは許されるだろう。このさい、マルクスは労働過程を、抽象的な主体・客体の弁証法や対象化の論理だけで見ているわけではないといえる。

　ところで、マルクスは、叙述が進んだ『資本論』第3巻5章で、「生産の排泄物」および、ロンドンのテムズ川を汚染する「消費の排泄物」を対象としている。前者は工業、農業で出る廃棄物のことである。たとえばここで、生産過程で機械を製造するときに出る鉄くずが挙げられる。これはすでに、単なる労働過程で生ずる廃物といえよう。これが集められて、再び原料としてリサイクルできれば、自然を汚染しないですむこととなる。後者、「消費の排泄物」は「人間の自然的物質代謝」から出てくる排泄物（糞尿）や衣服などの古物の廃棄物であるとされる。都市への人口集中と「資本制経済」がここで河川の汚染を引き起こすことをマルクスは批判している（MEW 25, 110. ④127頁）。だからここでは、抽象的な労働過程から叙述が進んで、より具体的に、社会全体と自然とのあいだの物質代謝が問題となっている。ここではおのずと、マルクスは廃棄物の問題を対象とせざるをえない。これは広義における人間（社会）と自然のあいだの物質代謝といえよう。ところでマルクスは、すでに『資本論』第1巻13章「機械と大工業」のなかでも、「資本制生産は、それによって大中心地に集積される都市人口がますます優勢になるにつれて、一方では社会の歴史的原動力を集積するが、他方では、人間と土地のあいだの物質代謝を攪乱する」（MEW 23, 528. ①656頁）と批判する[*15]。こうしてマルクスは、現代で大規模に生じてきた地球規模での生態系汚染のような状態は予想しなかったかもしれないが、その唯物論的視点から、資本制経済が人間－自然間の生態系を攪乱することをその眼でたしかにとらえていたのである。ここで「人間と土地のあいだの物質代謝」といわれるとき、都市と農村の分裂から生ずる総合的な物質代謝の攪乱が念頭におかれており、おのずと廃棄物の問題が対象とされる。

　以上から明らかなように、マルクスにおいて、人間－自然間の物質代

　15）　この箇所でマルクスは、リービヒ『化学の農業および生理学への応用』第7版を挙げ、「自然科学の立場からの近代農業の否定的側面の展開は、リービヒの不滅の業績のひとつである」（MEW 23, 529. ①657頁）と注記する。

謝には広狭両義のものがあるといえよう。狭義のそれは，第2節で述べた，抽象的な労働過程論のものであり，広義のそれは，いまここで述べた「消費の排泄物」や「人間と土地のあいだの物質代謝」を含み，人間の全生活を含めた物質代謝である。こう考えると，労働過程における物質代謝も，生産過程で生ずる廃棄物の側面を考慮してこそ，完全なものとなるだろう。

5 "Stoffwechsel" にたいする訳語について

　ここで私は，さらにこの "Stoffwechsel"（metabolism）の語義と訳語について検討したい。いうまでもなく，"Stoffwechsel" は，"Stoff"（素材，質料，材料）の "Wechsel"（移り変わり，交代，転換）である。"Stoffwechsel" は「物質代謝」とも訳されるわけだが，辞書的にいうと "Wechsel" だけでも，「代謝」の意味をもっている。この用語は，1815年に化学者ゲオルク・カール・シグワルトが『動物化学のいくつかの対象に関する注釈』のなかで，はじめて使用したといわれる[16]。いずれにせよ，ここで，物質的なもの・自然的なものの流れ，移り変わりが問題となっている。「人間と自然のあいだの物質代謝」といわれる場合でも，そこでは，人間の目的活動などの観念的契機はあえて捨象されているといえよう。ここには，ある意味で，徹底した唯物論的な見方が存在すると考えられる。もちろん，こうした物質流転の発想だけで，世界や人間（社会）のありようを十分にとらえることができるわけではない。

　いずれにせよ，ヘラクレイトスの万物流転やデモクリトスの原子論における運動・変化，さらに近代科学のエネルギー恒存の法則に見られるように，字義どおりに解された "Stoff-Wechsel" は，物質の転変の運動であり，これが世界を普遍的に貫く。そして，この全体的な「質料転換」のなかの人間－自然関係がとくに「物質代謝」といえるのではないか。この場合，とくに生命体としての人間の健康が維持されることが重要であり，上記のように，「人間と土地のあいだの物質代謝を攪乱する」と

---

16) 吉田，前掲書，32頁参照。

指摘されるときにも，自然が汚染され，自然界の生命ならびに人間の健康が悪化する可能性を含むのは当然である。だから，アリストテレス風の定義でいえば，世界全体を貫く「質料転換」を最近類とすれば，「人間と自然のあいだ」が種差となり，労働過程としての「物質代謝」が成立する。まさに人間は労働という固有の活動によって，生物的な物質代謝を主体的に「媒介し，規制し，統制する」。こうして，以下のように定義される。

労働における物質代謝 ＝Def. 質料転換（最近類）＋人間と自然のあいだ（種差）

こうして，同じ "Stoffwechsel" について，「物質代謝」という用語を生命体に限定して使用するとすれば，無機的自然のあいだの循環は広く「質料転換」と訳したい（動植物的生命体のおこなう "Stoffwechsel" も，人間との類比で，「物質代謝」と訳しておきたい）。こうした広狭両義の "Stoffwechsel" 概念はマルクスに存在しないのだろうか。実はマルクスに，明快にこの構想が存在する。さらに一般に，私が「質料転換」という訳語にこだわった理由は，マルクスがヘーゲル論理学にならい，"Form" と "Stoff" の区別を重視したと考えるからだ[17]。「物質代謝」とだけ訳すと，この区別の意味合いが消失するのである。

6 "Stoffwechsel" の3形態

すでにマルクスが使用する "Stoffwechsel" には3つの意味があることについては，研究者から指摘がなされていた[18]。

(1) 自然的な "Stoffwechsel"
(2) 人間－自然間の "Stoffwechsel"

---

17) 体系的には，ヘーゲル『大論理学』中巻（武市健人訳），岩波書店，1967年における本質論・根拠論のなかの「形式と質料 Form und Stoff」の項を参照。ヘーゲルはここでアリストテレス形而上学の「質料形相主義」を念頭におき，受動的な質料（Stoff）にたいする能動的な形式・形相（Form）という図式を描いている。そのさい，本質的に受動的な「質料は〔形式の側から〕形づくられなければならない（formiert werden müssen）」といわれる。Hegel, *Wissenschaft der Logik*, II, Suhrkamp, S.90.『大論理学』（前掲）中巻，96頁を参照。

18) この点では，吉田，前掲書，42頁以下，が詳細に指摘する。

第3章　マルクス唯物論における物質代謝概念　　99

(3)　社会的な "Stoffwechsel"

こうしてマルクスは，リービヒらの影響を受けて，"Stoffwechsel" の概念を大胆に拡張し，自分の著作に取り入れたのである。さきに見たように，(1)の自然界に普遍的な "Stoffwechsel" を「質料転換」と訳し，特殊に，人間－自然間の "Stoffwechsel" を「物質代謝」と訳せるとすれば，(3)の "Stoffwechsel" は何と訳せるだろうか。いずれかなり比喩的性格が強いのだが，私見では，(3)の "Stoffwechsel" もまた，「質料転換」と訳しておきたい[*19]。さらにまた，"Stoffwechsel" はマルクスでは，"Formwechsel" と対になって使われる。両者のあいだには弁証法的対立関係がある。両概念は対立しているが，同時に密接不可分である。従来の研究では，この点にたいする検討が不十分であった。「物質代謝」と訳されると，こうした対比関係が見えなくなる恐れがある点にも注意したい。それは，前述のように，形式（アリストテレス的にいえば形相）と質料（物質）のあいだに同様の対立物の統一という弁証法的関係があることに由来する。このことを確認するためにも，「質料－転換」という原義にはつねに留意する必要がある。

ここで，(1)と(3)の "Stoffwechsel" の用語例を考察したい。

まず自然的「質料転換」について。「労働過程で役立っていない機械は無用である。そのうえに，それは自然的質料転換（natürlicher Stoffwechsel）の破壊力に侵される。鉄はさび，木は腐る。織られも編まれもしない糸は，だめになった綿である。生きている労働は，これらのものをつかまえて生き返らせ，単に可能的な使用価値から現実の有効な使用価値に変えなければならない。」（MEW 23, 198. ①321頁）

マルクスはここで，人間の手を離れた物質＝自然の独自の運動過程を承認している。鉄の酸化の過程や樹木の腐食の過程である。これは物質

---

19)　社会的な "Stoffwechsel" は，マルクス的唯物論では，物質的過程であるから「質料転換」と訳せるが，社会を生体に譬えるえられるとすれば，それを「物質代謝」と訳すこともありうる。ここでは原義を尊重して，「質料転換」と訳しておきたい。なお吉田，前掲書，45頁以下では，"Stoffwechsel" の上記，3つの意味を，それぞれ「物質変換」「物質代謝」「質料転換」と訳しわけているが，私はかならずしも訳しわける必要はないと考える。なお MEGA（『資本論草稿集』）の訳者は，人間－自然間の "Stoffwechsel" も，社会的な "Stoffwechsel" も，原義を尊重したせいか，「素材変換」と訳している。MEGA II-2, 115, 130, 165.『資本論草稿集』II, 225, 242, 308頁以下，など参照。

の変質・変化の過程であるが，これが「自然的質料転換」である。ここには自然固有の法則性が支配し，人間はそれを勝手に変えることはできない。ここにマルクスの自然主義的唯物論の立場が見られる。またマルクスは『経済学批判要綱』で，穀物生産では，自然物を価値あるものにするには，ただ「化学的な質料転換」を管理し，促進すればよい，と述べる。ここでの植物の成長それ自身は，一種の物質代謝の過程と見られよう[20]。もちろんここでさらに，人間－自然間の物質代謝（農業労働）も暗示される。

次に「社会的質料転換」について。

「交換過程が商品を，それらが非使用価値であるところの手から，それらが使用価値であるところの手に移すかぎりでは，この過程は社会的質料転換（gesellschaftlicher Stoffwechsel）である。ある有用な労働様式の生産物が，他の有用な労働様式の生産物と入れ代わるのである。ひとたび使用価値として役立つ場所に達すれば，商品は，商品交換の部面から消費の部面へ落ちる。ここで私たちが関心をもつのは，前のほうの部面だけである。そこで私たちは全過程を形式（形態 Form）の面から，つまり社会的質料転換を媒介する諸商品の形式転換（形態転換 Formwechsel）または変態（Metamorphose）だけを考察しなければならない。」（*MEW* 23, 119. ①138頁）

ここで問題となるのは，商品物質の交換ないし流通の過程であり，それを貨幣が媒介をする。つまりそれは，無数の商品の販売・購買の連鎖を意味する。一般にマルクスは，「社会的質料転換」のもとで，特殊に商品交換・商品流通について語っていると思われる。そしてここでは詳論できないが，マルクスはこの「社会的質料転換」を「形式転換」（形態転換）と，まさに弁証法的な対のかたちで用いる。マルクスにとって，商品の交換過程は，《商品（W）－貨幣（G）－商品（W）》という「形式転換」をなすが，他方，「素材的内容（質料的内容 stofflicher Inhalt）」（*MEW* 23, 120. ①191頁）からすると，この運動は，《商品（W）－商品（W）》となる。このさい，形式転換と質料転換はカテゴリー的に明確に区別される。だがそれらは，きわめて密接に関わる仕方で使用される。この点

---

20) *MEGA* Ⅱ-1, 244. 『資本論草稿集』①，404頁参照。

に注意すべきである。こうして，W－G－W は形式転換であり，だがそれは，「素材的内容」からすると，ある商品と別の商品の質料の交換（W－W）とされるのである。この事態をマルクスは，「社会的労働の質料転換」(*MEW* 23, 120. ①140頁) とも名づける。すなわちこの場合，2つの商品は等価の社会的労働の体現物として交換されるとみなされよう。

以上のように，3種類の "Stoffwechsel" がマルクスに存在するとした場合，すべての場合を「物質代謝」と訳すことは，あまりにも比喩的意味が強くなり，不適切ではないかと思われる。そしてまた，くり返すが，「質料転換」は，「形式転換」と対になって使われてもいる点にも留意しなければならない。

7　唯物論的世界観と "Stoffwechsel" 概念

さて，私は以下で，エンゲルスの「自然弁証法」を念頭におきながら，まず自然史的構想を描き，それに各 "Stoffwechsel" がどのように対応するかを考察してみたい。さらにここで，唯物論（自然弁証法）と環境思想の密接なつながりが解明されるだろう。

```
①宇宙論的進化（ビッグバン→太陽系の形成）―自然的資料転換
②地質学的・気象学的進化（地球上の土壌と大気の変化）―自然的資料転換
③生命的進化（生命の発生から猿人の発生まで）―生態学的物質代謝
④社会的進化　a 人間―自然間の労働論的物質代謝
　　　　　　 b 社会的質料転換
　　　　　　 c 社会―自然間の物質代謝
　　　　　　　　資本主義社会―――――物質代謝の攪乱
　　　　　　　　共産主義社会―――――物質代謝の共同統制
```

いうまでもなく，こうした自然進化の壮大な見取り図は，マルクスの盟友エンゲルスの「自然弁証法」の現代版である。かつてエンゲルスは，古代ギリシャの自然哲学を念頭において，「全自然は，最小のものから最大のものにいたるまで，砂粒から太陽にいたるまで，原生生物から人

類にいたるまで，すべて永遠の生成と消滅，たえまない流転，休みなき運動と変化のなかに存在する」[*21]という雄大な弁証法的自然史の構想を描いた。私はあえて，こうした自然史的発展にさきの "Stoffwechsel" の構想を対応させてみたのである。ここで詳細に述べられないが，①が太陽系の生成までを描くとすれば，②は地球上の土壌と大気の組成の変化を示し，それは原始生命が出現するまでの準備期間を意味する。③の生命的進化では，動物・植物の相互の生態学的物質代謝の複雑な作用が発生する。④の社会的進化においては，人間は生命の維持（生態学的物質代謝）を労働の物質代謝によって媒介する。だがそれは，自然を搾取する資本制経済では本質的に攪乱される。共産主義の将来社会では，物質代謝を「合理的に統制し，彼ら〔生産者たち〕の共同的統制のもとにおく」（*MEW* 25, 828.⑤1051頁）と構想される。マルクスの唯物論的世界観は，整合的には，このように展開されるのではないだろうか。逆にいうと，マルクスの共産主義理念とは，自然を利潤追求の道具にしなくなったときにはじめて実現される。

　　「大工業と，工業的に経営される大農業とは，一緒に作用する。本来この2つのものを分け隔てているものが以下の点だとすれば，つまり，前者がより多くの労働力を，したがってまた人間の自然力を荒廃させ破壊させるのにたいし，後者がより多く土地の自然力を荒廃させ破壊させることだとすれば，その後の進展の途上では両者は互いに手を握り合うのである。なぜなら，農村でも工業的体制が労働者を無力にすると同時に，工業や商業はまた農業に土地を疲弊させる手段を提供するからである。」（*MEW* 25, 821.⑤1042頁）

　こうしてマルクスによれば，人間（的自然）の搾取と自然の搾取は本質的に一体であり，その除去も一体である。そして，こうした世界観が環境思想やエコロジーと親和的であり，むしろそれを基礎づけることができるのではないか。またこの発想は，おのずと人類と自然環境の「持続可能性（sustainability）」の考えに直結するであろう。

　またこの世界観を，現時点における構造論として，以下のように図式化したい。

　　21）　*MEGA* I-26, 309. 秋間実・渋谷一夫訳『自然弁証法』新日本出版社，1999年，96頁。寺沢訳『自然弁証法』(1)，国民文庫，23頁。

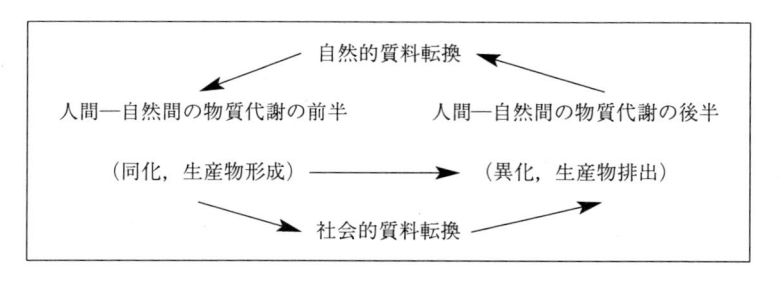

```
          ┌─────────── 自然的質料転換 ───────────┐
          ↓                                        │
   人間―自然間の物質代謝の前半        人間―自然間の物質代謝の後半

     （同化，生産物形成）  ──────→   （異化，生産物排出）
          │                                        ↑
          └─────────── 社会的質料転換 ───────────┘
```

　ここでは，第4節に示されたように，人間（社会）―自然間の物質代謝は，広狭両義で使われている。狭義の人間―自然間の物質代謝とは，労働過程（生産過程も含められる）におけるそれであり，「人間―自然間の物質代謝の前半」から「人間―自然間の物質代謝の後半」への矢印がそれを意味する。注意すべきは，この労働過程においても，農業であれ，工業であれ，サービス業であれ，大量の廃棄物や副産物が発生し，自然を汚染しているということである。広義の人間―自然間の物質代謝とは，「社会的質料転換」を含んで，消費活動・生活活動を含め，社会全体と自然とのあいだのすべての局面を意味する。もちろんここでも，多くの種類の廃棄物が発生する。以上の点に留意したい[*22]。

　いずれにせよ，以上の循環がスムーズに行き，自然的環境ないし生態系が汚染されていなければ，それは健全な経済活動といえるだろう（さらにこの循環のなかで，微量有害物質の滞留・濃縮や必要物質の脱落があってはならない）。逆にこの循環が自然を段々と汚染し貧困化するかたちで進むならば，そこにおのずと環境問題が発生する。前述のように，すでにマルクスは，都市化にともなうテムズ川の汚染や農業生態系の攪乱について指摘していた。

　この点で，私なりの具体例をあげよう。

22）　なおアレントが，人間の営為（activity）のなかで，活動（action）と比べて，マルクスが強調する労働（labor）――さらに仕事（work）――を低く評価することは，環境問題との絡みで興味深い問題を提起している。というのも，アレントが，自然を相手とするマルクスの労働過程論について，それが「人間と自然のあいだの物質代謝」という循環運動であることを明確に意識しつつも，そこに含意される重大な，ある種唯物論的な意義を承認しないからである。ある意味で彼女は，あまりにも人間的な世界に関心を集中させすぎたのではないだろうか。ハンナ・アレント『人間の条件』（志水速雄訳）ちくま学芸文庫，2006年，第13節参照。

河川の流れから水が蒸発し，上昇して雲となる。それが雨となり，地上へと降り注ぐ。また動植物も成長する。ここに「自然的質料転換」があり，物質とエネルギーのダイナミックな移動が見られる。そこに人間の経済活動ないし労働が加わるとする。そこに（狭義の）「人間－自然間の物質代謝」が生じ，河川の水は水道水へと商品化され利用され，工業用水ともなる。その水を使って，何らかの商品が製造され，販売される。それは購買され，消費される。それが中間製品ならば，それはさらに長いあいだ生産・流通の部面にとどまる。いずれにせよ，それは一定の「社会的質料転換」を経過して，最終的に消費される。そして消費されたものは廃棄物となり，河川へと捨てられるかもしれない。やがてそこから毒物が発生し，河川を汚染するかもしれない。また大量の廃棄物は河川の流れを狭め，自然環境に悪影響を与えるだろう。そしてさきの工業用水の排出も，河川や湾を汚染する。そしてそこから，湾に住む魚が大量に死ぬという事態が起こるかもしれないし，奇形の魚も発生するかもしれない。そもそも河川の水量が減少すれば，自然環境は全般的に危うくなる。またはその湾に生息する魚を食べた住民が中毒を起こすかもしれない。有毒の水はやがて自然的質料転換のなかで雨となり降り注ぎ，さらに広く人間と他の生物に悪影響を及ぼすかもしれない。工場地帯からの煤煙や有毒物質もそこに加わるだろう。こうしてそこに，広範囲にわたり，人間（社会）と自然間の物質代謝の攪乱が生じ，このあいだに「亀裂 Riß」（*MEW* 25,821.⑥1041頁）が生じる……。

　いうまでもなく，以上の想定は，水俣病など，実は過去においてくり返し起こってきた事実であり，世界各地で現在進行中のできごとでもある。マルクスの "Stoffwechsel" 概念に関していえば，以上の3形態が有機的に結合されることによって，ひとつの円環を描き，こうして自然の循環を完成する。同時にそれは，環境思想としても十分なものとなるであろう[*23]。

　　23）　なお最近，日本における物質代謝をめぐる論争に関して，上田浩「環境思想とマルクス――物質代謝概念を通して自然の根源性を考える」（関西唯物論研究会編『唯物論と現代』第35号）が詳細に紹介・検討している。

第 4 章

われわれにとって《自然》とは何か？

　私たちにとって《自然》とは何だろうか。環境問題と関連して，自然を保護すべきだといわれたり，自然との「共生」が強調されたりする。だが，自然を保護する前に，すでに私たちは自然の恩恵と保護によって生活を可能としていることを知らなければならない。また，自然との「共生」といわれても，それは人間からの勝手な思い込みであるかもしれない。自然はとくに人間から恩恵は受けているとはいえないし，大自然，いや宇宙の力は，巨大隕石を地球に衝突させて，一挙に全人類を破滅させることもありうる。そしてかりに人類絶滅などの事件が発生するとしても，それは自然が下す天罰というわけでもない。自然保護などの環境倫理的発想を述べる前に，そもそも《自然》とは何であるのか，多様な自然観の存在の考察や人間の発生までにいたる自然の歴史に関する問いなどが必要ではないだろうか。

　ところで，こうした問いは，哲学の分野では「自然哲学」と呼ばれてきた。この自然哲学の分野は，従来はさしあたり環境問題とは無関係であったが，いまこの学問分野を環境倫理や広く環境問題に統合して考えることができる。逆にいえば，ここに従来の自然哲学の現代的意義も発生するだろう。そして実際，自然哲学を環境問題との関わりで考察する研究もふえてきた。本章では，まず地球規模での環境破壊・汚染の現象を，とくに核戦争の脅威にそって概観する。そののち，自然概念を吟味しながら，人間と自然の関係のありようを原理的に探る。それから進んで，具体的な自然観の考察として，とくにエンゲルスの自然観（「自然弁証法」といわれるもの）を取り上げる。というのも，いままでに示唆

してきたように,《エコマルクス主義》の見地からは,エンゲルスが自然について何を考えていたかは,きわめて重要であるからだ。ここで私は,エンゲルスの「自然弁証法」の《環境論的転回》を,すなわちエコロジー化を意図する。マルクスならともかく,いまさらエンゲルスでもあるまいにという声が聞こえてきそうであるが,いままでに示唆してきたように,エンゲルスの「自然弁証法」の再興,およびその《環境論的転回》は時宜にかなっているのである。だが,このエンゲルス的自然弁証法にたいして,別の自然哲学（内山節）も批判的に提起されているので,この対立を吟味することによって,再度,自然観を「自然の3つの顔」というテーマでまとめる。本章の最後は,マルクスによる《自然主義＝人間主義》の命題を《エコマルクス主義》の基本見地へと転換して,その含意を把握したい。

1 地球生態系の危機と「核の冬」「核の夜」

（1） 地球規模での人類の危機

地球規模での人類の危機ということが,従来いわれてきた。人類の生産力,エネルギー消費,廃棄物排出が飛躍的に増大し,こうして地球の自浄能力の限界を突破し,このまま行くと地球生態系が多くの生物にとって,さらに人間にとって住むのに適さなくなるのではないか,という問題である。この点で,私は本書の序論で,地球温暖化の問題を掲げておいた。ふり返れば,ローマ・クラブと MIT が共同で『成長の限界』を1972年に出版し,大きな衝撃を私たちに与えた。さらに同じ著者たちによって,『限界を超えて』が出版されたのが1992年のことであった。著者たちはそこで,「人間が必要不可欠な資源を浪費し,汚染物質を産出する速度は,多くの場合すでに物理的に持続可能な速度を超えてしまった」[*1]と結論づけた。そしていま,私たちは2007年を迎えている。地

---

1) ドネラ・メドウズ／デニス・メドウズ他『限界を超えて』（茅陽一監訳）ダイヤモンド社,1992年,viii頁。もっとも著者たちは,物資の消費,人口の増大という問題への広範な改善,資源・エネルギー問題への大幅な改善という2つの施策がすみやかになされれば,事態は改善していくと述べる（同上）。

球環境をめぐる問題は，はたして解決へ向かっているのだろうか。
　さらにまた，農薬などによる土壌汚染や食品への各種添加物が原因となり，人間の健康が徐々に蝕まれているということも，指摘される。ごく最近では，ダイオキシンによる土壌汚染やアスベスト被害も問題となってきた。総じて問題は，土壌，空気，水，食品などの汚染，さらに動植物の生育する環境の悪化によって，究極的には人間の健康と生命が破壊されるということである。以上の緩慢な生態系破壊のほかに，人口の爆発的増加による食料不足や将来におけるエネルギーの枯渇なども，問題視されてきた。
　以上の事柄が長期にわたって人類に徐々に悪影響を及ぼす原因であるとすれば，人類にたいし短期的破壊をもたらす現象も，また指摘される。それは，殺人を肯定する戦争である。戦争は単に人命を奪う行為であるだけでなく，構造物も破壊し，自然環境・生活環境にも大きな被害を与える。環境倫理学の分野で活躍してきた加藤尚武は，新著でさらに，「戦争による環境破壊」[*2]の問題を付け加えた。1960年代に起こったベトナム戦争の枯葉作戦は，徹底して森林破壊をおこない，それどころか彼らは，森林や農地が復活しないように，アメリカン・グラスという強力な雑草の種をまいた。「ここでは生態系の破壊は，派生的な結果ではなく，目的そのものである。生態系を永久に人間の居住不能なものにしてしまうという狙いが働いている。」[*3]劣化ウラン弾も自然環境を汚染し，人々の生命を長期間にわたり脅かす。埋設された大量の地雷も，結果的には生活環境を汚染したといえるだろう。

（2）「核の冬」「核の夜」
　いま劣化ウラン弾に触れたが，生態系にたいするもっとも大規模かつ急激な破壊・汚染・攪乱を生ずると想定されるものは，核兵器による戦争であり，原発事故なども同様の影響を与える。従来，原爆投下などによる核戦争の被害は，熱線，爆風などによる建築物破壊と生命の殺傷，その後に長期に渡る放射能障害が中心と見られていた。さらにそうした認識から，地球上に1万数千メガトン，5万発以上の核兵器が貯蔵され

2）加藤尚武『新・環境倫理学のすすめ』丸善ライブラリー，2005年，の第12章を参照。
3）同上，200頁。

ており，それを人類の頭数で割ると，人類を何回も殺すことができるというようなことが指摘されてきた。この意味で，核兵器は「人類絶滅兵器」などといわれてきた。この指摘はもちろん重要であるが，地球規模の生態系破壊という視点を欠いた従来の核戦争観からは，大規模な核戦争が起こったとしても，現実に人類が絶滅するという想定は出てこないであろう。たとえば，北半球で核戦争が発生したとしても，南半球に住んでいる人々がそれで直接影響を受けるということは想定されていなかった。しかし，アメリカのカール・セーガンの「核の冬」，旧ソ連のエフゲーニ・ベリホフの「核の夜」という想定は，核兵器が単に人間を直接，爆発力，熱風，放射能によって殺傷するだけではなく，その後に自然生態系を地球規模で狂わし，気象の変動，食料と水の不足，放射能汚染などで全人類が絶滅する可能性を物語っている。

　セーガン『核の冬』は，ワシントンDCで開かれた会議「核戦争後の地球」(1983年) の記録であり，多くの科学者の議論の結果，セーガンらのコンピュータ・シュミレーションの科学的妥当性が承認され，「核の冬」といわれる気象学的・生物学的な大異変の現実的可能性が示されたのである[4]。実は旧ソ連でも，同時期にベリホフらの率いる民間団体がセーガンらとほぼ同様の結果に達していたのであり，彼らはそれを「核の夜」と呼んでいた[5]。

　それでは，「核の冬」「核の夜」とはいったい何か。この両者は同一の現象を示し，それがたとえ北半球で起こったとしても，核戦争によって何億トンという莫大なチリとススが発生し，それがやがて地球全体を取り囲み，太陽光線をさえぎり，極寒と暗黒の状況を長期にわたって招くということである。この現象はわずか100メガトン（現存する核保有量の百分の一以下）という規模の核の応酬で生ずるとされる。このさい，核爆発が地上ないし低空で生ずると，目標地域の表面は蒸発し，コンクリートや金属も溶かして，20キロ以上も上空へ吹き上げる。細かいチリやススも，やがて南半球に流れこみ，ここで地球全体にわたり，低温と暗闇が訪れる。気温低下は北欧，北米，中央アジアなどで，2,30度に達すると推定される。

---

4) カール・セーガン『核の冬』（野本陽代訳）光文社，1985年。
5) エフゲーニ・ベリホフ『核の夜』（増田義信・藤森夏樹訳）新日本出版社，1986年。

第4章 われわれにとって《自然》とは何か？

　この現象発生に関する立証の合理性も議論されたが，火山爆発による冷却現象は「核の冬」と同種のものとみなされている。インドネシアのタンボラ火山やメキシコのエルチチョン山の大爆発の例がそれである。1815年のタンボラ火山の場合では，噴煙が高度16〜32キロメートルに及び，北半球での太陽光線は，最大で約25％まで弱まった。翌年のアメリカやヨーロッパは「夏のない年」になり，季節外れの寒波が襲った。火星における砂嵐の観測においても，同様の温度下降が見られるという[6]。

　さらに詳細に，環境の攪乱と破壊の状況について述べたい。いうまでもなく，多くの可燃物を含む都市の火事は巨大な火事嵐となり，上空へ吹き上げる。有毒ガスも発生するであろう。酸性雨も生じる。放射性のチリも少しずつ降下する。生き残った人々の前には，放射能によって汚染されたわずかな水と食料しか与えられない。植物は枯れ，光合成が不可能となり，食物連鎖が崩壊する。大型動物は死滅し，絶対的な食料不足となる。とくに寒さに弱い熱帯雨林は消滅する。低温のため，淡水地域は凍結し，水不足となる。内陸と沿岸の温度差のため，沿岸で猛烈な嵐が起きるという。1, 2年後には気象が正常となろうが，そのときノア級の大洪水が大陸を襲う。またこのとき，すでに吹き上げる爆風によってオゾン層が破壊されているため，強烈な紫外線がガンを発生させ，生殖機能を低下させる。

　これはこの世の終わりであり，聖書の黙示録的風景といっていい。「核の冬」「核の夜」の語ることは，核兵器が人間の住む自然環境を徹底的に大規模に破壊・汚染・攪乱し，他の生物もろとも人類を破滅の淵に追いやるということである。現時点では，冷戦体制が終わったが，核兵器は大量に残存しており，将来において，いつどのようなかたちで核兵器が使用されるかはわからない。大規模な核戦争が起こる可能性は少なくなったが，この「核の冬」「核の夜」は都市にたいするわずか100メガトン（1メガトン＝100万トン）級の核攻撃で発生する。この程度の量の核兵器は現在，潜水艦一隻に搭載可能である。冷戦の終了後，「核の冬」「核の夜」の危機は過ぎ去ったという人もいるが，まだその脅威は

　6）　以上，セーガン，前掲書所収の第1章，第2章を参照。

なくなってはいないと見るべきだろう。国際社会はますます不安定化してきており、私たちはやはり核兵器という「ダモクレスの剣」の下で暮らしていることに変わりはない*7。

2　自然の概念とその意味

　以上のように、自然環境の破壊・汚染・攪乱について考えるとき、そもそも人間にとって《自然 nature》とは何かということが問題となるだろう。以上の公害や自然環境問題の状況を根本的に考察するために、まず自然概念を分析しよう。このことばは、以下のような意味をもっていると考えられる。
(1)　物理的・生物的存在者の意味。これは非社会的・非人工的なものであり、人間の発生以前から存在したものであって、そこには自然法則が貫く。具体的には人間の外にある「外的自然」（人間から独立した存在物）のことであり、さらに付加すると、人間の「内的自然」（肉体と感覚、情念、無意識など）のことである。外的自然は大きく分けると、生命のない物理的自然と生命的な自然に区分される。内的自然とは人間の内部にある自然のことで、肉体と感覚などは原始生命からの進化論的連続性を引きずっており、その所有主である人間の意のままにならないものである。
(2)　「自然」は nature ということばが示すように、「本性」というほどの意味をもち、もって生まれたもの、本来そうあるべきもののことであり、ギリシャ語の「フュシス」はこの意味を含む。ここには価値的視点がはいり、単なる物理的自然以上のことを意味する。アリストテレスらのギリシャ哲学では、「自然」は人為的なもの（ノモス）の反対であり、自分自身で運動し、発展するものを意味する。たしかに有機的生命はそれ自身の秩序をもち、放置しておいても自分で運動するものである。近代の哲学者ホッブズらの自然法におけ

---

　　7)　この項は、拙論「核兵器と自然破壊」（岩崎允胤編『核廃絶への輪づくりへ』白石書店、1987年所収）を大幅に省略したものである。すでに拙論の第5節「自然弁証法の意味するもの」は、エンゲルス「自然弁証法」のエコロジー化を展開している。

る「自然」はこの(2)の意味に近く，人為的な法に先立つ根源的な法を意味する。

(3) 日本語で「じねん」と読む場合。「おのずからそうなる」という意味で，これも物理的自然そのものというよりも，自然物であれ人間であれ，ものの活動状態のことである。浄土真宗を開いた親鸞のいう「自然法爾」とは，確信をもって自分がやったことが仏道にかなうというほどの意味である。くだって安藤昌益『自然真営道』では，「自然」は「ひとりしかる」（おのずとそのようになる）と読まれる。

これら3者の自然の意味は，よくよく考えると相互に関連しあい，これらを総合的に考えることの必要性に迫られるが，いまはこれ以上問わないこととする。

私が以上の自然概念を念頭において考えることは，とにかく《自然》といわれてきたものが，思想的にどのような評価にさらされてきたのかということである。実は，自然は以下のような，まったく相反する2つの評価にさらされてきたのではないか。

(1) 悪としての自然，否定され，調教され，克服されるべきものとしての自然。これは哲学的にいえば，総じて観念論の立場に立ち，現実の自然界以外のあの世を積極的に承認する宗教はおおむねこの立場を取る。すでにプラトンは，肉体という自然は魂にとって牢獄であり，死んで肉体を離れることが魂にとって望ましいと考えた。ここには人間の内的自然としての肉体にたいする蔑視がある。中世において，あらゆる自然にむかって話しかけたという聖フランシスコは，教会から破門される運命にあった。さらにヘーゲルは，自然は何ら自立的で根源的なものではなくて，自然はともかく否定され，精神へと高まる必要があると考えた。ここには，自然それ自身は，受動的な物体にすぎないという価値評価が見られる。

(2) 賛美されるべきもの，故郷としての根源的自然。この立場はどちらかというと，唯物論の立場に立ち，人間の根底には，それを支える根源的自然があり，したがって，この意味での自然を忘却するところに人間疎外が生まれると考える。この立場は(1)のまったく逆である。ルソーのスローガンとされる「自然へ帰れ！」は，端的にこの自然主義を表

している。人間は本来の姿である自然人としては善であるのに，文明化された社会こそが人間を悪に染めるといわれる。またフォイエルバッハは，ヘーゲルの観念論に反対して，自然と感性を中心に置く唯物論哲学を展開した。この自然観は，自然の自発性を重んずるという点で，さきの自然概念の(2)，(3)に関わっていると思われる。

　一方は悪としての自然，他方は善としての自然——一体なぜこうした対立的な見方が生ずるのだろうか。私の考えでは，この対立的な自然観は，人間—自然関係のやはり対立した2側面に由来する。

　(1)　人間は他の自然から離れ，それをあらためて労働によって利用し，それを変革することによって今日の文明を築いてきた。人間的自然が大自然に埋没したままであれば，人間の独自性はない。人間にとって自然とは，加工され，利用される労働素材であり，こうして自然は，一度その自然性を否定されるところではじめて存在価値をもつ。ヘーゲルが自然の非自立性をいうとき，そこに見られる近代的で合理的な意味はまさにそのこと，つまり環境としての自然が労働によって一度否定され，社会と精神世界の内部に取り込まれてこそ本来の意味をもつ点にある。さらにまた同様に，人間内部の感性もそのままでは価値がなく，労働のなかで鍛えられたり，文化的繊細さを獲得するなかではじめて有意義となる。

　(2)　どんなに人間の文化と社会が発展しても，人間が神になれるわけではなく，動物であることを脱するわけでもない。人間はやはり「人間的自然 human nature」にほかならず，外部の自然なしには生きられないし，内部にも自然を抱えこんだままである。皮肉っぽくいえば，人間は依然として，「服を着た猿」なのである。人間は大自然から生まれたったのであり，大地，空気，水，食料など自然の恩恵なしでは生きていけない。人間と自然のあいだには本来，対立などなく，人間的自然は根源的大自然の一部である。

　(1)は人間−自然関係を対立的にとらえ，この考えは自然を悪，否定的なものと見る考えに結びつく。そして(2)は人間と自然のあいだに何か根源的合一関係を見るものであり，自然とは人間を包摂し，それを支える「母なる大地」以外のものではない。

3 「自然弁証法」の再興にむけて

　以上の自然の概念や人間－自然関係の考察を基本的な指針としながら、それではいかに自然科学を総合して、より具体的な自然観を描くべきだろうか。この点で、私が念頭においているのは、とくにマルクス主義、さらに《エコマルクス主義》との関連でいうと、エンゲルスによる「自然弁証法」、すなわち弁証法的自然観に関する草稿群である。これはある意味で、エンゲルスはそういわれるのを嫌うだろうが、一種の「自然哲学」といっていいものである。私自身はすでに、マルクス主義内部におけるエンゲルスの達成点と深刻な問題点については詳細に議論してきたので、その点についてはここではもう触れない*8。本章はこの「自然弁証法」の《環境論的転回》およびそのエコロジカルな意義の展開を中心とするが、この弁証法的自然観が、後述のように、私にとって、多様な自然観のなかでもっとも説得的であると思われる。さて、エンゲルスの「自然弁証法」が注目される理由は、さらに別にある。というのも、この草稿群が、新メガ出版のなかであらたに編集しなおされたからであり、その翻訳も秋間実・渋谷一夫による労作として出版されているからである*9。この点もあらためて追記すべきだろう。
　さて、エンゲルスが星雲状態にあった当時の膨大な自然科学の成果を天才的に総合して、自然の進化や物質的自然の運動形態や階層性を問題

　8）　エンゲルスへの全般的評価に関しては、拙著『ポスト・マルクス主義の思想と方法』こうち書房、1997年の第9章「エンゲルス研究における論争と到達点」、第10章「エンゲルスにおける唯物論・弁証法・自由論」に委ねたい。いまでもこの評価は変わっていない。同書、334頁以下は、「マルクス主義におけるエンゲルスの位置づけ」の点で、従来の評価を、①エンゲルス・マルクス一体化説、②エンゲルス＝マルクス主義の歪曲者説、③エンゲルス＝独自の思想家説に分類し、自説を基本的に③に位置づけた。

　9）　*MEGA* I-26. 秋間実・渋谷一夫訳『〔新メガ版〕自然の弁証法』新日本出版社、1999年。本巻と別巻（注釈などを含む）からなる。なお原典は、同一の「自然弁証法」の草稿を、最初は年代順に並べ、次に体系的に整理して並べる。翻訳された部分は、前者である。エンゲルス「自然弁証法」の新編集に関しては、B. M. Kedrow (Hg.), *Friedrich Engels über die Dialektik der Naturwissenschaften*, Köln 1979. における新しい試みの紹介を含めて、拙著『ポスト・マルクス主義の思想と方法』（前掲）、353頁以下の「付記」を参照。以下において、エンゲルス『自然弁証法』の引用は、次の「補論2」も含めて、このメガ原典の頁数、新日本出版社、国民文庫の頁数の順にそれぞれ本文中に記す。国民文庫のものは、菅原仰・寺沢恒信訳『自然弁証法』(1), (2), 国民文庫である（*MEW*, 20の翻訳）。

にしようとしたとき，唯物論の立場からして，私たち人間（人類）にとって，そもそも《自然》とは何かという根本問題がそこに潜んでいたはずである。なるほど彼は，この問題自身を明確に提起したとはいえないかもしれない。彼が「自然弁証法」の構想についてはじめて明確に思いついたのは，1873年5月のことであり，それは，「親愛なるモール〔マルクス〕，今朝は寝床のなかで自然科学について，次のような弁証法的な考えが浮かんできた」*10 という文章から始まる，マルクスあての手紙によって示される。エンゲルスはそこで，さまざまな運動形態をもった物質を自然科学の成果にそって解明するという趣旨のことを述べている。とすれば，彼の「自然弁証法」の構想は，かなり強く理論的な問題関心から出発しているといえよう。または，後期エンゲルスがマルクス主義を啓蒙的に定式化するために，マルクス主義哲学の体系構想における欠如部分の補完として「自然弁証法」を考案すべきだと考えた，ともいっていいだろう。すなわち，「自然弁証法」を付加することによって，マルクス主義哲学の体系が完成するとみなしたということである。とはいえ，誤解のないように補足したいが，エンゲルスは若いころからずっと自然弁証法的なテーマに関心をもちつづけていた*11。

　特筆すべきことに，ケドロフによれば，自然科学のテーマに関して，マルクスとエンゲルスはおもに手紙によってであるが，活発に議論しあっている。ダーウィン進化論の解釈に関する活発な応答はもとより，たとえば，トレモという科学者の著作『人類およびその他の生物の起源と変形』に関する評価をめぐって，2人は生き生きと論争している。ケドロフはこの論争では，エンゲルスがマルクスを説得したと見ている*12。マルクスがエンゲルスと異なり，自然科学や自然弁証法に関心をもたなかったという見解が広まってきたが，それをケドロフは，事実に即して打破しているといえよう。こうして私の構想では，この自然弁証法の構想を，現代のエコロジー的発想と積極的に結合することが可能であるし，

---

10)　*MEW* 33, 80f.

11)　B. M. ケドロフ『フリードリヒ・エンゲルス』（仲本章夫監訳・木下順一訳）本の旅社，1988年は，この点で，エンゲルスの自然弁証法の研究を1840年代から始めて，4つの時期に区分して，詳細にその発展を論じている。

12)　同上，44-48頁参照。

事実，フォスターら，《エコマルクス主義》の論者たちはそのように試みている。

　さらにいえば，革命家エンゲルスが単なる学究的な関心から自然弁証法を展開したということもまた，実はありえなかった。のちほど補論で，草稿「サルがヒトになることに労働はどう関与したか」にも触れるが，この点からすれば，さらに因果性について述べてある草稿の後半で，ジョン・ドレイパーらの自然科学者による，自然が一面的に人間に影響を及ぼすという「自然主義的歴史把握」を批判する箇所が興味深い（S.22f.24頁以下。(2), 71頁以下）。エンゲルスはここで，従来の自然科学者が単に自然を知るだけであり，「人間による自然の変革」を知らないと批判する。エンゲルスはまた，ゲルマン民族の移住以来のドイツの自然の地表，気候，植生，動物相，そして人間自身がかぎりなく変化してきたが，これはすべて人間の活動によるものだと指摘する。だがこの間，人間の関与なしに生じた自然の変化はごくわずかである……。こうした自然認識は，マルクス『経哲手稿』やマルクスとの共著『ドイツ・イデオロギー』で強調されていた実践的自然観といえよう。

4　もうひとつの「自然哲学」

　以上のエンゲルスの自然観にまっこうから対立する自然哲学がある。たとえば，同じく自然哲学を説く内山節は，エンゲルスの「自然弁証法」について，「マルクス主義的な自然哲学とされた自然弁証法は，はなはだしく不備なものと映ってくる。自然の歴史は弁証法的なものであるとするこの考えは，自然の一面，すなわち客観的に実在する自然の面しかみていない」[*13]と徹底的に批判する。彼によれば，人間が自然史のなかでどのように誕生したのかなどは，自然科学の問題とされ，自然哲学の問題ではないとされる。ここにはエンゲルスの「自然弁証法」にたいするかなりの誤解があるが，いまそのことは問わない。では，内山のいう「自然哲学」とは何か。

---

13)　内山節『自然と人間の哲学』岩波書店，1988年，10頁。以下，頁数を本文中に記す。

「自然哲学はただひとつの事実から出発する。それは労働を獲得し，自然から自立した存在としての人間が現に暮らしているという事実である。〔中略〕したがって私の自然哲学は，労働論，あるいは労働過程論を基礎に置いている。その意味ではこれまでの私の研究，労働過程論，労働存在論の延長線上に，この自然哲学は位置づけられている。」(35頁)

内山による「自然哲学」はあくまでも人間－自然関係のなかにある自然，つまり労働する主体である人間が関わるかぎりでの自然であって，人間（および社会）との関係を抜いた自然は無意味なのである。それは単に自然科学の対象にすぎない。こうした発想は，ヘーゲル自然哲学を批判するなかで述べられた，「人間から切り離されて固定された自然は，人間にとって無である」[14]というマルクス『経哲手稿』の主張と，似ていないこともない。

内山の自然哲学によれば，現在，環境破壊によって「壊れゆく自然」を単純に人間の手で保護・管理していこうとする発想は誤りなのである。自然の破壊・汚染は「現代の人間－自然関係の矛盾の表現」（137頁）であり，自然の破壊とともに，人間の労働のあり方，さらに人間そのものの崩壊が始まっている。彼は具体的に自分の体験に即して述べる。彼の訪れた村の人々は「仕事」と「稼ぎ」を区別していた。前者は，山の木を育てたり，山の作業道を共同で修理したり，畑の作物を育てたりなど，自然とコミュニケーションしながらの労働であり，村を共同で維持する労働であった。それにたいして後者は，賃労働であり，他人のもとで働く労働であった。後者の労働が生活のなかで大きな比重を占めるとともに，村人の労働感覚，自然感覚は変貌する。速効的な経済価値を生まない労働や自然は脇に押しやられ，収益の上がらない農地は休耕地化していく。山林の手入れもおこなわれなくなり，荒廃していく。以上の労働論をもたずに，単にヒューマン・スケールの技術を唱えるエコロジーなども，不十分なものとして批判されるべきである……。

以上の内山の自然哲学は，安易な自然保護を唱える立場にたいして根本的な批判となるだろう。彼は自然観の問題が労働の問題，さらに人間

---

14) *MEGA* I-2, 416. 藤野渉訳『経済学・哲学手稿』国民文庫，238頁。

や社会がどのように変貌するのかという問題と密接に結びついていることを力説し、この観点から商品貨幣経済や資本制生産の問題を導き出す。彼の自然哲学は十分に貴重なものである。だがそこから、ただちにエンゲルス的自然弁証法の否定が出てくるのだろうか。

いままで見たように、エンゲルスに当然にも、労働論や、人間と自然の実践的つながりなどの観点は存在した。エンゲルスの「自然弁証法」を自然科学の総合という論点に限定してみても、次の補論で示すように、それはエコロジカルな視点と結合する可能性をもっている。さらに、自然科学だけでは、いかにそれを一緒に集めたとしても、エンゲルス的な自然弁証法的世界観がおのずと形成されるということはありえない。そこにはばらばらの自然科学の成果を哲学的に総括し、解釈するという主体的作業が必要である。これを認めない内山は、視野狭窄に陥っているのではないか。

客観的に見れば、エンゲルスの「自然弁証法」と内山の自然哲学は、実は以前の人間－自然関係に含まれていた2つの側面（第3節参照）に、それぞれ対応するとはいえないだろうか。すなわちエンゲルスは、人間を含めた自然の根源性を強調し、その意味で、自然中心主義を取ったのである。内山は他方、あくまで労働主体である人間と自然とのあいだの関係に力点を置いたのである。この意味で彼はむしろ、人間を中心に置き、人間から自然を見るという意味で、ある種の人間中心主義に立っているといっていいだろう。もちろん彼は、悪い意味での人間中心主義、つまり自然は人間から見て一方的に支配されるべきものであるという考えではけっしてないけれども。以上のように考えられれば、エンゲルスの「自然弁証法」と内山の自然哲学は矛盾せず、環境問題を考えるうえで、むしろ相互補完するものとみなせるだろう。

5 自然のもつ3つの顔

もしエンゲルス的な自然弁証法と内山の自然哲学を包括する観点が求められているとすれば、そのことは私たちの自然観にどのような変化をひき起こすのだろうか。ここで私は人間にとっていわば自然が3つの顔

をもち,しかもそれが背反せず,流動的にお互いに移行しあって現実の自然観を形づくっているということを明らかにしたい。

```
人間 ── 自然

主体 ── 客体
主体 ── 主体
客体 ── 主体
```

上図は,人間－自然関係を主体,客体という2つの用語の組み合わせによって示したものである。このとき「主体 Subjekt」とは,対象としての「客体 Objekt」とは逆に,主体によって働きかけられる受動的存在を意味する。

第1に,人間が主体であり,自然が客体であるという関係は,労働の基本論理である。自然のもつ第1の顔は労働素材としてのそれであり,ここで自然は人間にたいし,従順になる。マルクスによると,「労働はさしあたり,人間と自然のあいだの一過程,すなわち,そこにおいて人間が,人間と自然との物質代謝を自分自身の行為によって媒介し,規制し,統制する一過程である」[*15]。労働過程には,目的にそった活動(労働活動),労働対象,労働手段という3つの要素が含まれる。自然とは,人間の欲求充足のための材料ないし資源であり,人間の目的にそって自然は制御され,加工される。以上の意味で,労働では,人間は主体であり,自然は客体であり,このさい,人間は基本的に自然客体より上位に立つ。内山の説く労働もまた,それが道具を使用する労働であるかぎり,この主体－客体の側面をもたざるをえない。

この関係はヘーゲルが強調し,マルクスもくり返したように,「理性の巧智(理性の狡知 List der Vernunft)」ということばでよく説明される。「理性の巧智」とは,労働過程のなかで,人間と対象としての自然とのあいだに労働手段などをはさみこむなどして,対象相互を法則応用的に作用させることによって,人間主体がみずからの目的を巧みに実現する

---

15) MEW 23, S.192. マルクス＝エンゲルス全集刊行委員会訳『資本論』①,大月書店,234頁。

ことである。労働対象や労働手段を含め，そこで事物はただ自然法則に従って反応し，運動しているにすぎないが，実はその過程は，人間主体の目的実現の過程のなかに利用されているのである。たとえば，「理性の巧智」によって操られた化学的なさまざまな物質は，化学法則に従って次から次へと反応し変化するが，その過程が同時に薬品をつくる労働過程となっている。人間が主体になり，自然が単に客体となる労働過程は，人間生活に不可欠なものであるが，もしそれが極端なかたちでおこなわれるとすれば，自然はただ一方的に人間に支配され，利用されるためにだけ存在するものであるということになるだろう。

　人間も自然も相互に主体となるという第2の関係では，自然は人間と対等の顔を見せる。たとえば，ここでは，人間と自然はいわば相互に友であり，コミュニケーション・パートナーである。人間同士がこういう関係を結ぶということはわかりやすい。だが，人間と他の自然とのあいだにこういう関係が存在するということは，いかにして可能か。これはさきほどの労働の論理からはけっして出てこないだろう。わかりやすい例は，人間と犬，猫，馬などの高等動物とのあいだで生ずる友情関係である。同様に，ペットとしての動物にたいする関係である。そこでは，相手はことばを理解しない動物であり，人間よりも低級のものであるという意識は消え去り，むしろ，並の人間よりも動物のほうが信頼に応え，忠実であるという動物崇拝すら起こる。人間が想像力を高めることによって，こうした相互主体の関係は，あらゆる自然とのあいだで生ずるだろう。「おーい，雲よ」と呼びかける詩人にとって，雲は友だちであるかもしれない。

　人間と自然が相互的に主体であるという関係は，けっして相手を欲望の対象として利用するというのではなく，そこにコミュニケーションと「相互承認」（ヘーゲル）の論理が働く。そこでは実践的利用という意識はなく，相手を尊重し，認めて，進んで相手とコミュニケーションしたいという状況がある。むしろ相互承認とは，相手を支配することによって自分の自立性を獲得するということではなく，相手を支配することをやめ，進んで相手を認めることによって，かえって相手からも承認されるという関係である。このなかに，本当の自由が実現されるだろう。労働の論理でいうと，労働が自然を疎外し，そのためにかえって人間自身

が貧困化することを避けようとするならば，人間＝主体，自然＝客体という労働の基本論理のなかに，人間と自然が相互に主体となりあうというコミュニケーション的な，相互交通的な関係を導入すべきである。

たとえば，内山が「商品をつくる労働」と「使用価値＝労働生産物をつくる労働」（120頁）を区別し，前者を，自然を貨幣価値で一方的に測る労働とみなし，後者を自然と人間のあいだの真の交通関係とみなすとき，後者の労働には，かならず自然を主体と見る意識が働いているといえるだろう。農業労働でいうと，化学肥料によってコストの安い作物を大量に生産するのが前者の労働であり，有機肥料を使い，植物とコミュニケーションしながら，じっくりと育てるのが後者の労働であろう。そこでは，生命としての作物の主体性が尊重され，作物と周囲の自然環境との調和も目ざされる（人間は過去において，自然を一種の主体と見て，それに感謝するという知恵をもっていた）。

また高木仁三郎が石牟礼道子『苦海浄土——わが水俣病』における素朴な漁民の労働を引用するとき，そこにも自然を主体とみなし，人間と自然が相互にコミュニケーションする論理が含まれているといえよう[16]。たしかにそれも労働であるかぎり，そこに釣り糸，タコ壺，投網などの道具ないし「理性の巧智」が不可欠である。人間は徒手空拳では，魚など何も獲得できない。しかしその労働では，単に効率的に漁獲量が上がればそれでいいというものではない。漁師が魚の生態を熟知し，魚によって生活をさせてもらっているという感謝の念をもち，また，魚や周囲の自然とのやりとりを楽しむようになるとき，そこに「自然と人間の相互行為」[17]が湧き上がる。

高木はいささか自然を詩的に麗しく描きすぎたという批判も出るかもしれない。人間にとって自然は美しく，やさしい顔ばかりを見せているとはかぎらないからだ。台風，日照り，洪水など，人間を恐ろしい目にあわせるのも自然であるし，砂漠や寒冷地，熱帯の気候は，人間にとって過酷の一語に尽きる。自然を単純に「共生」の相手と見るわけにもいかない。こうして人間は，自然を相手にして闘わなくては，おのれの生をまっとうできないこともある。だから自然を主体と見るとき，人間は

---

16) 高木仁三郎『いま自然をどうみるか』白水社，1987年，196頁以下参照。
17) 同上，208頁。

第4章　われわれにとって《自然》とは何か？

それを闘うべき相手と見る場合もある。

　ここに人間－自然関係の第3の局面が開かれるのであり，それは人間＝客体，自然＝主体という関係である。このときの自然の顔は，人間にとって偉大なもの，崇高なもの，さらに畏怖すべきものである。この点で，やはりエンゲルスが興味深いことを述べている。「……私たちは確信する。物質はそのすべての転化にあって永久に同一であり，そのどんな属性もけっして失われず，またそのゆえに物質は，それが地球上にその最高の精華，つまり思考する精神をふたたび絶滅するであろうその同じ鉄の必然性でもって，この思考する精神をふたたびいずれかの場所，いずれかの時期に生み出さなければならないということを。」(S.316.105頁。(1), 34頁)

　ここでいわれる「物質」とは宇宙としての大自然のことであり，「思考する精神」とは，人間（または知性のある宇宙人？）のことである。エンゲルスは生命の生成・進化・消滅の過程を太陽系の生成・発展・消滅の結果と考えているが，そこに物質的自然のもつ「鉄の必然性」が存在するというのである。つまり唯一永続するのは，この大自然，宇宙のみであり，それが唯一の大文字の主体であり，人間は一定の法則的必然性によって数十億年という期間をへて産出された客体とみなされている。そうであるならば，人類は，いつか何らかのかたちで滅びるだろう。この点で，エンゲルスはゲーテを引いて，「生まれるものは，すべて死に値する」(S.83. 101頁。(1), 29頁)と述べる。以上の推定は，単なる主観的なものではなく，エンゲルス当時の，また現代における科学的事実に由来しているといえるだろう。その意味で，私たちは自然にたいして何らかの畏敬の念をもって当然ではないだろうか。哲学史的にいうと，スピノザが「能産的自然 natura naturans」（能動的に産み出す自然）と「所産的自然 natura naturata」（産み出された自然）を区別するとき，唯一の実体である「能産的自然」（スピノザでは，これは「神」と同一視された）がここでいう主体としての自然であり，私たち人間は「所産的自然」のひとつにすぎない。

　さて，以上に述べてきた自然の3つの顔は，要約すれば，それぞれ従順さ，親しみやすさ，偉大さを示すといえないこともない。登山者にとって友としての親しみやすい顔を見せてくれていた麗しい自然が，突如

恐ろしい形相をむき出して,悪天候によって人間を滅ぼすこともある。エンゲルスのいう「自然の復讐」とは,従順に見えた自然が,意外にも人間に向かって逆襲をかけてきたと解釈できないこともない。人間がみずからの力で滅亡しないためには,労働の論理(自然の「第1の顔」)のなかに積極的に「第2の顔」を洞察し,さらにそこで「第3の顔」を大前提とすべきだろう。過去においては,自然への畏敬の念はおもに宗教的なかたちで語られてきたが,私はとくに宗教を復興する意図はない。だが,エンゲルス的な自然観を延長するかたちで,以上のように,自然を総合的にとらえたいと考える。

6 マルクスの《自然主義＝人間主義》の復権

以上に展開されてきた考えをまとめると,それは人間主義(humanism, anthropocentrism)と自然主義(naturalism, physiocentrism)を統一するかたちで,私たち人間にとって《自然》とは何かを追求すべきだということになるだろう。

この思想そのものが若きマルクスのものだということは,しばしば語られてきた。『経哲手稿』におけるマルクスによると,以下のようである。「人間の自己疎外としての私的所有の積極的止揚としての共産主義。〔中略〕この共産主義社会は,完成された自然主義(Naturalismus)として,＝人間主義であり,また完成された人間主義(Humanismus)として,＝自然主義である。それは人間と自然とのあいだの,また人間と人間とのあいだの抗争の真実の解決である……。」[18] もう一箇所。「こうして〔共産主義〕社会は,人間と自然の完璧な本質的一体性であり,自然の真の復活であり,貫徹された人間の自然主義,および貫徹された自然の人間主義である。」[19] いまこの命題は,エコロジカルな意味をもたせて議論されはじめている[20]。ここで自然主義とは,自然を中心にして

---

18) *MEGA* I-2, 389. 前掲訳,146頁。
19) *MEGA* I-2, 391. 前掲訳,148頁。
20) たとえば,韓立新『エコロジーとマルクス』時潮社,2001年,60頁以下。ただし,韓において,このマルクスの命題はまだ十分に解釈されていないと思われる。私も前掲拙著

第4章　われわれにとって《自然》とは何か？

人間（的社会）もそのなかに含めて考える立場である。こうして現実世界は，感性に与えられた物理的自然界にほかならない。これにたいして人間主義とは，現実世界を私たち人間を中心に見る見方であり，人間が何らかのかたちで関わり，意味づけすることによって，世界は成立すると考える。両者は逆の発想であり，事実，環境哲学などでは，この2つの立場はあい争ってきた。だがマルクスは，この対立する立場を，弁証法的に統一させ，両者の相互転換，相互浸透をここで構想する。

ここには，魅力的ではあるが，まだ未完成の，思弁的なマルクスの思想がはいっている。のちのマルクスならば，共産主義の構想が人間相互の争いを解決するとは主張するだろうが，人間と自然のあいだの抗争などの解決については，否定するだろう。人間は，場合によっては，共産主義社会になったとしても，自然と闘うときがある。ここで詳しく説明できないが，それは『資本論』における「必然性の国」での議論に現れている[*21]。いずれにせよ，唯物論と科学的成果を重視する上記のエンゲルス的自然弁証法によれば，「第3の顔」をもつ自然は，人間に偉大さと畏怖を永遠に与える存在であり，人間を，共産主義の段階においてであれ，一挙に滅亡する力を保持する。そして「自然の真の復活」といわれるさいの「自然」とは，第2節で示した概念によれば，単に(1)の意味のみではなく，むしろ(2)の「本性」ないし規範としての自然という意味を含むものと見られる。

いずれにせよ，ここには，「自然主義が貫徹されると人間主義にいたる」（自然主義→人間主義），および「人間主義が貫徹されると自然主義へいたる」（人間主義→自然主義）という思想が見られる。そしてそのことが厳然たる事実として実現するのが，共産主義社会であるといわれている。これは一言でいうと，《自然主義＝人間主義》となるだろう。抽象的な議論となることを避けるために，2つの事例にそって，説明を試みたい。

『ポスト・マルクス主義の思想と方法』で，かつて当該箇所をエコロジカルな視点から解釈したが，きわめて難解な箇所であり，まだ十分ではないと反省している。いまここで，再挑戦したいと思う。
　　21)　この点には，マルクスによる「必然性の国」と「自由の国」に関する，従来の真っ二つの大論争が関わる。拙著『ポスト・マルクス主義の思想と方法』（前掲）所収の第八章「マルクスにおける『自由の国』の構想」（265頁以下）の詳細な解釈を参照。

(1) 男と女の関係。マルクスはこの《自然主義＝人間主義》の命題を登場させる少し前で，かつて女が男によって略奪されていたり，近代ブルジョア社会で女が男の慰みものになっていたことを指摘したのちに，「人間の人間にたいする直接的・自然的・必然的な関係は，男の女にたいする関係である」[*22]と述べる。男と女という人間関係は，まずそのままオスとメスという動物的な自然関係である。男女間のこの自然的（動物的）ふるまいが，そのまま人間的な（人間らしい）ふるまいに転化するところに，おそらく共産主義社会も成立するのだろう。当然そこでは，男女の真の平等と相互承認が実現される。そしてまた，マルクスによれば，自然に由来する男女関係が社会のなかでどうつくられるかで，「人間の全教養の程度」が知られるのである（以上，自然主義→人間主義）。

逆に，社会を重視する人間主義の側から考えよう。そこで動物と区別されるはずの人間関係が重視されるとすれば，それは当然にも男女関係にまで貫かれる必要がある。ところが，男女関係は性的関係を含めて，動物的自然性を引きずっているものであり，人間関係のなかでもっとも根源的なものといえよう。こうして人間関係が，男女という動物的自然関係の奥底にまで例外なく浸透するのが，共産主義社会である（以上，人間主義→自然主義）。こうして，男女関係にまで《自然主義＝人間主義》が，単なる理念に終わるのではなく，浸透し，現実化する社会が共産主義という理想であるといえるだろう。

(2) 「自然は人間の非有機的身体である」について。『経哲手稿』などで現れるこの命題の徹底的検証は，第Ⅱ部でおこなわれるので，ここでは簡単に要点を述べる。自然主義の点からこの命題を見ると，人間がhuman nature として，一種の動物的自然であり，外部の自然を衣食住のためにつねに必要とするという受動性をもつことが強調されるだろう。だがこの自然主義の徹底化こそが，人間性を育むはずの労働の必然性を生む。「自然は人間の非有機的身体である」がゆえに，その自然必然性によって，人間は自然に労働を加えて，生活しなければならない。マルクスによれば，労働こそ，人間の本質力の発現として，人間主義の中心にあるものである。だがそれは，自然主義の徹底からこそ，きちんと説

---

22) *MEGA* I-2, 388. 前掲訳，144頁。

明されるべきものである。そして，そのことがだれの眼にも明らかになるのは，共産主義社会の段階である（自然主義→人間主義）。

　逆もいえるだろう。アダム・スミス以来，近代社会を支え，人間性を開花させるのは，労働であることが主張されてきた。動物は基本的に労働をしない。だが，こうした人間主義を徹底化させると，そのなかにある人間―自然関係の側面に注目することとなる。労働は実は，人間が「自然は人間の非有機的身体である」というほどに人間が自然に依存するからこそ，必要とされるのである（人間主義→自然主義）。こうして労働に関して，《自然主義＝人間主義》が，単なる理念に終わるのではなく，現実化する社会が共産主義であるといえるだろう。

　《自然主義＝人間主義》という大きな構想を展開することは，実はある意味で，《エコマルクス主義》全体を展開することに等しいと見られる。まさに《エコマルクス主義》は，唯物論的かつ弁証法的な立場から，この《自然主義＝人間主義》の命題を充実させることを課題とするといっても過言ではない。

補論2 「自然弁証法」の《環境論的転回》

1 「自然弁証法」とエコロジー的観点

　ここでは，前章のエンゲルス評価をうけて，エンゲルス「自然弁証法」の《環境論的転回》をさらに推進し，それを直接エコロジーとつなげて考えたい。実はこのエンゲルス的な弁証法的自然観は，すでにしばしば《エコマルクス主義》の立場から注目されてきた。それは，エンゲルスの「サルがヒトになることに労働はどう関与したか」という特殊な位置づけをもつ草稿である。まずこの草稿を簡単に紹介・検討したい。さらに，エンゲルスがみずからの「自然弁証法」においてはほとんど展開しなかったが，重要な論点である近代的自然観の成立根拠の問題について，是非とも補足的に論じておきたい。というのも，エンゲルス「自然弁証法」は古代からの自然観の問題を論じてはいるが，そのなかで環境破壊が恒常的になった近代社会において，そのなかの自然観の本質については意図的には論じていないからである。だが，この論点がいま，きわめて重要である[*1]。続いて，エンゲルスの「自然弁証法」の基本構想やその具体的内容を紹介・検討し，その特質を述べたい。そして最後に，エンゲルス的「自然弁証法」全体の《環境論的転回》を，つまりそのエコロジー化を模索したい。

（1）草稿「サルがヒトになることに労働はどう関与したか」について
　「自然弁証法」に所属するとされる「サルがヒトになることに労働はどう関与したか」という草稿は，形式的にも内容的にも特殊な位置づけをもつ。
　形式的な面では，翻訳でいうと，わずか20頁にも満たないこの草稿は，エンゲルスによって1870年代の終わりに計画されたが，未完に終わった著作『隷属の3つの基本形態』の序論として書かれたものであ

1）拙著『現代を読むための哲学』創風社，2004年所収の「自然哲学は環境問題とどう関わるのか？」（第4章）のなかで，古代以来の自然観の変化・発展や非西洋的自然観について展開されたが，そのなかの大きな論点が，近代科学に依拠した自然観の評価の問題であった。

る*²。内容的には，天文学，物理学，生物学などの自然科学の発展の総合に関連するというよりも，初期の人類史，人類学などの類である。ある意味で，史的唯物論の端緒的段階の叙述といえるだろう。「自然弁証法」を一種の思弁的な「存在論」とみなして徹底して嫌悪する西欧マルクス主義ですらも，このエンゲルスの叙述だけは非難すまい。

　このなかでエンゲルスは，サルのような動物的状態から人間的状態への進化の状況を，労働を中心的原動力として，直立歩行，手の使用，言語の発達，肉食の習慣，火の利用などの現象とともに幅広く説明している。こうした説明の詳細は現代の考古学や人類学などの到達点からすれば古いものであろうが，ここで自然進化という現象と，人間社会の形成という歴史現象との重なり合いが興味深く論じられている*³。こうして，たしかに，動物的自然進化の終わりと初期の人間の歴史とは重なり合っているのであるが，環境問題とは人間が自然に向けてひき起こした問題である以上，こうしたエンゲルス的観点は興味深いものであろう。環境思想ないしエコロジー的な観点からも，この草稿はとくにしばしば注目されてきた*⁴。従来指摘されてきたことは，自然を産業的に支配する人間が，その勝利にうぬぼれると，かえって予測不可能な自然の「復讐」を招くという箇所である。周知の箇所であるが，簡単に引用したい。

　「要するに，動物は単に外的自然を利用し，その存在によってだけ外的自然に変化をもたらすが，人間はみずからその変化によって自然を自分の目的に利用し，自然を支配する（beherrschen）のである。そしてこれが人間とその他の動物との究極的・本質的な差異であって，この差異をひき起こすものはまた労働なのである。／しかし，私たちは自然にたいする人間の勝利にあまりうぬぼれてはならない。このような勝利のひとつひとつにたいして，自然は私たちに復讐する。」（S.550.117頁，(1)，223頁）

2）　秋間・渋谷訳，前掲書・別巻，205頁以下の解説を参照。
3）　人間の進化に関する幅広い哲学的著作として，尾関周二『〔増補改訂版〕言語的コミュニケーションと労働の弁証法』大月書店，2003年の，第1－第3章が有益である。著者は現代科学の成果に依拠して，ヒトのホミニゼーションを，労働ならびに（言語的）コミュニケーションの2つの観点から詳細に考察する。同書は45頁以下で，このエンゲルス論文も考察している。
4）　たとえば，岩佐茂『環境の思想』創風社，1994年，140頁以下参照。

続けてエンゲルスは，最初は人間は，産業活動にたいする自然への影響を予測できるが，その2次的，3次的影響は予測困難となるという。たしかに現在，私たちは，地球温暖化にせよ，ダイオキシンやアスベスト被害にせよ，予測できなかった環境問題に悩まされている。エイズ，鳥インフルエンザなどの伝染病も，人類の産業活動にともない出現した，予測不能の病気であったといえるだろう。現時点でも，どのような環境問題，人類への災危がいま地下で潜行しているのか，それは不明である。

　さらに逆に，ここでエンゲルスの問題点も指摘されてきた。彼が自然にたいする「支配」という表現を肯定的に使っているという箇所である。さきの引用にも，beherrschen（支配する）という表現が（おそらく肯定的に）使われていた。環境思想が発展してきた現段階では，たしかに自然の「支配」という表現は不適切であり，自然の「利用」「制御」などといわれるべきであろう[*5]。

（2）　近代的自然観と人間中心主義

　さて，経済活動を中心とする近代市民社会の出現と，科学・技術の基礎となった近代的自然観とは，実は密接な関係にある。コペルニクス，ケプラー，ガリレオらの科学活動を継承して，イギリスのベーコン，フランスのデカルトらが自然科学の哲学的・方法論的基礎づけをおこなった。これ以後，人間のもつ自然の見方の基本は，自然科学的・合理的になった。基本問題は，近代において自然が科学・技術と産業の対象となるとすれば，古代，中世の場合と異なり，自然観それ自体がどのように変貌しなければならなかったのか，ということである。

> 「科学・技術の対象としての自然の把握が徹底しておこなわれねばならないとすると，……自然は人間（主体）が遠慮なく利用できる素材として，徹底して客体化され，外面化されなければならない。アリストテレスの用語を使えば，自然から形相を奪い，それを徹底して質料とみなすこと，つまりそれを受動的素材とみなすことにならざるをえない。」[*6]

5）　この点では，たとえば，岩佐，前掲書，155頁参照。
6）　拙著『現代を読むための哲学』（前掲），149頁。

逆にいうと，内部に何か固有の「目的」やロジックを自然がもっているとみなすと，それを人間が思うままに操作することはできづらくなる。前章5節の自然観に関連するが，自然を一種の主体として，壮大な有機的体系を備えた存在とみなしたりすると，そうした自然を人間のために遠慮なく利用することは困難となるだろう。こうして，自然にたいして大胆に「科学のメス」を入れることが敬遠される。そこでは，自然内部に潜む目的と，それを利用する人間の目的とが衝突してしまう。こうして自然は，当時の自然観の発展レベルの問題もあって，外部の（人間の）力および目的によって動かされる機械的なものとみなされた。ここで明らかになるのは，近代の人間中心主義にもとづく開発と利潤追求の実践的要求が近代の自然観と自然科学を成立させたことである。深い森林も，それが自然の深部からの内面的な生命力の発現とみなされたり，何か偉大な神の住まう場所と考えられるよりも，因果関係で動かされる物質的なメカニズムのようなものと科学的に規定されることによって，はじめて自然にたいし大規模かつ恒常的に開発することが可能となる。実は，これは人間にたいする見方の変貌とも連動する。人間の肉体も，モノ的にパーツの集合体と規定されることによって，遠慮なく切り刻まれ，臓器移植が可能となる。だが，その肉体を何か魂の活動と一体化しているものとみなすと，そう簡単に手出しができなくなる。環境問題を考えるとき，こうした自然観の変遷という問題を考慮する必要もあるだろう。

2　「自然弁証法」の基本構想

　私は前章2節で，2つの自然観（人間と自然を区分して考える見方と自然一元論的見方）を分類した。哲学的自然観としても，この2つが想定されるが，後者こそ，エンゲルス「自然弁証法」の基本にある自然観である。前者の自然観に関しては，内山節に即してすでに展開された。
　エンゲルスの「自然弁証法」はいかなる特徴をもっているのか。現時点では，以下のように考えたい。
　(1)　歴史的には自然の弁証法的進化の見方であり，この意味ですべての自然現象は歴史的産物であり，生成・発展・消滅の過程のなかに

ある。
(2) 構造的・空間的には，自然現象が多様に相互連関しながら，同時にそれぞれが独自の運動形態をもっているという考えである。
(3) さらにそこに自然の階層性という，単純から複雑への重層的秩序が見られる。
(4) 自然弁証法の探究は，きわめて広範囲に渡る，当時までの個別諸科学の哲学的総括によってなされた。

以上の考え方の具体化を求めて，エンゲルスは1878年プラン（S.173f. 208頁以下。(1), 7頁以下）や1880年プラン（S.183.217頁以下。(1), 9頁）を残した。それらを総合的に検討すれば，エンゲルスの「自然弁証法」のプランは，おおむね以下のようになろう。

・数学的対象（空間と量に関する科学）
・力学の対象（運動一般）
・天体の力学と地球の力学
・物理学的対象，熱，光，電気
・化学的対象（物質の反応）
・生物学的対象（進化論，動物学，植物学など）

これはまだかなり未完成なものであり，また現代的見地からいろいろと不十分性を指摘することができるだろうが，いまはそのことは問題ではない。ここではエンゲルスは，自然現象をすべて固有の運動形態と他との相互連関をもつものとして，さらに一種の階層性をもつものとして，単純なものから複雑なものへと発展段階的にとらえようとしたことがうかがえる。エンゲルスは古代から当時までの近代科学の発展を解釈することによって，こうした弁証法的自然観を展開したのである。すなわち，自然にたいする人間の変革・介入とは無関係に，自然それ自身が統一ある物質的体系として，歴史的かつ空間的に展開されていると考えられている。

ところで，たしかに従来，エンゲルスの自然科学の成果の解釈に誤りや不十分なところがあることが指摘されてきた。熱力学第2法則への誤解にもとづく批判や，獲得形質による遺伝への誤った支持などである。さらに弁証法による自然解釈としても，たしかに相当に無理な箇所もある。だが大枠として，上記の自然観の総合および構想は，当時としては

補論2 「自然弁証法」の《環境論的転回》　　　131

天才的であり，いまでもおおいに有意義と考えられる。たとえば，分析哲学系の科学哲学者として日本でも知られるヒラリー・パットナムは，エンゲルスを19世紀で「もっとも多くの自然科学の知識をもっていた人間の一人である」とみなし，『反デューリング論』がかなり奇妙な考えを含んでいると批判しながらも，この著作が多くの点で「科学の哲学に関する偉大な著作である」と評価している[7]。

さて，エンゲルスは，「自然弁証法」の「序論」のなかで，とくに近代の自然科学の成果と自然観の変化を描いている。以下それを概観して，エンゲルスの「自然弁証法」の内容の一端をかいま見よう。

リンネによる動植物学の分類やニュートン力学の非歴史的自然観によって固定化してしまったのが，18世紀前半における自然認識の段階であった。とくにこの時期は，「自然の絶対的不変性」（S.73.88頁。(1), 14頁）によって特徴づけられる。こうした化石化した自然観は，まずカント『天体の一般自然史と理論』（1755年）によって打破された。そこでは，地球と全太陽系は，時間の経過とともに生成したものと考えられた。これはカント／ラプラスの「星雲説」として栄誉を獲得した。マイヤー，ジュール，グローヴ，ヘルムホルツ[8]らは，力学的力，熱，光，電気，磁気，さらに化学的な力さえも，ひとつの形態から別の形態へ転化するということを示した（S.77.93頁。(1), 20頁）。これはエネルギーの転化と恒存の法則の発見を意味する。化学の世界でも，生命的有機体のなかでしか生み出せないとされていた化合物を，無機的方法を用いてつくりだすことによって，無機物と有機体の境界が除去された。さらにまた，ダーウィンの進化論が生物界の区分を取り払い，人間と動物の区分すらも打破して，生命の世界をすべて自然進化の産物として説明した。現代風にいえば，ビッグバンという宇宙の始まりから，太陽系の生成という宇宙論的進化，地球の地殻と大気の地質学的進化，その大地のうえに生きる生物の進化というすべてが，統一的な進化論で説明可能となったのである。

こうしてエンゲルスは18世紀の科学の発展を，エネルギーの転化・

---

7) Bryan Magee et al., *Men of Ideas*, BBC, London, 1978, p.237. ブライアン・マギー編『哲学の現在』（磯野友彦監訳）河出書房新社，1983年，275頁を参照。
8) ちなみにエンゲルスは，ヘルムホルツに関しては，低い評価しか与えていない。

恒存の法則，動物と植物の細胞説，ダーウィンの進化論という「3大発見」を中心に基礎づけた（S.284ff.343頁。(2), 24頁以下）。これは「『フォイエルバッハ論』からの遺稿」という草稿に明示される。第1のエネルギーの転化・恒存の法則によれば，すべて自然現象は，従来考えられていたような神秘的な力によってではなく，上記の運動形態の転換のダイナミズムにもとづくものとして説明される。第2の細胞説，これはシュヴァンとシュライデンによって提起されたが，ここですべての生物は，細胞という基本原理によって統一的に説明されることとなった。しかし，すべての生物が細胞分裂という原理によって説明されるとすれば，過去から現在までの生物の多様性は何に由来するのか。この疑問を解くのが，第3の，ダーウィンらによる進化論の提起であった。さらに，以上の「3大発見」以外の自然科学の「突破口」として，エンゲルスは，カント／ラプラスの星雲説，ライエルの地質学，有機化学の発展，解剖学・気象学の比較研究法，動植物地理学などを列挙する。ダイナミックに自然現象の弁証法的相互連関，相互転換，歴史的発展を説くエンゲルスの弁証法的かつ唯物論的な自然観は，以上のようにして，諸科学の豊かな成果を解釈することによって根拠づけられ，中世的な「古い目的論」（S.34. 40頁。(2), 23頁）を打破したのである。

　もしすべての物質的自然が唯一の宇宙から歴史的に発生してきたのであるならば，現存する多種多様な自然物もまた，単にばらばらに併存しているわけではなく，相互に密接に連関しつつ運動しており，相互に産出しあっていると見ていいだろう。エンゲルスにとって，「運動する」ということこそが，すべての「物質の存在様式 Daseinsweise」である（S.187.220頁。(1), 73頁）。つまりすべての物質は，「運動する」ということを除けば，いまのかたちで存在しえないとみなされる。さきほど述べたように，物理学，化学，生物学などの個別科学は，それぞれのレベルで物質の「運動形態」を究明するのである。「だが，物質の運動とは，粗大な力学的運動，単なる位置変化だけではなく，熱と光，電気的ならびに磁気的な張力（Spannung），化学的な化合と分解，生命，そして最後に意識である。」（S.84.102頁。(1), 30頁）こうして，「全自然は，最小のものから最大のものにいたるまで，砂粒から太陽にいたるまで，原生生物から人類にいたるまで，すべて永遠の生成と消滅，たえまない変転，

休みなき運動と変化のなかに存在する……」(S.80.96頁。(1),23頁),と述べられる。

ところで,弁証法的自然観というさいの「弁証法」について一言しておきたい。それは当該事物がいかにみずからを再生産し,ついに滅亡していくか,さらにそこからいかにして新しいものが産出されるかを認識する方法である。そのさい,すべての事物が他の存在との有機的相互連関のなかで,そうした運動性を獲得するとみなされる。こうして,弁証法は認識論的には,事物の再生産構造と消滅の必然性を把握するものである。生命や社会のように,有機的構造をもっているものには,はっきりと弁証法が適用されよう。では,眼前にある石ころは,いかなる運動原理と弁証法をもつのか。たしかに低次の物体として,石ころは,直接には自己運動しないが,それでも地球のきわめて長い地質学的な自己運動の結果,その石が,火成岩か堆積岩か変成岩として形成されてきたと見るのである。一個の石も,地球の地殻の変動の産物なのである。弁証法では,一個の路傍の石をこのように説明する。

第Ⅱ部で明らかになるように,エコマルクス主義者のフォスター,バーケットも,その相手のクラークも同様に,「弁証法」という用語を積極的に使用していた。以上のように規定される弁証法が,自然現象一般の説明にたいしてはもちろん,事物の有機的連関を重視するエコロジー的な発想法にも適合的であることは,明らかであろう。

3 「自然弁証法」のエコロジー化に向けて

「自然弁証法」によって明示されたように,大自然は人間の先行者であり,それは人間によって利用されるために存在しているわけではない。自然はそれ自身として,人間の手を借りなくても,内部にかぎりない多様性と有機的相互連関を保持している。こうした構想を延長すれば,逆に人間も自然の一員として,自然の総合的でエコロジカルなシステムを保持するかぎりで生きていけるという考え方が得られるだろう。

エンゲルスの「自然弁証法」のエコロジー化という点で,イギリスの社会主義エコロジストのテッド・ベントンのエンゲルス批判ないしその

受容のありようは興味深いので、ここで簡単に考察しておきたい。彼は、エンゲルスにたいして、両面価値的な態度を見せており、端的にエンゲルスを批判するわけではない。彼はエコロジーの観点から初期エンゲルスの著作「イギリスの労働者階級の状態」の考察、自然の「復讐」の想定（第1節参照）などを高く評価しつつ、自然の内在的価値（人間の立場を離れて自然それ自身に何らかの価値がある）を承認しないエンゲルス／マルクスの立場を不十分として批判する。だが、ここでただちにエンゲルスを断罪するのではなくて、彼は、エンゲルスが「人間中心主義的な環境哲学」を説くとしても、そこには、①「技術中心主義 technocentrism」にもとづく人間中心主義、②エンゲルス的な「人間の福祉中心の環境主義 human welfare environmentalism」という区別があるという[9]。エンゲルスが自然中心主義を支持しない点を不十分としつつも、この②をよりよいものとして、ベントンは肯定する。この柔軟な評価は妥当であろう。だが、いままで力説してきたように、私の考えでは、エンゲルスが物質的自然の自己運動（「自然弁証法」）を積極的に展開するかぎり、ある種の自然中心主義、「エコロジー中心主義」がそこにきちんと存在するといえよう。自然の内在的価値を説かなくても、自然の自立性・自発性は十分に展開できる。私見では、価値はつねに価値づけする主体が必要と考えられるので、自然の内在的価値も人間の側からしか付与されない。だからこの意味では、自然の内在的価値ないし自然価値説は成立しない[10]。こうして、マルクス／エンゲルスは、あえて単なる自然中心主義に立たず、だが人間主義と自然主義の統一（第Ⅰ部4章6節を参照）を説き、環境問題へのより説得的な視座を確保するかぎり、実はベントンの批判や問題意識を満たしていると思われる。むしろ問われるべきなのは、単に自然中心主義を提起するだけで、本当に環境問題を解決する思想が得られるのか、ということである。エンゲルスの「自然弁証法」もまた、前章3節で示したように、他方において、実践

---

9) Ted Benton, "Engels and the Politics of Nature," Christopher J. Arthur (ed.), Engels Today, Macmillan Press Ltd, London, 1996, p.76ff. を参照。

10) 自然中心主義と人間中心主義の争い、さらに自然に内在する価値などに関しては、武田の議論が詳細に展開しており、参考となる。武田一博「人間存在のトリレンマ」（尾関周二編）『エコフィロソフィーの現在』大月書店、2001年）を参照。

的自然観を保持していたのである。なお，不思議なことに，この論文集はエンゲルスについての論文集であるにもかかわらず，彼の「自然弁証法」をまともに扱ったものは存在しない。せいぜいシーン・セイヤーズ「エンゲルスと唯物論」の一部にそれが見られるだけである[*11]。このことは奇妙なことといえよう。

さて，補論を締めくくるにあたり，エンゲルス的な「自然弁証法」のエコロジー化に関して，3つのポイントを提起したい。

(1) そもそも，自然を生命体にとっての何らかのエコシステムとみなすとすると，そこで基礎となる自然観とはどういうものになるのか。おのずとそうした問題が提起される。もちろんここで，何か神秘的な自然観を提起することは説得的ではない。スピリチュアル・エコロジーや一部の社会エコロジーはそうした神秘的自然観を説くが，これでは大きな説得性を得られないだろう。したがって現代では，その自然観は一定の自然科学の成果に何らかのかたちで依拠する必要がある。だが，自然を何か機械論的に理解し，自然の事物を単に外的に結合しあうようなものとみなすこともまた，エコロジカルではない。現代科学を哲学的に総合することは，ただちに機械論や二元論を肯定することを意味しないことに注意すべきである。ところで，第Ⅱ部で詳しく紹介・検討されるように，《エコマルクス主義》に立つバーケット，フォスターも，それを批判するクラークも，ともに機械論や二元論を批判し，「弁証法」を積極的に支持していた。選択されるべき自然観は，自然のダイナミックな進化的過程を重視し，その内部にはらむ有機的構造をできるだけ深く把握するものでなければならない。その点では，彼らがそうしているように，いままで考察したエンゲルス的な「自然弁証法」を継承・発展することが望まれると結論できるのではないか。こうして，エコロジーにとって，とくに《エコマルクス主義》にとって，エンゲルスの「自然弁証法」の方向性と構想が注目に値する。

---

11) Sean Sayers, "Engels and Materialism", Arthur (ed.), *Op. cit.*, p.168f. に「自然弁証法」という小項目が見られる。

(2)　具体的には，とくに以下のようなエコシステムの自然哲学的な基礎として，エンゲルス的な「自然弁証法」が役に立つことだろう。「核の冬」「核の夜」で見られたような核兵器による地球生態系の破壊・汚染・攪乱は，まさに上記のエンゲルス的自然観で考察されたシステムと運動の不調和ないし変質と見られるべきである。もちろん，自然は人類によってどのように破壊・汚染・変質させられるとしても，そこには何らかの客観的な自然法則が貫く。だが，そこに働く自然法則は，いずれにしても反人間的な被害を及ぼすこととなる。汚染物質が人間の肉体のなかでひき起こすメカニズムは，当然にもその健康をむしばむ。エコシステムとして自然を見ると，現時点では，地球の土壌，大気，河川，山岳，森林，さらに細菌類や原生生物などの微生物，植物，動物，最後に人間，これらの多種多様な自然存在は網の目のように働きかけあい，相互に支えあうことによって一大システムをなしている。とくに生物にとっては地球は生命維持装置にほかならず，それは生命圏（biosphere）と呼ばれるものである。さらに，地球は人類にとっては人間生活圏（noosphere）となる。生物圏としての地球では，緑葉植物が太陽エネルギー，炭酸ガス，水，無機物を同化し，他方逆に，微生物が有機物を無機物へと分解している。このシステムがバランスよく働いていることによって，はじめて高等動物も人間も健康に生存できる。こうしてエンゲルス的な「自然弁証法」を，いま述べたエコシステムの認識のために応用すべきである。

　(3)　さきほどの草稿「サルがヒトになることに労働はどう関与したか」における動物の進化と人類の歴史の発生を二重に重ね合わせ，そこに「共進化」の構造を見るという発想が，エンゲルスの「自然弁証法」のなかにすでに存在するものとして，とくに重要である。それはまた，ダーウィンらの進化論への注目によって，決定的な重要性を獲得する。ここでは，前章2節で述べた2つの自然観（エンゲルス的な自然中心の見方と内山の人間－自然関係を重視する見方）の分裂が客観的に統合されるといえよう。こうして私たちは，宗教的な世界創造説や，自然科学ではとらえられない何らかの目的がこの自然ないし宇宙を動かしているという神秘的目的論と手を切ることができた。ここでは物質的自己運動として

知泉書館

出版案内

2025.8　ver. 66

新　刊

精神指導の規則　〔知泉学術叢書38〕

フッサール現象学批判　他人と私の間

倫理学講義　第二巻

倫理学講義　第三巻

霊性の人間学

古典の挑戦　第2版　古代ギリシア・ローマ研究ナビ

ルネサンス教育論集　〈イタリア・ルネサンス古典シリーズ〉〔知泉学術叢書39〕

書のひととき　中国書道史漫歩

偶然性と実存　実存思想論集 XL（40号）

経済学史研究　67巻1号

Ad fontes Sapientiae

〒113-0033 東京都文京区本郷1-13-2
Tel：03-3814-6161／Fax：03-3814-6166
http://www.chisen.co.jp
＊表示はすべて本体価格です。消費税が別途加算されます。
＊これから刊行するものは時期・タイトル等を変更する場合があります。

精神指導の規則

ルネ・デカルト著／山田弘明訳　〔知泉学術叢書38〕

学院の卒業後に兵役やヨーロッパ遍歴をへた若きデカルトが，それまでに行なってきた数学や自然学の研究を踏まえ，自身の学問観とその方法論をまとめた学問探求の方法論『規則論』は，デカルト哲学の「原基」である。50年ぶりの新訳・決定版。

【目次】　精神指導の規則（規則Ⅰ～ⅩⅩⅠ）　付録　デカルト『方法序説』第二部　『ベークマンの日記』　アルノー／ニコル『ポール・ロワイヤル論理学』第2版　ポワソン『デカルト『方法序説』注解』　バイエ『デカルト氏の生涯』　『学芸雑誌』　訳者解説

ISBN978-4-86285-439-1
新書判246頁・3000円

フッサール現象学批判　他人と私の間

村上勝三著

フッサール現象学によれば，在るかどうか，真であるかどうか，善いかどうかは「私」の経験に依存する。本書はデカルト哲学を参照軸として，こうした相対主義を正面から批判する。極めて相対主義的で利己主義的な現代社会の風潮に一石を投ずる哲学研究である。

【目次】　フッサール現象学の存在論的前提　「スペチエス」と「スペキエス」について　「スペチエス」概念のその後　フッサールによるロック「観念」説への批判　「超越」と「還元」　「還元」と「エポケー」　『形式的論理学と超越論的論理学』における「相互主観性」　デカルト哲学批判─『デカルト的省察』と『危機書』　『デカルト的省察』と『危機書』の閉ざされた宇宙

ISBN978-4-86285-438-4
A5判272頁・4500円

新刊

倫理学講義　第二巻

山田晶著／小浜善信編

愛の諸相について語られ，自明性と多義性という両面性と愛の意味を知るために愛の諸形態として三つの見方を考える。プラトン『饗宴』の「エロス」，アリストテレス『ニコマコス倫理学』の「ピリア」，『新約聖書』の「アガペー」のうち「エロス」を中心に考察。

【目次】　愛の諸形態—エロス愛について(13章＋補講)　愛の経験(14章)　好きと嫌い(19章)　プラトンのエロス論(28章)　「あなた方の父」なる神(1.「あなた方の父」なる神/2. イエスと群衆)(23章)

ISBN978-4-86285-434-6
四六判416頁・3500円

倫理学講義　第三巻

山田晶著／小浜善信編

本巻では主にキリスト教の愛の思想である「アガペー」の豊かで深い意味を明らかにし，エロスとピリア，アガペーの三つの愛の交流を語る。旧約や新約に出てくる有名な物語を紹介し，神とイエスにより示される愛について，分かり易く説明した名講義。

【目次】　アガペーとエロス(15章)　キリスト教的愛について—自分のように人を愛するとは？　三つの掟，エロス，アガペー，愛の交わり(24章)　二つの掟，特に第二の掟について生じる諸問題の考察(24章)　律法における倫理(9章)　キリスト教と愛(11章)　自分のように人を愛するとはいかなることか(13章)　二つの掟と新しい掟(19章)

ISBN978-4-86285-440-7
四六判488頁・3500円

霊性の人間学

金子晴勇著

オリゲネス以来「感性・理性・霊性」の三分法として展開した「霊性」を，その認識機能によって把握し解明するため，カント『純粋理性批判』の認識論の方法と，カッシーラーの象徴主義の方法を活用。「霊性」を通して人間のあり方，人間とは何かを解明する。

【目次】 霊性の機能　心のアンテナ　宗教に固有な法則性　所与　自然的素質　感得能力　感得作用　知性的認識力　超越機能　命法　三段階　受容機能と変容機能　段階的発展　自己存在の変容　媒介機能と統合機能　守護霊の媒介作用　心身の統合作用　創造機能と愛のわざ　無からの創造　霊性と愛のわざ　論理　逆対応　超過　人間とは何か　脱中心性　人間から人格への霊的な成熟，他

ISBN978-4-86285-435-3
四六判232頁・2600円

古典の挑戦　第2版　古代ギリシア・ローマ研究ナビ

葛西康徳／V.カサート／吉川 斉／末吉未来編

21世紀の今，古代ギリシア・ローマを学ぶ意義は何か。内外の一流の研究者が西洋古典学の魅力に斬り込み，好評を博した初版に7章分を増補した充実の第2版。

【目次】 記憶と再現　ギリシアは東からやって来た？　ホメロス問題に挑む　ギリシア抒情詩，復元の挑戦　「悲劇」は悲しい劇なのか？　喜劇を真面目に読む　ローマで観る演劇　ヘレニズム文学の彩り　アウグストゥスと詩人たち　ローマでギリシアを主張する　素材と受容　古典ができるまで　蘇るパピルス　壺絵は語る歴史の中のギリシア美術　見る神話，見る神話　ローマ神話の紡がれかた　ギリシアを翻訳する　古代演劇を日本で研究する　「イソップ」の渡来と帰化　思想と人間　哲学がうまれる　よく語ること　歴史を創ること　ギリシア人の法と裁判　ローマ人の法と法文化　ギリシア教　踊る合唱隊　古典古代の人類学　妥協するギリシア人　結びに代えて

ISBN978-4-86285-436-0
菊判748頁・5300円

新刊　　　　　　　　　　　　　　　　　　　　　　　　　　　　　　　5

ルネサンス教育論集 〈イタリア・ルネサンス古典シリーズ〉〔知泉学術叢書39〕

ブルーニ, ヴェルジェリオ, ピッコローミニ, グアリーノ著
加藤守通, 伊藤博明, 坂本雅彦訳

15世紀初頭の北イタリアでは，人文主義の勃興とともに新しい教育機関が設けられ，教育論・学習論が次々と執筆された。本書はその代表的著作を訳出する。近代教育の基盤であるルネサンス教育思想の必読文献。

【目次】ブルーニ『教養書簡集』　ヴェルジェリオ『自由な青少年にふさわしい性格と学問についての本』　ブルーニ『学問と文才について』　ピッコローミニ『子どもの教育について』　グアリーノ『教授と学習の順序について』　解説(近代教育論の源流/ブックハンターたち/ペトラルカの功績/人文主義とは何か/ギリシア語学習の時代/引用の共同体/本書の構成)

ISBN978-4-86285-441-4
新書判420頁・5000円

書のひととき　　中国書道史漫歩

辻井京雲著

書家で書学者の著者が，中国学の幅広い教養と，大英博物館や故宮博物院における出土資料の実見や簡牘資料の研究を土台に，殷時代の甲骨文から隋唐までの伝世作品を取り上げ，用具や書体の変遷とともに，軽妙な語り口で描く中国書道史。貴重な図版も多数収録。

【目次】**先秦**　蒼頡造字伝説　文字か符合か―新石器時代・陶文　**秦漢**　文字の力―秦・廿六年青銅詔版銘　碑はここに始まる―秦・泰山刻石　**三国・晋・五胡十六国**　隷書から楷書へ―三国の書　壁に文あり―三国・三体石経　**南北朝**　二王の退風―宋・斉・王慈「柏酒帖」「汝比可帖」　北碑を髣髴とさせる逸品―梁・瘞鶴銘　**隋唐**　墨光のなまめかしさ―隋・智永「真草千字文」　自信と自尊―唐・太宗「温泉銘」, 他(計112話・コラム7)

ISBN978-4-86285-437-7
**四六判524頁＋
口絵4頁・2700円**

偶然性と実存　実存思想論集 XL（40号）

実存思想協会編

【目次】偶然性と実存　趣意文（石井砂母亜）/シーシュポスの神話が意味するもの―九鬼、カミュ、運命、幸福（古田徹也）/実存の事実と偶然性―ハイデガー、九鬼、フランクの示唆を手がかりに（古荘真敬）/偶然性と実存―邂逅における救済の意味をめぐって（石井砂母亜）/Why Be Ethical?―バーナード・ウィリアムズの「倫理」概念を手掛りにして（脇坂真弥）　応募論文　解釈学的真理と修辞学をめぐる問い―ガダマーにおける「真理らしさ」および「明証性」の概念を手がかりに（土方尚子）/他者としての技術―ドン・アイディにおける人間と技術の関係（増田隼人）/ジジェクの悪論と政治の主体―民主主義から「浮浪者」へ（高橋若木）　書評　牧野英二著『京都学派とディルタイ哲学』（細田知己）/杉山直樹著『精神の場所』（中原真祐子）/松丸啓子著『ヤスパースの精神医学の哲学』（岡田聡）/茂牧人著『否定神学と「形而上学の克服」』（上田圭委子）/池田喬著『ハイデガーと現代現象学』（丸山文隆）/森一郎著『アーレントと赦しの可能性』『快読　ニーチェ「ツァラトゥストラはこう言った」』（竹内綱史）/押川詩緒里著『「砂漠」の中で生きるために』（小石川和永）/竹本研究著『サルトル「特異的普遍」の哲学』（赤阪辰太郎）

ISBN978-4-86285-972-3
A5判200頁・2000円

経済学史研究　67巻1号

経済学史学会編

【目次】論文　ヴェルナー・ゾンバルトの資本主義精神形成史論―「理解」的方法と論証構造（渡邊碩）　English Translation Series: Japanese Economic Thought <5> YAMAGATA Bantō, *On Great Knowledge*（山片蟠桃『大知弁』）, with an introduction by Yasuo Takatsuki, John D'Amico, and Taro Hisamatsu（*Translated by Yasuo Takatsuki, John D'Amico, and Taro Hisamatsu*）　シリーズ〈フランスの経済学〉・1　新シリーズに寄せて（編集委員会）　18世紀フランス経済学とその思想的コンテキスト―奢侈論争を中心に（米田昇平）　ケネー「経済問題」における価格上昇の効果（八木尚志）　第9回経済学史学会賞授賞作講評　藤田菜々子『社会をつくった経済学者たち―スウェーデン・モデルの構想から展開へ』　第22回経済学史学会研究奨励賞について　書評（Christian Gehrke/Jean-Pierre Potier/木村雄一/布施豪嗣/佐藤滋正/中谷武雄/酒井弘格/隅田聡一郎/柴田徳太郎/中久保邦夫）

ISBN978-4-86285-973-0
B5判136頁・3000円

2025年1〜4月刊行の新刊

倫理学講義　第一巻
山田晶著／小浜善信編　　　　　　ISBN978-4-86285-428-5　　四六判496頁・3500円

京都大学の定年退職後、若い人たちに興味を与え、分かり易く語ることを熟慮した南山大学等の教養科目の講義は、哲学・倫理学の深い学識と膨大な知識に裏付けられ、多くの学生を魅了した。学生や研究者が学問と人生を知るために、今日でも読まれるべき名講義。

デカルトの知性主義　分析的方法の精神化とその基づけ
小沢明也著　　　　　　　　　　　ISBN978-4-86285-427-8　　菊判358頁・5500円

数学をモデルとした普遍学の「方法」の純粋で単純な性質を提示し、方法に則った「懐疑」の意図とその対象、妥当性を考察。「コギト」が見出される過程や、第一哲学の方法の主体を掘り下げる。デカルト研究、哲学史研究を自らの「哲学の実践」とした労作。

ライプニッツの最善世界説〔知泉学術叢書36〕
P. ラトー著／酒井潔・長綱啓典監訳　ISBN978-4-86285-429-2　　新書判640頁・5400円

哲学史において誤解されてきたライプニッツ『弁神論』の理論的意義を再評価する。最善世界説を神の自由、倫理、世界の秩序と結びつけ、道徳的論証により擁護した議論を精緻に分析。さらにカントの批判など受容史を考察し、近代哲学への影響を明らかにする。

ヘーゲル全集　第8巻2　精神現象学 II
責任編集　山口誠一　　　　　　　ISBN978-4-86285-430-8　　菊判860頁・10000円

本巻では「自己意識」「理性」「精神」「宗教」「絶対知」章を収録。『精神現象学』には底本にふさわしい原典がなく、これまでの翻訳諸版も参考にしながら国内外の『精神現象学』の古典的研究の集大成を目指した。ヘーゲルの主著、研究者待望の最新訳。

ハイデッガー＝リッカート往復書簡　1912-1933〔知泉学術叢書35〕
A. デンカー編／渡辺和典訳　　　　ISBN978-4-86285-426-1　　新書判232頁・3600円

ハイデッガーと、その師リッカートが交わした43通の往復書簡を収録。1900年代初頭に隆盛を極めていた新カント派の研究と批判によりハイデッガーが思索を練り上げ『存在と時間』(1927年)へ至る姿などを垣間見ることができる有意義な資料。

海峡を越えた旧石器人類　東北日本における細石刃石器群の技術と石材の変化
青木要祐著　　　　　　　　　　　ISBN978-4-86285-432-2　　菊判400頁・7500円

後期旧石器時代の終末期に、北海道から本州にもたらされた湧別技法白滝型の細石刃石器群。その製作技術と石材の分析を通じて、海峡をはさみダイナミックに変容する旧石器人類の動態と環境適応を解明する基盤的研究。黒曜石の原産地や石材消費の変遷にも迫る。

2025年1～4月刊行の新刊

ニコル・オレーム『貨幣論』とその世界〔知泉学術叢書37〕
金尾健美訳著　　　　　　　　　　　ISBN978-4-86285-431-5　　新書判170頁・2700円

アリストテレス倫理学を踏まえ、貨幣の起源、本性、権利、改変について考察した論考である『貨幣論』の全訳と、訳者による著者と作品についての詳細な解説、さらに疫病と戦争に象徴される14世紀中頃の北フランス世界の歴史的環境についての考察を付した。

穀物輸出の代價
服部正治著　　　　　　　　　　　　ISBN978-4-86285-433-9　　菊判224頁・3600円

産業革命による人口集中で穀物需要は急拡大した。英国は最大の穀物輸入国に、アメリカは最大の輸出国になった。19世紀の大平原開拓と小麦増産により多くの問題に直面した。本書は輸出国の視点で土壌保全や水問題、移民、資本などの実態に迫る画期作。

哲学　第76号　カント生誕三〇〇年／人工知能と人類の未来
日本哲学会編　　　　　　　　　　　ISBN978-4-86285-971-6　　B5判402頁・1800円

（2025年5～8月の新刊については、p.2～6をご覧ください）

2025年8月からの刊行予定（順不同）

カテナ・アウレア　マルコ福音書註解〔知泉学術叢書〕　トマス・アクィナス／保井亮人訳

東方キリスト教思想への誘（いざな）い　大森正樹著

内在の臨界　生の現象学と現代フランス哲学　米虫正巳著

シェリング講義　同一哲学の鍵としての「反復的同一性」〔知泉学術叢書〕　M.フランク著／久保陽一・岡崎秀二郎・飯泉佑介訳

意味と時間　フッサールにおける意味の最根源への遡行　高野孝著

倫理学講義　第四巻～第五巻　山田晶著／小浜善信編

生命操作と人間の尊厳　田坂さつき編

日本文化と宗教　「和」の伝統の功罪　岡野治子著

経済科学の曙　政治算術家ウィリアム・ペティとその時代　大倉正雄著

中國古代の淫祀とその展開　工藤元男著

の、「宇宙論的進化－太陽系の形成－地球における地殻と大気の形成－生物的進化－社会発展」が見られるのみであり、さらに別に不可思議な目的論を導入する必要はないのである。事実、ダーウィン進化論は、目的論的説明を排し、自然淘汰、生存競争、変種の発生などのメカニズムによって生物の進化を説明しようとした。この進化のある分岐の突端に動物としての人間が出現したのである。こうして、自然史と人間史の重ね合わせの事実が注目されるが、これはまた、前章6節の《自然主義＝人間主義》のマルクス的構想を歴史の側面からとらえたことになるといえよう。

ところで、(3)の進化論について付加しておこう。というのも、ここでひとつの誤解が生ずるかもしれないからである。この問題は、本書第Ⅱ部5章2節、3節の目的論の評価にも関わることであるが、進化論を中心テーマとする科学史家のピーター・ボウラーは、以下のように注意する。自然界で発生する個体の変異は本質的にランダムであり、それにたいし自然選択が作用すると見ることが進化論の核心である。この点で、ダーウィンの理論では、種を一定の方向へ進化させていく内在的な傾向といったものはありえない。そうした力の存在は否定される。進化は本質的に開かれた過程である。この考えによれば、人間という特定の現存種が進化の全体目標とみなすことは誤解を招く……[12]。さて、もし進化が必然的かつ最終的に人間という種に向かっているのでないとするならば、たとえそれが知性や精神といわれる独自のものをもっていたとしても、人間が他の生物を含め、全自然を自分たちのために自由に利用する権利が、ここから運命的に生ずるということにはならないだろう。なぜなら、人間という種は進化の頂点に価値的な意味で必然的に立っているわけではないからである。進化は自然科学上の現象的事実であって、そこに価値の序列ははいりこんではいないとみなせよう。昆虫もまた相当な進化をとげているのであり、もし高度の理性をもった人類が滅亡したあと、ある種の昆虫が栄えたとしても、昆虫を人間よりも価値的に高

---

12) ピーター・J・ボウラー『チャールズ・ダーウィン　生涯・学説・その影響』（横山輝雄訳）朝日新聞社、1997年、20頁以下参照。

いとはだれも思わないだろう。このことは、単にそのときの環境にある種の昆虫が適合したということを意味するにすぎない。

　さらにまた、人間の出現が宇宙の目的とみなされ、人間自身が、人間と自然の和解をかならずなしとげるという運命をもつという発想も、同様に神秘的となり、誤っているといえよう。そう考えてしまうと、いったいだれが、何が、そうした目的や運命を人間に与えたというのだろうか、という問いが出てくるだろう。この問いには、究極的な答えは存在しない。私たち人間が、自分たちの人生の意味や目的を模索するより仕方がないのである。だが、いずれにしても、人間は理性と自由意志を進化のなかで付与された自然存在であるから、基本的に本能で動く他の動物と異なり、できるかぎり環境を現時点において、さらに将来世代にたいしても、人類が健全に保持し形成するように責任および義務をもたされているということだけは、正当にいえることだろう。

第Ⅱ部

「自然は人間の非有機的身体である」をめぐる論争
—— 《エコマルクス主義》とアメリカ左翼 ——

問題提起

経済的グローバリズムの発信地アメリカで，マルクス主義を中心に左翼的立場から環境思想について活発に論じられている。たまたま《エコマルクス主義》を唱えるジョン・フォスターの『マルクスのエコロジー』が翻訳されて一定の話題を集めているが，これは偶然そうなったというのではなく，マメリカ左翼の活発な論争状況のなかから，出るべくして登場したといえるだろう。第Ⅱ部では，「自然は人間の非有機的身体である」というマルクスの命題を中心に，この活発な論争状況を紹介しつつ，そこにどういう問題群が出現するのかを検討したい。私の考えでは，マルクスやエンゲルスの環境思想を論ずることは，マルクス主義に興味をもつ人々の単に狭い問題関心を満足させるのみではけっしてなくて，広く環境思想全体の構築におおいに有益かつ刺激的であると考える。

以下，年代順に，おもに『組織と環境』誌に掲載された主要関係文献を列挙する

- John Clark, "Marx's Inorganic Body," *Environmental Ethics*, Vol.11, No.3, 1989.
- Paul Burkett, *Marx and Nature*: A Red and Green Perspective, St. Martin's Press, New York, 1999.
- Walt Sheasby, "Paul Burkett, *Marx and Nature*," *Organization & Environment*, March 2000. （Paul Burkett, *Marx and Nature*. への書評）
- John Bellamy Foster, *Marx's Ecology*: Materialism and Nature, Monthly Review Press, New York, 2000. 渡辺景子訳『マルクスのエコロジー』こぶし書房，2004年。
- Jason W. Moore, "(Re)discovering Marx's Materialism," *Organization & Environment*, June 2001. （John Bellamy Foster, *Marx's Ecology*. への書評）
- Martha Gimenez, "Does Ecology need Marx?" *Op. cit.*, September 2000.
- J. Foster/P. Burkett, "The Dialectic of Organic/Inorganic Relations: Marx and the Hegelian Philosophy of Nature," *Op. cit.*, December 2000.
- J. Clark, "Marx's Natures: A Response to Foster/Burkett," *Op. cit.*, December 2001.
- Ariel Salleh, "Sustaining Marx or Sustaining Nature?" *Op. cit.*, December

2001.
・J. Foster/P. Burkett, "Marx and the Dialectic of Organic/Inorganic Relations: A Rejoinder to Salleh and Clark" *Op. cit.,* December 2001. ＊

　　＊　文献の略記は［Burkett1999, 10］のように本文中に頁数も含めて示す。上記文献では，マルクスらの著作はすべて英語版で引用されている。マルクスやエンゲルスの著作は，ドイツ語原文で引用しなおした。なお，上記『組織と環境』誌は単に左翼イデオロギーに凝り固まっているわけではなく，環境思想のほかに各国の環境運動，環境政策，フェミニズムを含め，よりよい未来社会を目指すための理論と実践を幅広く取り扱っている。

　まず文献表に従って，大雑把に論争の概略を説明する。
　雑誌『環境倫理』に掲載された，「社会エコロジー」を唱える無政府主義者クラークのマルクス批判の論文［Clark1989］（以上，第Ⅱ部1章）にたいして，フォスターとバーケットが連合して，クラークに別の雑誌『組織と環境』で反批判をする［Foster/Burkett 2000］（以上，第4章）。これ以後，論争は『組織と環境』誌で継続される。反批判がかなり時間的にずれてなされているが，この間にバーケットもフォスターも，独立の著作によって内容的には，他の反マルクス主義者にたいするとともに，クラークにも反論を試みているものと見られる［Burkett 1999］［Foster 2000］。だが，バーケットも，フォスターも，クラークのさきの批判には，直接にはごくわずかしか応答していない［Burkett 1999, 10］［Foster 2000, 134］。したがって，両者の共同論文が，正式の反批判と見られる［Foster/Burkett 2000］。ここまでが，論争の第1ラウンドといえよう。この間にも，もちろんラディカル・エコロジーというべきか，現状批判的エコロジー（《エコマルクス主義》を含めて）の議論は一般的には進展するが，そのなかで私が注目すべきものとして，ジメネツ「エコロジーはマルクスを必要とするのか？」［Gimenez 2000］が，多様なエコロジー思想にたいする《エコマルクス主義》のポジションを示そうとしていて興味深い（以上，第5章6節で扱われる）。
　論争の第2ラウンドはクラークの再批判から始まる［Clark 2001］。彼はフォスター／バーケットの主張を一定程度承認しながらも，マルクスにもエコロジカルな側面と管理主義的・近代主義的側面とがあり，その

矛盾・分裂を指摘する。さらに同雑誌の同号でアリエル・サレーがエコフェミニズムの立場から，フォスター／バーケットを真正面から批判し，クラークを援護する［Salleh 2001］（以上，第5章）。彼女はフェミニズム的見地を導入して，論点をおおいに広げたといえよう。そしてフォスター／バーケットは，このクラークとサレーの両方にたいして再反論している［Foster/Burkett 2001］（以上，第6章）。すでに『組織と環境』誌の2002年の号には，論争に関する論文は見られない。論争はここで，一応の終結を見たと考えられる。

　本論はこの論争を順に紹介・検討するが，最初のクラーク論文の批判と問題提起を論じたあと，「自然は人間の非有機的身体である」というマルクスの命題を中心とするマルクスの叙述を，『経哲手稿』にそって詳細に吟味し（以上，第2章），さらにマルクスの自然観，人間－自然関係についての議論をより広く論じ（以上，第3章），論争への私の予備的考察としたい。そして最後に，論じ残したいくつかの論点について，総括的に考察したい（以上，第7章）。

第1章

クラークのマルクス（主義）批判

1　クラークによる4つの論点

　ジョン・クラークは「社会エコロジー」を唱える。まずここで，彼のいう「社会エコロジー」とはどういうものか，その立場を簡単に説明しよう。
　クラークによれば，「社会エコロジー social ecology」の現代の代表者はマレイ・ブクチンであり，その先行者として，エリゼ・レクリュ，パトリック・ゲデス，ルイス・マンフォードらが挙げられる。だが同時に，クラークはブクチンを，「セクト主義」的で，他の運動にたいし過度に批判的であり，非弁証法的にもなっていると批判する。クラークはかなり長い論文「社会エコロジー」のなかで，自分の構想を全面的に展開する。定義的にいうと，「社会エコロジーは，人間の社会制度とエコロジー的ないし環境的議論のあいだの相互関係を取り扱う学際的学問である」。その方法は「全体論的で弁証法的 holistic and dialectic」であり，組織的には，一種の「エコ共同体主義 eco-communitarianism」，エコロジー的地域主義を説き，左翼リバータリアン的である[*1]。
　したがって，「社会的」という形容句が彼のエコロジーに付いているとしても，それはテンニエスのいうような Gesellschaft ではなく，むし

---

　1)　以下，John Clark, "Social Ecology," *Capitalism, Nature, Socialism*, No.8 (3), September, 1997, pp.3, 4, 10, 13, 16, 21, 25, 32. を参照した。

ろ Gemeinschaft つまり共同社会の意味であり，「私たちがそのメンバーである，一種の共同体としての惑星〔地球〕全体」のことを意味する。「全体論的で弁証法的」という方法論，つまり「弁証法的な全体論」という方法については，彼は一方では，ヘーゲルの命題「実体は主体である」を改変して，この地球の進化について，実体的なものが進化して主体的となり，自己意識をもつという「弁証法的観念論」を継承し，他方では，「ホロン」などを説くアーサー・ケストラー，ケン・ウィルバーらの，かつて日本でも流行したいわゆるニューサイエンスを継承する。この点で，「西洋唯物論の反精神的な傾向」をはっきり批判する。

さらにクラークは，現代の「経済主義的な社会」には，明確に反対する。この社会は呵責のない「合理性」を追求し，そこで自然と人間の資源を搾取し，生産の効率性，技術の発展をひたすら求め，調査により市場をコントロールしようとし，市場を通じて人々の行動を操作しようとする，といわれる。この点で，マルクスに他に欠点があろうとも，「経済主義的社会の基本的非合理性」「商品の物神崇拝」を批判した，彼の予言者的性格は高く評価される。

いずれにせよ，全体としてクラークのスタンスは，唯物論と観念論ないし精神主義とを統合するものであり，ブクチンへの明確な批判や，ディープエコロジー，コフェミニズムの主張への理解を踏まえつつ，彼は，資本主義や国家のような社会制度にエコロジー危機の原因を求める立場と，二元論，人間中心主義，家父長制的価値などの社会的イデオロギーにその危機の第一原因を求める立場とを調停しようとする。いうまでもなく，前者は「一面的な唯物論的説明」であり，後者は「一面的な観念論」であるとみなされる。この点で，たしかに彼は，エコロジー危機にたいして意識や精神の変革もまた強調する。この点で，彼はフォスター／バーケットの唯物論からは観念論，神秘主義と批判されざるをえないであろう。そして，彼の共同体理論は「共同体的地域主義 communitarian regionalism」と規定されるが，たえずドグマから抜けだす構えがそのさい必要とされる。その点で，何らかのエコロジーを主張することが「エコロジーのコンテスト」にならないように，他の立場と創造的な対話を進めるべきであるという。

以上で，クラークの「社会エコロジー」の紹介を終わる。さて，クラ

ークは論文「マルクスの非有機的身体」で，マルクスが『経哲手稿』などで述べた「自然は人間の非有機的身体である」という命題を取り上げて問題にする。「多分私たちは，身体という『有機的』な用語にすべての注意を集中すべきである。それでもこの用語は，『有機的』であるという現実にたいする明白な証拠があるのにたいして，それが『非有機的』として描かれるという，当惑させるような困った事実をなお私たちに残すのである。」［Clark1989, 244］ここでは，自然界に生命的有機体が歴然として存在するのに，マルクスがそれをひっくるめて「非有機的」と総称することに不満が表明される。さらに同様の趣旨で，マルクスが『要綱』で，機関車，鉄道，電報，自動織機などを「人間の頭脳の器官（organs）」と述べた箇所について，そこに「高度に歪んだ身体意識」が見られると批判する（p.243）。それは，人間が自然を素材として道具・機械を次々とつくって，みずからの身体器官（の延長）とする人間中心的な思想への批判を意味するだろう。クラークはマルクスの引用箇所について，その前後を含め細かく分析するということをしないが，その代わりマルクスをエコロジー化ないし擁護する従来の試み ── ドナルド・リー，チャールズ・トールマン，とくにハワード・パーソンズ ── を批判し，ブクチンの社会エコロジーに共感を寄せる[*2]。こうして従来から，マルクスとエコロジーをめぐる問題について活発な議論があったわけである。以下，クラークの論点を要約しよう。

（1）　クラークによれば，マルクスにもエコロジカルな側面がないわけではない。まずこの点は，評価される。マルクスにも，人間と自然の「内的関係」を重視する「深く有機的な次元」や「真にエコロジカルな弁証法」がかいま見られる。自然と歴史の対立を克服する全体論的な見地，すべてを「自然史的過程」のなかで考察するという見地，「人間は自然の一部である」「歴史そのものは自然史の一部分である」「大地の造山運動」の主張，などがそれである（p.249f.）。またとくにクラークは，

───────
　2）　なおブクチンは，この分野では，日本でもかなりの程度知られている。代表作として，藤堂・戸田・萩原訳『エコロジーと社会』白水社，1996年参照。なお，福永真弓「ソーシャルエコロジーの射程」（『唯物論研究年誌』，第8号，2003年）では，ブクチンの The Philosophy of Ecology, 1995が紹介・検討されている。

パーソンズを引き合いに出し，都市と農村の分裂の問題に関してマルクスが指摘した「人間と大地のあいだの物質代謝（circulation of matter）」をその例として出し，それに一定の評価を与える。だがクラークは，マルクスがこうした「純粋に経済学的分析」にとどまっており，それ以上に進まない点を非難する（以上 p.250）。次の(2)で示されるように，ここにはマルクスが二元論的見地を脱せず，何らかの全体論を徹底しない点が批判されているといえよう。

(2) クラークによれば，自然を人間の「非有機的身体 inorganic body」とみなすマルクスは，「人間と自然の二元論的見解および自然の道具主義的見解」（p.251）にとどまっている。同様にマルクスは，広い宇宙論的見解に立って見ると，「自然の功利主義的見解」（p.252）を採用するといえる。自然界を，有機的身体をもつ人間と，「非有機的身体」としての外的自然とに二分し，何か抽象化された人間が低次元にある外的自然を功利的に道具として扱うという発想がマルクスにあるとされる。生命的有機体としての人間が，外部の自然を「非有機的」とみなし，それを自分の身体の延長として道具ないし機械のように扱うという発想が，クラークにとっては許しがたいのである。またそこからして，自然の価値が無視され，人間のみが価値の源泉となっているとされる。これはマルクスの労働価値説にたいする批判とみなせよう[*3]。いずれにせよ，以上は，人間と自然を区分し，人間を自然の上位におく人間中心主義への批判と見ていいだろう[*4]。

---

3) すでに本書第Ⅰ部2章で，ハンス・イムラーに即してこの問題を展開した。
4) 本書では，「人間（中心）主義」，「自然（中心）主義」（生命中心主義，生態系中心主義などを含む）という用語が頻出する。この両用語の詳細な説明は，河野勝彦『環境と生命の倫理』文理閣，2000年のⅠとⅡに譲りたい。私は本書で，マルクスのいう「人間主義」，「自然主義」の概念を，環境思想で多用される「人間中心主義」，「自然中心主義」にそれぞれあえて重ねて使用する。ここで共通する意味としては，「人間（中心）主義」が，人間を中心として，その観点から世界について考察する立場であり，「自然（中心）主義」が，世界を逆に自然（生命全体であれ，生態系であれ，自然の総体であれ）を中心にして，その観点から考察する立場である，ということが考えられる。前者によれば，世界のすべては，人間の認識，実践，価値づけの対象としてはじめて存在意義をもつとみなされる。後者によれば，人間それ自身も実は自然存在であり，大自然のなかの一部にすぎないとみなされる。したがって，通例のヒューマニズム（「人道主義」などと訳される）の意味は直接には想定されていないが，このヒューマニズムも「人間（中心）主義」も，近代の産物として同根である。

第1章　クラークのマルクス（主義）批判　　149

　（3）　クラークはより広く具体的に，マルクスの経済や政治や歴史への関わりに論及する。これは一般的に，マルクス（主義）にたいしてしばしば向けられる批判でもあるだろう。クラークによれば，『ドイツ・イデオロギー』『要綱』『資本論』などにおけるマルクスは，生産力の向上，技術的発展，自然の制御（mastery）ないし支配（domination）によって人間の解放を達成するという，「プロメテウス的人間」像をもっていたという（p.253）。「政治的中央集権化」（p.245）の思想も，広い意味で非エコロジカルである。そしてクラークの理解するマルクスは，資本による搾取は明確に否定したとしても，『要綱』において，「資本の偉大な文明化の影響 the great civilizing influence of capital」を肯定し，さらにマルクスは，資本制以前の前近代社会が自然崇拝に陥っており，狭い地方的限界に縛られていたし，彼ら住民は自然の威力にただひれふすだけであったと，もっぱら前近代を低く評価するという。まさにこの点で，マルクスの進歩主義史観，近代主義，生産力中心主義などが露見するとされる。そして，資本主義までの発展を継承しようとするマルクスの姿勢およびその歴史観は，かえって資本主義的近代を肯定し，反エコロジカルになるという。

　（4）　さらにクラークによれば，現代思想の大きな流れから見ると，マルクスはヨーロッパ中心主義ないし西洋的思考の限界を超えていないという。「マルクスの思考は，西洋的思考と文明化それ自身に典型的な二元論，根本的に非エコロジカルな二元論の多くを保持している。」（p.250）クラークに従えば，人間と自然の二元論的思考，進歩主義史観などにすでにそれが示されていたといえるだろうが，さらにクラークはここでフェミニズム的観点も導入する。彼によれば，マルクスの肯定する「自然支配（domination of nature）の思想は，労働者または人間としての婦人の……解放に関して〔マルクス主義によって〕何か約束されているものがあるとしても，女性にたいする男性の支配を重要な意味で含意している」（p.257）。

　こうして，クラークの結論によると，マルクスの思想にエコロジー的契機が見られるとしても，それはほとんど徹底化されていない。せいぜ

いマルクスは，一種の「修正的環境主義 reformist environmentalism」（p.246）を唱えたといえるにすぎない。「そのときマルクスの自然観はエコロジカルであることからはほど遠い。エコロジー的な世界観は，全体としての自然を考慮するものであり，この世界観においては，そのなかで各人の発展が，発展と価値表明とのひとつのより大きな体系の切り離せない一部分となっており，それは，多様における統一（a unity in the diversity）としての自然を包括する世界観である。」（p.257）

さて，マルクスにたいする以上の批判的論点を見ると，クラークがとくにマルクスの文献に丁寧に内在し，詳細に分析しつつ論点を展開するというよりも，マルクスにたいしてはかなり外在的にアプローチし，むしろ多くのマルクス主義者たちのマルクス像と対決していることがわかる。上記(1)についても，マルクスの命題にただ断片的に言及するだけにとどまる。私見では，以下に展開するように，それらのマルクスの命題をさらに探っていけば，さらに陰影に富んだ深いマルクス像が見えてくるはずである。マルクスとマルクス主義者を区別するという姿勢が，クラークには厳密な意味で希薄である，という印象を受ける。クラークがマルクスに共感を抱いていない以上，丁寧な分析がなされないのはある程度やむをえないが，問題点の深化のためにもう少しきちんとマルクスに即して考察する必要があるだろう。そしてたしかに，従来のマルクス主義者がマルクスを適切に理解してきたかどうかは，とくに「マルクス・レーニン主義」のかつての巨大な影響との関わりにおいて，別の大きな問題といえよう。

この点では，(3)の「自然の支配」の問題ととくに関わって，クラークはそこまで詳しく論じていないが，マルクスがたしかに，自然にたいする「人間の支配 Herrschaft」などという表現を使用してきたことを指摘しておこう[*5]。この表現だけでマルクスの自然観の全体を評価することはもちろんできない。しかし結論的にいえば，「自然の利用」「自然の制御」などの表現ならば妥当であると思われるが，「自然の支配」などという表現は，現代のエコロジー的センスからすると，不適切ということとなるだろう[*6]。

---

5) たとえば，「富は，自然力にたいする……人間の支配（Herrschaft）の十全な発展でなくて何であろうか」（MEGA II-1. 2, 392. ②138頁）。

2　「資本の偉大な文明化の影響」とは何か？

　マルクスの文献の緻密な理解という作業は，さらに次章から必要に応じて展開されるが，ここでは手始めに，上記(3)でクラークが提起した，マルクスの「資本の偉大な文明化の影響」という表現を考察することとしたい。

　マルクスはいわゆる『要綱』の「資本に関する章・ノートⅣ」で，資本制生産のダイナミックな展開を活写している（S.321f.② 16頁以下）。……資本による剰余価値の生産は，生産力の増大と生産圏域の拡大を生じ，それに対応して，消費圏域も拡大し，人々のあいだに新しい欲求も開発される。これにともない，新しい使用価値が発見され創造され，これに対応して労働もますます多様に分化していき，そして新しい需要に応ずる新しい生産部門もつくり出される。さらにその目的に応じて，新しい有用な属性を発見・開発するために「全自然の探究」「地球の全面的探究」をおこなう「自然科学」が最高度にまで発展する。これはもちろん地域的広がりを見せて，あらゆる異郷ないし地域の生産物を普遍的に交換する事態となる。このようにして，資本制生産のもとでは，労働と生産がたえず拡大し豊富化するのに対応して，「欲求の体系 System von Bedürfnissen」が構築されるのである……。

　以上は，「資本の偉大な文明化の影響」という用語が生ずる前の節を要約したものである。のちほど述べるように，「自然科学」もフォイエルバッハと異なり，《実践的唯物論》の立場に立つマルクスは，こうした労働と生産の要求と社会発展という実践的観点から考察される点に注意すべきである。さらに，「欲求の体系」という表現が，ヘーゲルを少し知る者ならば，彼の市民社会論に由来するということも，明らかであろう[*7]。一定の固定観念をもって粗っぽくこの箇所を読み流すと，何か

　　6）　この問題に関しては，韓立新『エコロジーとマルクス』時潮社，2001年，第4章3節「マルクスにおける『自然の支配』問題」が詳細に論じており，参考となる。さらに岩佐茂によるベントンとグルントマンの論争（自然の支配か自然への適応か？）の紹介・検討が興味深い。岩佐茂『環境の思想』創風社，1994年，145頁以下参照。

　　7）　Hegel, *Grundlinien der Philosophie des Rechts*, Werke 7, Suhrkamp, S.346. 藤野・赤沢訳「法の哲学」（『世界の名著・ヘーゲル』中央公論社所収），421頁。なおヘーゲルでは，このこ

マルクスが資本制生産のダイナミックな発展を称賛しつつ描写しているように見えてしまうかもしれない。だがこの箇所は，私見では，『資本論』で「自然史的過程」*8として展開される，歴史上の冷厳な事実を述べているのであって，ここでマルクスはあえて単純に，資本制生産を肯定も否定もしていない，とまず考えられる。実際，近代化の原動力となった資本の活動は，よかれあしかれ，このようにしてダイナミックに世界を変貌させてきたのではないだろうか。資本の活動こそ，過去から現在まで富の豊かさの達成および世界的コミュニケーションを可能としてきたという事実は否定できない。さらにマルクスは続ける。

「資本にもとづく生産は，一方では，普遍的な産業――すなわち剰余労働，価値を創造する労働――をつくり出すとともに，他方では，自然と人間の属性の全般的な開発（利用 Exploitation）の一体系，全般的な有用性の一体系をつくり出すのである。」(S.322.②17頁)

この叙述のあとに，あの「資本の偉大な文明化の影響」という表現が登場する。この箇所での Exploitation という用語も，いきなり否定的な意味における「搾取」という意味ではなくて，肯定面と否定面を含んだ客観的事実として述べられているのではないだろうか*9。「搾取」ならば，マルクスは Ausbeutung を使用する場合もある。さて，マルクスによれば，この資本の変革作用が，みずからの社会的な生産と交換の圏域のなかですべてをおおいつくすのであり，こうして，前近代の神聖さと権威を支える「それ自体としての天上的なもの An-sich-Höheres」「それ自体として正当化されるもの Für-sich-selbst-Berechtigtes」はいっさいなくなる。これは，マックス・ウェーバーのいう，「主知主義的合理化」の結果として近代において成立する「世界の脱魔術化 Entzauberung der Welt」の現象と同じことを述べているとみなせるだろう*10。

とばの原語は，System der Bedürfnissen である。いうまでもなく，この欲求の分化と体系が社会的分業と高度の生産力によって支えられることを，すでにヘーゲルはスミスらの研究をとおして見ている。

8）「経済的社会構成体の発展をひとつの自然史的過程（ein naturgeschichtlicher Prozeß）と解する私の立場」（MEW 23, 16. ① 10頁）。

9）ちなみに，内田弘はこの箇所のExploitation を，「開発－搾取」と訳す。編集委員会編『マルクス・カテゴリー事典』青木書店，1998年，360頁。

10）Max Weber, Wissenschaft als Beruf, in: Gesamtausgabe, I / Bd. 17, Mohr（Paul Siebeck），Tübingen, S.87. 尾高邦男訳『職業としての学問』岩波文庫，33頁以下参照。

第1章　クラークのマルクス（主義）批判　　153

「こうして，資本がはじめて市民社会（bürgerliche Gesellschaft）を，そして社会の成員による自然的および社会的連関それ自体の普遍的獲得をつくり出すのである。ここから資本の偉大な文明化の影響（the great civilizing influence of capital）が生じ，資本によるひとつの社会段階が生じるのであって，この社会段階と比べれば，それ以前のすべての段階は，人類の局地的発展として，自然崇拝（Naturidolatrie）として現れるにすぎない。」（S.321.②18頁）

　さて，ここでの「資本の偉大な文明化の影響」という表現は，明らかなように，わざわざ英語で書かれている。この点にまず注意すべきであって，このことばは，まずはイギリスの政治経済学を念頭においたものといえるのではないだろうか。「資本の偉大な文明化の影響」という表現のなかに，手放しの資本主義礼賛がただちに存在するとはいえず，それを「肯定」するというのならば，まず抗いがたい歴史的事実として，それを「肯定」したというべきではないだろうか。実はマルクスのこうした事実認識は弁証法的両義性をもっている。彼は，手放しで資本制システムを礼賛する人々からは距離をとって，事実として，文字通り世界史を画した，巨大な変革をもたらした「資本の偉大な文明化の影響」を，資本制社会を克服しようとする自分としても承認せざるをえない，というニュアンスで使用したのではないだろうか。「弁証法」については，最終章であらためて述べたい。

　さて以下において，上記の「資本の偉大な文明化の影響」と類似の表現を2つ挙げて考えたい。

　第1に，マルクスは『経哲手稿』において，ほぼ同様の表現と思われる「資本の文明的勝利 sein civilisierter Sieg」（S.381.129頁）ということばも残している。ここでマルクスは，前近代社会の地主にたいして，「資本なしには土地所有は死んだ無価値な物質である」と批判し，「資本の文明的勝利」が，生きた人間労働を富の源泉として発見した，と指摘する。マルクスの論調はすでにここで確立されており，冷徹に資本による巨大な歴史的変革の事実をみつめている。たしかにこの点で，資本は土地所有を基盤とする封建制社会を大規模に変革したのである。さらに第2に，マルクスは『資本論』第3巻で，資本制社会が，奴隷制や農奴制と比べて，労働生産性を高めるなどして，より高度な社会の形成を準備

したということを，「資本の文明化の側面のひとつ eine der zivilisatorischen Seiten des Kapitals」（*MEW* 25,827.④1050頁）と規定する。たしかにこうして，マルクスは，資本制社会の歴史的役割を肯定するが，それは彼独自の弁証法的歴史観にもとづくものである。

『要綱』にもどると，続いて，資本制社会以前の前近代的社会は「人類の局地的発展として，自然崇拝として現れる」と指摘されていた（こうした箇所がまた，クラークのマルクス批判に深く関係するだろう）。さらにマルクスは展開する。「自然ははじめて純粋に，人間にとっての対象となり，純粋に有用性をもつ物象となり，独自の威力と認められることをやめる。」（S.322.18頁）これはまさに，ウェーバー的な合理化の過程の指摘であった。自然はその神秘的なオーラをはぎとられ，人間にとって有用か否かで評価されるのである。こうして，マルクスの歴史認識によれば，資本はみずからの傾向に従って「自然の神化」をのり超えて進む。さらに，資本は民族的な制限や偏見，従来の欲求方式，古い生活様式などをのり超えて突き進むのである。資本はこれらすべてにたいして破壊的であり，たえず革命をもたらし，すべての制限を取り払う……。

以上のマルクスの叙述は，まさに歴史的事実を冷徹にとらえたものであろう。だが他方，この箇所においても，マルクスは資本制社会がいかに人間を抑圧し，疎外させるかを随所で追求するのである。ある意味で，資本は内部に根源的矛盾をはらむものであり，早晩，みずからの弁証法にしたがって崩壊するものと想定されている。だから，マルクスの注意によれば，以上のように資本の運動がすべての制限を取っ払って進むといわれても，資本がすべての問題を現実に克服したということにはけっしてならない。むしろ資本は根源的な制限を内部にはらみ，「資本の生産は，たえず克服されながら，また同様にたえず措定される矛盾のなかで運動する」（S.323.②18頁）[*11]。

こうしてマルクスは，たしかに資本主義成立の歴史的必然性を認めるのであって，それをいきなり存在してはならない不合理な社会だった，

11）　資本制生産が脱することのできない根本的な矛盾にまとわりつかれていることの詳細な分析については，拙著『ポスト・マルクス主義の思想と方法』こうち書房，1997年，付論3「資本制生産の『基本矛盾』とは何か？」を参照。

などとは規定しない。本論のテーマに直接関連していえば，マルクスは，「自然崇拝」「自然の神化」をおこなう前近代的なノスタルジーをそれ自身としては是認しない。人類はその段階を「自然史的過程」として通過するのである。だがそれでも，マルクスは，これから明らかになるように（とくに第2章，第4章），「自然は人間の非有機的身体である」というテーマに含まれる，前近代における自然と人間の根源的な結合関係を基本視座として前提し，未来社会においてその回復をはかろうとする。おそらく，こうした複合的で弁証法的なマルクスの構想，その人類史の総体の過程を見つめる巨大な歴史感覚などは，クラークには了解不能と思われる。ここから誤解が生ずる。そして，逆にここで，クラークの歴史観が問われることとなるだろう。

第2章

「自然は人間の非有機的身体である」の予備的考察
——マルクス『経済学・哲学手稿』に関して——

　以上で明らかなように、クラークがマルクス（主義）にたいして提起した問題は、きわめて広範囲に渡っていた。私は本論で、環境思想に関わるかぎりで、とくに彼が論文の表題にも掲げた「自然は人間の非有機的身体である」という命題を中心に論じたい。もちろん、その他の問題も実はこのテーマに密接に関わる場合が多いので、必要なかぎりで、クラークの出した他の論点にも触れたい。いずれにせよ、まずは『経哲手稿』で述べられた「自然は人間の非有機的身体である」という命題を、その全体的文脈のなかで正確に把握することが必要である。そののちに、クラークへの評価もより正確に定まることであろう。
　さてここで、あらためて議論の方法論について述べておきたい。
　フォスター／バーケットも指摘するように、クラークは論争相手（マルクスおよびマルクス主義者）の主張を最初からばらばらなかたちで、いわばその片言隻語をとらえて表層的に理解し、批判する傾向がある[Foster/Burkett 2001, 455]。この点で、論争相手を、なるべく全体的に、かつそれに内在してとらえるという努力が必要であろう。それでこそ、新たなる論争の地平が開けるものと期待される。論争相手の主張内容を片言隻語的に理解するというのは、もちろん意図的にそうしているというのではなく、論争相手をまだ表面的にしか理解していない段階では、おのずとそういう傾向が発生するものである。さらにまた、読解が深められた場合に、論争相手（ここではマルクス）の内部に統合できない矛盾や分裂がそれでもやはり発見されるということもありうる。あるいは

出現した矛盾・分裂が解消可能な性質のものか，または体系を崩壊させるほど重大なものなのかにたいしては，解釈が分かれることもありうるだろう。さらにいえば，むしろその矛盾・分裂こそ，現代への根本的問題提起として当該思想の偉大さを反映しているという解釈も成立するかもしれない。ここには一種の読解論と対話的精神が関わるが，クラークにたいしても，フォスターやバーケットにたいしても，私はこうした読解法ないし対話的精神を意識しながら論を進めたい。

1 「類的実在」の「類的生活」とは何か？

　私はここで，難解なテキスト解釈に取り組むが，従来のマルクソロギーに屋上屋を架すつもりはなく，だが，《エコマルクス主義》の新しい視点から再読解を試みる。
　さてマルクスは，『経哲手稿』の「疎外された労働」と題された箇所で，「自然は人間の非有機的身体である」という構想を述べている。周知のように，ここでマルクスは，①労働者からの生産物（自然物，物象）の疎外，②労働者からの労働活動そのものの疎外，③人間からの類の疎外，④人間からの人間の疎外，というふうに，4段階に渡って疎外論を展開している（S.367ff.102頁以下）。
　そして，「自然は人間の非有機的身体である」という構想が指摘されるのは，上記③の人間からの類の疎外の箇所においてである。ここでの叙述はかならずしもわかりやすくはなく，率直にいって私も明確な解釈をできない部分があるが，以下のように展開を試みたい。
　マルクスによれば，人間は本来，「類的生活 Gattungsleben」をおこなう「類的実在 Gattungswesen」である（「類的実在」などの表現はヘーゲル，フォイエルバッハ由来であるが，この時期に特有のかなり思弁的なものといえるだろう）[*1]。「類」とはもともと生物学や論理学の用語であるが，ヘ

　1）　多くの研究者はこの用語の理解に苦しんだことだろう。さしあたり，細谷昂・他『マルクス経済学・哲学草稿』有斐閣，1980年，90頁以下。渡辺憲正『近代批判とマルクス』青木書店，1989年，113頁以下などが，比較的わかりやすく論じている。なお Gattungswesen は従来，「類的存在」「類的本質」などと訳されてきたが，ここでは「類的実在」という訳を

第2章 「自然は人間の非有機的身体である」の予備的考察

ーゲルでは「類」は何らかの具体的普遍性，事物の原理としての普遍性を意味し，ここでは人類のもつ何らかの独自性・普遍性が考えられる*2。この類の普遍性をどうとらえるのかが問題である。さて，疎外的システムによって，人間は類的生活を疎外し，その類的生活からかえってみずからを分離してしまい，逆に類的生活を個人的生活の手段にするという転倒を犯す。こうして，本論第4章のマルクス「資本制生産に先行する諸形態」についての考察でさらに明示されるが，本源的共同体ならびに前近代社会の人間－自然関係はまだその根源的結合状態を保持しており，この点はマルクスにとって，ひとつの回復されるべきモデルとなっている。クラークはここまでマルクスを見ていない。

では，人間の「類的生活」とはいかなるものか。これには動物に共通する側面と，そこから発展した人間固有の側面があるだろう。動物と同様の側面は，「肉体的にはまず第1に，人間が（動物と同じく）非有機的自然（unorganische Natur）によって生きていくという点に存する」（S.368. 104頁）。したがって，ここにおける「非有機的自然」という意味は，明快に，人間の肉体でないかぎりでの外的な自然の全体を意味するのであって，そのなかに当然，動植物などの「有機的生命」を含む。この場合，人間（動物）が有機的な自然である以上，この人間的自然が外界としての「非有機的な自然」を不可欠とするということである。畑孝一も，当該箇所を説明しながら，「ここで『非有機的な』というのは，人間の身体が，人間自身の自然として有機的な自然であるのと対比した意味である」と正当に指摘する*3。この外的自然が存在しないかぎり，直接的生活手段としても，人間生活の間接的材料としても，人間は生活できない。こうした根源的自然こそ，まず人間の大前提である。こうしてマルクスは，人間をまず動物と同じレベルの自然存在ととらえる唯物論の立場に

基本としたい。ちなみに，「存在 Sein」はヘーゲル論理学でいうと，存在論のレベルのカテゴリーとして，本質認識を含んでいない。「本質・実在 Wesen」は本質論のレベルのカテゴリーとして，本質が現象して産出された結果を表現するものとして，本質との媒介関係を含んでいる。

2) ヘーゲルでは，生命的有機体に即して「類過程 Gattungsprozeß」が語られる。ここでヘーゲルは，生命体にそって類－種－個の全体構造を示している。Hegel, *Enzy.*, Ⅱ, Suhrkamp, §367. 樫山欽四郎訳『エンチュクロペディー』河出書房，第367節。

3) 現代の理論編集部編『マルクス・コメンタール』Ⅰ，現代の理論社，1975年，ⅴ頁。

立っている。この事実をマルクスは人間にとっての決定的事実と承認するのである。のちに述べるように、あくまで、「人間は自然の一部分（ein Theil der Natur）である」（S.369.105頁）。こうした主張のみをとれば、クラークの自然中心の見方に合致するだろう。もちろんここでは、文脈上、人間が道具的かつ功利主義的に外的自然を利用するという意味は生じない。

2　動物的側面から人間的側面への「類的実在」の転換

だが第2に、マルクスがただちに続けて述べるように、「人間が動物よりも普遍的であればあるほど、人間がそれで生きていく非有機的自然の範囲はますます普遍的である」（S.368.105頁）。そして、単に肉体的のみならず、理論的にも、人間にたいし「非有機的な自然」は不可欠であるとされる。「植物、動物、石、空気、光などは、あるいは自然科学の対象として、あるいは芸術の対象として、理論的に人間の意識の一部分をなしている。」ここではっきり指摘されたように、「非有機的自然」のなかには、「植物、動物」などの生命体が当然にも含まれる。さてこのあとで、問題となる文章が現れる。

「人間の普遍性が実践的に現れるのは、まさしく全自然を人間の非有機的肉体（unorganischer Körper）にするところの普遍性においてである——それは、自然が①直接的生活手段であるかぎりにおいても、〔②〕人間の生活活動の材料、対象、道具であるかぎりにおいてもそうなのだ。自然は人間の非有機的身体（unorganischer Leib）である、という意味での自然は、それ自身が人間の肉体でないかぎりでの自然のことである。人間は自然によって生きていく、ということの意味は、自然は人間の身体であり、人間は死なないためにはたえずこれと関わりあっていなければならない、ということである。人間の肉体的および精神的な生活が自然と連関していることの他ならない意味は、自然が自然自身と連関しているということである。というのは、人間は自然の一部であるからだ。」（S.368f.105頁）

明らかなように、人間は自然に絶対的に制約されるという意味で動物

であり、人間は自然の一部からけっして脱することはできない。これが第一の類的普遍性、いわば動物的普遍性である。私がかつて唯物論の根本規定として強調したように（第Ⅰ部2章4節）、動物として、自然存在として、人間は受動的で外部の自然（肉体、感性、情念など内部の自然も含めて）から絶対的に制約されている存在である。『経哲手稿』によれば、人間は、「動物や植物がまたそうであるように、ひとつの受苦的な、条件づけられた、制限された実在（ein leidendes, bedingtes und beschränktes Wesen）である。すなわち自分の衝動の対象はその外に、自分から独立な対象として現存している。」（S.408.222頁）すなわち人間が外界としての「非有機的自然」を不可欠と承認することの意味は、人間が他の自然と対等の自然存在であるということに他ならない。むしろ人間は他の生物同様、自己完結的ではなく、自分の本質を他の存在に負っており、それをつねに必要とする「受苦的な、条件づけられた、制限された実在」にすぎない。だからこのかぎりで、人間が何か他の自然を超越した特別な存在であるということは主張されていない、と見られる。まずマルクスはきちんとこの事実を踏まえたいのであって、ここにマルクス的唯物論の出発点がある。こうした考えはフォイエルバッハに由来するが、従来のマルクス主義的唯物論は、近代主義的影響もあって、あまりにも人間の変革的能動性の側面のみを強調しすぎてきたのではあるまいか[*4]。

　もちろんここで同時に展開されるように、人間はこの自然必然性から出発して、「ひとつの活動的自然存在」として、他の動物と異なり、労働と生産を意図的におこなう。だが、この労働などの主体性も、人間が外部の自然に制約された自然的な受動存在であるからこそ必然となるのであり、その絶対的受動性を大前提およびバネとして、この主体性ははじめて可能となるのである。こうしてはじめて、マルクスの論理は動物的普遍性から人間的普遍性へと移行するのである。ところで、人間の類的生活の独自性の側面は、「まさしく全自然を人間の非有機的な身体にするところの普遍性」にある。これは第2の、人間的普遍性といえよう。

　　4）「人間からの類の疎外」をとくにフォイエルバッハに関連させて強調するのは、山之内靖『受苦者のまなざし』青土社、2004年、337頁以下である。私は氏の主張に全面的に賛成するわけではないが、マルクスへのフォイエルバッハの重大な影響の理解という点では、氏に積極的に賛同したい。

そのさい,「類的生活」は,後述するように,「自由な意識的活動」(S.369.105頁)となっている。動物が本能によってその生活活動と直接に一体化しているのにたいし,人間は自由な意識的生活活動をもっている。「意識的な生活活動が人間を動物的生活活動から直接に区別する。まさしくこのことによってのみ,人間はひとつの類的実在である。」(*Ibid.* 106頁)

　したがって,以上に引用したように,「自然は人間の非有機的身体である」という命題にかぎっていうと,人間が何か自分をより高い位置において,自然を悪い意味で功利的に利用したり,またその事実を賛美したりする意味あいはないといえよう。むしろ以上は,人間が受動的自然存在として,自然に絶対的に依存するという唯物論的事実を指摘したものである。上記の「人間が非有機的自然によって生きていく」という命題と,事態は基本的に異ならないであろう。マルクスが指摘するように,「人間は自然によって生きていく,ということの意味は,自然は人間の身体であり,人間は死なないためにはたえずこれと関わりあっていなければならない,ということである」。ここにある意味で,マルクスの自然中心主義がはっきりと見られる。

　だがマルクスは,このフォイエルバッハ的な次元にはとどまらない。そこから発して,ヘーゲル的観念論とは異なるかたちで,つまり唯物論をさらに貫徹するかたちで,人間の独自性を把握しようとする。というのもマルクスは,人間が生命圏のなかで他の動植物と平等に生活しているということを事実として指摘すれば,それで人間を客観的かつ全体的にとらえたことになるとは考えないからである。ここにクラークとの分岐点がある。労働し,生産して社会を物質的に形成するという意味での人間の独自性をいかにとらえ,それをエコロジーと結合するかにまで考えがいかなければ,実践的に有効な展望は出ない。ここに《エコマルクス主義》の独自性がある。議論が先走ってしまうが,クラークに決定的に欠けているのは,エコロジーにもとづいた労働論・生産論・経済論なのである。

3 「自由な意識的活動」から「非有機的身体」の喪失へ

　さて,『経哲手稿』の解釈にもどる。「類的実在」の人間的側面は,さらにどのように現れるのか。マルクスによれば,「意識的な生活活動」をするのが人間の本性であるから,人間は人間自身の類もその他の類も,実践的かつ理論的に人間の対象にするのみではなく,自分にたいしても「ある普遍的な,それゆえ自由な存在にたいしてのようにふるまうのである」(S.368.104頁)。この箇所はとくに意味がとりづらい。つまり人間が他のすべての類的実在を実践的・理論的に把握して活動するのみならず,自分の自我を人類的普遍性のあり方にまで意識的に拡大し,それとの一体化を自覚するなかで,真の自由を獲得するということが意味されているように思われる。個と普遍の統一の,しかもしっかりと実践にもとづいた真の自覚といえようか。さらにここからマルクスは,はっきりと労働論にはいりこむ。「ある対象世界を実践的に生み出すこと,非有機的自然に労働を加えることは,人間がひとつの意識的な類的実在としての実を示すことである。」(S.368.106頁)

　マルクスによれば,「自由な意識的活動」をおこなう人間は,動物と異なり,肉体的欲求に迫られなくても自由に生産するし,美の法則に従っても生産する。こうして,人間は深く広く「全自然を再生産する」(S.370.107頁)。

　「したがって人間は,まさしく対象的世界の加工形成のなかではじめて現実的に,ひとつの類的実在としての実を示す。この生産は人間が仕事に従事する類的生活である。」(S.370.107頁)ところが,疎外された生活環境においては,人間がまさに意識的存在であることがアダになって,「自分の生活活動および自分の本質を,ただ自分の生存のための一手段にすぎなくする」(S.369.106頁)。まさにここに,疎外論的な転倒現象が生ずる。マルクスはここでは具体的に述べてはいないが,以上のことは,資本制生産に由来する疎外された分業体制と商品交換のなかで,人間の「類的実在」＝共同性が転倒されたかたちで「実現」されているということを意味するだろう。かつての共同生活からも土地からも「自由」となった人間は,労働力を日々,資本家にやむえず売ることによって,

人間を根源的に支える類的実在性を，賃金＝貨幣という疎外態を利用することによって，不自由なかたちで社会から切り取ってようやく生活しているといえるかもしれない。

「だから疎外された労働は，人間から生産の対象を奪い取ることによって，それは人間からその人の類的生活を，現実的な類的対象性を奪い取るのであって，動物にたいする人間の長所を，自分の非有機的身体（sein unorganischer Leib）である自然が奪い取られるという短所に転化するのである。」(S.370.107頁)

ここでは，疎外された労働が，人間の自由な活動を単なる生活のための手段に引き下げ，人間の類的生活も労働者の肉体的生存の手段にしてしまうことが示される。ここではじめて，人間は「非有機的身体」としての根源的自然から切断・分離されるに至る。マルクスはここに，ある種批判の意味をこめている点に注目すべきである。この意味でマルクスは，「疎外された労働は人間から……自然を疎外する」(S.369.105頁) と指摘するのだ。明らかに，「非有機的身体」という概念は，人間にとっての自然の喪失の状況を批判するための機軸となるものであり，現存の疎外された社会を批判するための原点の役割をなしている[*5]。

以上のようにして，動物的普遍性から始めて，連続的に，労働の論理によって人間的普遍性へと展開するマルクスの構想は，このかぎりでは，エコロジカルな意味でも必要不可欠ではないだろうか。この点での了解がなされなければ，現実社会が高度な産業社会であるかぎり，問題解決のためにその生産性をある程度下げる可能性があるとしても，現実社会の分析と展望はありえない。それともクラークらは，封建制，農奴制の社会，およびそこにおける生産力にまでもどるべきだというのだろうか。

---

5) なお，『経哲手稿』の「疎外された労働」を含む第1草稿ののちに執筆されたと推定される，いわゆる「ミル評注」を考察する必要があると思われる。だが，ここでは「類的生活」「類的行為」などという表現はあるが，「類的実在」という表現それ自体は見あたらないようである。「ミル評注」では，全体として人間相互の共同的関係にスポットライトが当てられており，人間－自然関係はテーマとなっていない。*MEW*, Ergänzungsband I, 445ff.『マルクス・エンゲルス全集』第40巻，大月書店，363頁以下参照。上記第1草稿と「ミル評注」の人間本質論のアプローチの相違については，『マルクス経済学・哲学草稿』（前掲），120頁以下参照。

第2章　「自然は人間の非有機的身体である」の予備的考察　　　165

　「自然は人間の非有機的身体である」という命題も，以上の本格的な展開を了解するなかで，はじめて正しく把握できる。ここで明らかになったように，この命題は，人間の唯物論的事実を明示するものであり，現実の人間のこうむる経済的疎外を批判するための原点であった。同時にこの事実は，自然の問題が実は人間社会の問題として具体的に再把握されなければならないことを物語る。「自然は人間の非有機的身体である」に関するさらなる具体的展開は，マルクス中期の著作『経済学批判要綱』で現れる。この考察は第4章でおこなう。なお『資本論』では，この表現は見られないようである。暫定的結論としていえば，クラークは『経哲手稿』の当該箇所をマルクス原典に即して緻密に解釈せずに，マルクスをマルクス主義者の従来の不十分な解釈とほぼ同一視したのちに批判している。流布する俗流的見解とそこから発生するイメージに依拠して批判するのでは，深いレベルの真実はつかめない。だがおそらく，クラークのマルクス（主義）批判を読んだ者は，彼をそれでも肯定する場合が多いのではないかという気がするし，ここまで検討されても，マルクス（主義）にはまだ問題がおおいに残っているという印象をもつ人々が多いと想定される。さらに，議論を進めたい。

第3章

マルクスの《自然弁証法》は成立するのか？

―――――

1 マルクスにおける人間―自然関係の4つの基本規定

　以上で私は、『経哲手稿』を中心に、マルクス「自然は人間の非有機的身体である」の命題を内在的に分析してきた。ここではさらに、より広く、シュミット、デュリッチのマルクス論を検討するなかで、マルクス固有の自然観、人間―自然関係の認識を総括し、後述の議論の基本視座としたい。

　ここでマルクスの《自然弁証法》といっているのは、後述するように、ミハイロ・デュリッチの論文「マルクスにおける自然弁証法の端緒」に由来する。また興味深いことに、フォスター／バーケットも「マルクスの自然弁証法のエコロジー的転化」について語っている［Foster/Burkett 2000, 416］。自然弁証法といえば、エンゲルスの専売特許とされており、マルクスはこれをあまり歓迎しなかったと評価されることもないわけではない。はたしてマルクスの自然弁証法などありうるのだろうか。もしそれが成立可能ならば、それはさきの「自然は人間の非有機的身体である」という命題や、エコロジー思想全体とどう関わるのだろうか。

　さてクラークのマルクス批判を正確にとらえようとするさいに、もちろんマルクスが人間―自然関係について何を考えていたのかを全体的に、適切な仕方で解釈する必要がある。私見では、この点でまず以下の4つの点がきちんと了解されなければならない。

（1）　ともかくもマルクスは，人間以前に現存する自然の存在を積極的に承認している。しかもその自然は，人間を介さないで自己運動する物質として認められている。彼は『経哲手稿』において，聖書の天地創造の物語を批判して，「大地の創造ということは，地質学によって，すなわち地球形成，大地の生成をひとつの過程，自己産出として示す科学によって，強力な打撃をうけた。自然発生（generatio aequivoca）が創造説への唯一の実際的論駁である」（S.397.159頁）と述べる。また『ドイツ・イデオロギー』においても，人間にたいする「外的自然の先行性（Priorität）」[*1]について言及されている。さらにまた，マルクスはダーウィンの進化論をおおいに歓迎している。この進化論こそ，人間以前の生命的自然物質の自己運動の証拠である。この自然は，人間以前にあり，むしろ人間を産出し，人間のなかで依然として働くところの，何か根源的な自然（スピノザ的にいえば，能産的自然 natura naturans）である。とはいえ，公平な見方をすれば，マルクスはそうした自然観について，多くの言を費やしているわけではなく，議論は大部分，人間と自然の実践的関係の考察に集中しているし，そこにまたマルクスのメリットもある。

（2）　(1)とは逆に見えるが，マルクスは『経哲手稿』で，フォイエルバッハの自然哲学やヘーゲルの思弁的観念論を批判して，人間から切り離されて考えられるような自然は「無」である，とも主張する。「しかしまた，抽象的にとられた自然自身は，人間から切り離されて固定された自然は，人間にとって無である。」（S.416.238頁）ここでのマルクスの叙述は，ヘーゲルの論理学から自然哲学への移行についての批判に関わって述べられており，マルクス自身の表現として，すっきり言明されているわけではないので，注意を要する。この点では，以下のような背景的文脈が見られるだろう。……ヘーゲル観念論は，世界なしの抽象的な論理学のみでは現実的に無内容であるので，この「抽象」的思考から自然という現実世界を「直観」して獲得することへと移行しようとした。ここにヘーゲル哲学体系における「論理学」から「自然哲学」（実在哲

　1）　*MEW* 3,44.マルクス／エンゲルス『ドイツ・イデオロギー』（服部文雄監訳）新日本出版社，1996年，33頁。なおこの箇所は，エンゲルスの筆跡とされている。

学)への移行の必然性がある。ヘーゲルにとって,論理学の抽象的カテゴリーの群れとその組み合わせは,いわば現実世界の創造以前の神の計画書の内容であり,それに従い,現実の世界は描かれる。そこで描かれた自然世界が最初の現実世界となる。そこで現実世界ははじめて,人間に「直観」されることとなる。

さてここで,さきの「自然は無である」という命題が現れる。いずれにせよ,ヘーゲルにとって,ここで論理学から自然哲学への移行が語られている (S.415f.236頁)。だが,マルクスによれば,以上の展開をするヘーゲルによって現実の自然世界はとらえられていない。なぜなら,自然は,抽象的カテゴリーの単なる現実化 (いわば化身) としか見られていず,本当の物質的な自然世界とはみなされていない。おそらくマルクスは,ここでの文脈では,自然とは何かについては,それを論理学の現実化・外化として見ることが批判されるべきことは当然だが,その批判を完遂するためには,現実の人間活動を媒介させて自然をとらえることが不可欠だと考えたのだろう。そこで,さきの「抽象的にとられた自然は無である」という批判が出たものと見られる。いずれにせよ,この箇所では,それ以上マルクスは語っていない。

(3) (1)と(2)の整合的な媒介は,マルクス自身がおこなっている。その媒介項は,人間社会のありようが,「自然は人間の非有機的な身体である」という認識を大前提として (当然,ここで「外的自然の先行性」は含意されている),人類は労働と産業によっていかに自然を把握し,それを変革・利用してきたのかという,《実践的唯物論》の観点である。「自然科学はとてつもなく大きな活動を展開し,たえず増大する材料をわがものとしてきた。……しかし自然科学はそれだけいっそう実践的に,産業を介して,人間生活のなかに食い込んでこれを変形し,人間的解放を準備したのである。産業は人間にたいする自然の,だから人間にたいする自然科学の現実的な歴史的関係である。」(S.395.157頁) 自然の性質・構造・運動などは,もちろん自然科学が精密に解明する。フォイエルバッハも当時の自然科学を熟知し,そこからみずからの自然哲学を展開した。だが,産業と社会発展を除いては,自然科学の存在根拠とその現実的意義はつかめない。フォイエルバッハに欠如しているのは,人間と結

合したこの実践的自然観である。人間とのこうしたリアルな関係が考察されず，その条件から切り離されれば，自然とは人間にとってまさに「無」でしかないといえよう。だが，それはもちろん，人間以前の，人間の手の届かない自然は存在しえない，ということを意味するわけではない*2。

　したがって(1)と(2)は論理的に背反しあわない。進化論的に先行する自然から産出された人類の祖先は，まさにそうした自然存在であるからこそ，みずからの類的実在性を発揮して，労働・生産の論理によって，外的自然との再結合を果たさなければ生存できない。

(4)　(1)と(2)が(3)の具体的認識によって媒介されたが，さらにマルクスの構想によれば，むしろ自然の客観的論理と人間の主体的論理は，区別されながらも，相互にどこまでも深く一体化しているのである。この論理は，すでに第Ⅰ部2章で展開したし，さらにのちほど見るように，シュミットが明示したものである。当時の『経哲手稿』のマルクスにとって，むしろ自然の歴史と人間の歴史は唯一の歴史のなかの2つの部分として連続しあい，前提し，重なり合うという雄大な構想が存在した。

　　「〔人間の〕歴史そのものは自然史の現実的な一部分であり，人間への自然の生成の現実的な一部分である。自然科学はのちには人間の科学を包摂するだろう。ちょうど人間の科学が自己のもとに自然科学を包摂するであろうように。すなわちそこに，ただひとつの科学

---

2)　(3)の項目について補足したい。『ドイツ・イデオロギー』に即して付言すれば，マルクス／エンゲルスは「外的自然の先在性があくまでも残る」と承認しつつも，自然哲学者フォイエルバッハを批判する。「産業と交易がなかったらどうして自然科学などありえようか」，「こうした人間の歴史に先行する自然なるものは，フォイエルバッハが暮らしている自然ではもちろんないし，おそらく最近誕生したいくつかのオーストラリアの珊瑚島のうえの自然ならば別だが，今日ではどこにも現存しない自然，だからまた，フォイエルバッハにとっても存在しない自然なのである」(*MEW* 3, 44. 前掲訳，33頁)。つまり彼らにとって自然は歴史的にも先行して存在したし，現在でもなお，独自の運動を続けていることは承認するが，自然はそもそも，人間と社会による産業と実践的変革の対象であり，社会的産物として再措定されているのが事実である。地質学や進化論などによって自然の先行性が解明されてきたとしても，まさにそうした自然科学そのものが社会の実践的産物である点をきちんと洞察する必要がある。自然の真理を提供するはずの自然科学そのものが現実社会と人間活動から切り離されて中空で自己運動しているわけでもなく，自然自身も自然観もまた人類史のなかで，大きく変化をこうむってきた。

が存在するであろう。」(S.396.158頁)

　人間世界と自然世界は,「人間への自然の生成」として,こうして対立しながらも連結される。マルクスにとって,人間は自然から切り離されてとらえられてはならない(自然中心主義の側面)。「自然は人間の非有機的身体である」という問題の命題は,この事実を端的に表明している。だが,同時にまた,自然は人間から切り離されてとらえられては,抽象化されてしまい,リアルにはとらえられない。さきに述べたように,そうした自然は「無」にすぎない(人間中心主義の側面)。このように,人間と自然は相互に密接に結合されてとらえられなければならない。「自然は人間の非有機的身体である」という例の命題も,くり返すように,マルクスの自然中心主義の考えに関係するが,同時にまた,自然を人間との関連でとらえるという方向性もそこに含まれている。すなわちこの命題は,人間の受動性(自然主義)と能動性(人間主義)の統一を表現しているともいえる。この命題は,さらにまた,『経哲手稿』段階におけるマルクスの将来社会(共産主義)の展望とも結合する。というのも,「共産主義」は,ここで詳論できないが,「自然主義 Naturalismus」と「人間主義 Humanismus」の相互貫徹と規定されるからである (S.389. 391.146, 148頁)。

2　シュミットによるマルクス自然観の摘出

　こうしてマルクスの《自然弁証法》の可能性を追求するには,上記の4つの論点を考慮する必要があるだろう。以下においては,上記の観点を踏まえつつ,シュミットとデュリッチの見解を検討したい。
　まず,マルクスの自然観をもっとも詳細に考察したシュミット『マルクスの自然概念』についてであるが,私はすでに彼の自然観を十分に考察してきたので(第Ⅰ部2章),ここでは簡単に扱いたい[*3]。
　さてシュミットは,マルクスの考察する自然存在が,基本的に人間の

---

　3)　以下, Alfred Schmidt, *Der Begriff der Natur in der Lehre von Marx*, Europäische Verlagsanstalt, Frankfurt a. M. / Köln, 1978. 元浜清海訳『マルクスの自然概念』法政大学出版局, 1971年, の原文頁と翻訳頁を本文中に併記する。

実践と産業に媒介されたものとして,「社会的・歴史的性格」(S.7. v頁)をもつという。これは前節の(3)に該当する論点である。この点で自然は,よかれあしかれ人間に価値づけられ,人間に利用される存在なのである。だがここで問題であるのは,シュミットがマルクスの自然観を詳細に論じているのに,エコロジー的問題意識がほとんど欠如していることである。これは彼がエンゲルスの「自然弁証法」を徹底して批判する点ともつながるが,西欧マルクス主義にほぼ共通のヒューマニズムないし人間中心主義に由来するといってよい。成熟期マルクスにたいする次のような把握は,エコロジー的問題意識の発達した現代では,鈍感といわれても仕方がないであろう。すなわち,彼の理解するマルクスによれば,「新しい社会はただ人間にたいして役立てばよく,しかも明白に外的自然に負担をかけて (auf der Kosten der äußeren Natur) である。自然は巨大な技術手段をもって,最小の労働と時間の支出によって支配される (beherrscht werden) べきであり,すべて考えられるべき使用財の物質的基体として万人に役立つべきである」(S.159.175頁以下)。

　控えめに「外的自然に負担をかけて」(翻訳ではここは「外的自然を犠牲にして」となっている) と訳したが,これと「自然の支配」などの表現は,これがマルクスの考えだとされている以上,こうした表現から,人々はマルクスのなかに反エコロジカルな思想を発見することだろう。

　だが,それにもかかわらず,シュミットには別のマルクス自然観の解釈がある。彼は上記の人間の労働と産業に媒介された具体的自然観のほかに,マルクスには「自然と社会の両契機を包括する実在としての自然」(S.8. vi頁) という考え方があるという。実はシュミットが取り出すマルクスのこうした全体論的自然観は,「自然の社会的媒介と社会の自然的媒介」の統一なのである。人間と自然の相互浸透というこうした認識は,前節の(4)ですでに指摘しておいた。この自然観の明白な提起に,彼のマルクス解釈の大きなメリットがあるといえよう。前者の「自然の社会的媒介」はあくまで,現実の自然が人間の社会的実践にどこまでも媒介されて成立しているという側面であり,さきの「社会的・歴史的性格」のことである。だがシュミットによれば,自然は社会に還元されえず,むしろ逆に,「社会はひとつの自然的カテゴリーを表示するという逆の命題が妥当する」(S.66.66頁)。これは『経哲手稿』の表現でいえば,

第3章 マルクスの〈自然弁証法〉は成立するのか？ 173

「人間は自然の一部である」という考えに重なるだろうし、のちにマルクスが『資本論』で、「資本制生産の自然法則（Naturgesetz）」について語り、経済的社会構成体の発展全体を「ひとつの自然史的過程」などと述べたことにもつながるだろう（MEW 23,15f.①9頁以下）。マルクスによれば、社会のなかにもある種の自然法則が貫くのである。そしてこの基礎には、「外的自然の先行性」の承認が見られるだろう。こうして、社会活動は自然的なものに媒介され、それによって貫かれているという発想が、マルクス固有のものとして、正当にもシュミットによって取り出されたのである。

だが興味深いことに、この何か雄大な自然観はシュミットによって、「マルクス固有の思弁」（S.78.79頁）、「消極的存在論（negative Ontologie）」（S.74.74頁）などと否定的に評価されてしまう。こうしてシュミットは「自然の社会的媒介と社会の自然的媒介」のうちの前者の側面のみを積極的に容認し、後者の側面には否定的であり、ここにエルンスト・ブロッホ同様の「自然思弁的・ロマン主義的特徴」（S.96.Anm.18.254頁）が存在するとまで指摘する。だが、シュミット自身が同書の「あとがき」で告白するように、彼によるマルクスの自然観解釈はここで大きな困難に陥っている。

ここで詳論できないが、この点で『資本論』におけるマルクスの労働過程論を再読することは有効であろう。

「したがって労働はさしあたり、人間と自然のあいだのひとつの過程、すなわち、そこにおいて人間が自然との物質代謝を自分の行為によって媒介し、規制し、統制するひとつの過程である。人間は自然質料そのものに、ひとつの自然力として立ち向かう。」（MEW23.192.①312頁）

マルクス労働過程論には、2つの側面がある。第1の側面は、スミス、ヘーゲルらから継承した、人間重視の「主体的側面」であって、そこでは労働は生産物を形成する理性的で合目的な活動であり、そこで自然は道具や機械によって統制される。ここでは、シュミットのいう、自然の「社会的・歴史的性格」に注目され、「自然の社会的媒介」が妥当する。もしこの側面のみが強調されるならば、クラークは、マルクスを西洋近代の人間主義を免れていないと非難することだろう。だが、農業化学者

リービヒらから学んだ第2の側面こそ，人間と自然のあいだの「物質代謝」という，労働の「客観的側面」である。その点で，「物質代謝」とは，自然物質とエネルギーが社会のなかへと同化・吸収され，さらに異化・排出されるという客観的・自然的過程を意味する。ここでは，シュミットのいう「社会の自然的媒介」が，つまり人間社会へどこまでも自然物質が浸透するという側面が強調される。そして労働する人間も「ひとつの自然力」であるとするならば，まさにそこには，自然の流れと循環しか存在しないとも見られる。もしその自然物質が何らかの社会的要因で汚染されていたり，その流れがとどこおったりすれば，そこに環境の破壊・汚染の問題が発生する。こうして，この労働過程論に人間と自然の相互媒介の論理が貫く。ここには，バーケットの言を借りると，「エコロジー的に規制された労働 eco-regulated labor」［Burkett 1999, 41］の構想が発見される。だが，シュミットはこの「社会の自然的媒介」の側面を正しく位置づけられなかったのであり，「物質代謝」に関しても，それに注目しながらも，エコロジーや環境問題と結合することができなかった（以上，第Ⅰ部3章に詳しい）。

3 デュリッチによるマルクスの《自然弁証法》

　実はデュリッチはすでにシュミット『マルクスの自然概念』を読んでいる。しかし，彼はその事実を示すだけで，ほとんどそれ以上何もシュミットに触れない。だがそれでも，マルクスの自然観にたいする彼の解釈は，シュミットに比較してマルクス内部のより深い理論的整合性をとらえているように見える。
　デュリッチの論文「マルクスにおける自然弁証法の端緒」[4]は，シュミットを超えて，大胆にマルクスの〈自然弁証法〉を，マルクス自身の思想としても重要なものとして肯定しようとする。「〔マルクスの〕自然弁証法の理念は，マルクス主義的伝統への何ら偶然の付け足し，副次的

---

4)　Mihailo Djurić, Der Ansatz einer Dialektik der Natur bei Marx, in: *Perspektiven der Philosophie*, Bd. 4, 1978. 以下，本文中に頁数を記す。

で付属的な付け足しではない。」(S.264)「マルクスは人類史の展望から，自然に接近した。彼は自然を人間とのもっとも直接的な結合にもたらした。つまり自然を，人間の物質的生産過程と結合させた。」(S.265) このように主張するデュリッチは，自然を人間活動との連関でとらえ，逆に人間をつねに自然との連関でとらえるのがマルクスであるという。まさに前者の側面が，ほぼシュミットのいう「社会的・歴史的性格」，すなわち「自然の社会的媒介」の側面であり，後者の側面こそ，シュミットがその前で挫折した「社会の自然的媒介」の側面である。

　デュリッチのこの弁証法的な自然観は深く整合的で，シュミットのアポリアをのり超えようとしている。自然進化の科学的事実を前提に，人間社会の現象もすべて，人間という自然力によって営まれるかぎり，それを「社会の自然的媒介」として位置づけるという，ある種の唯物論的発想は，正当に理解されれば，何ら神秘的なものはないだろう。デュリッチがいうには，マルクスは人間存在を自然現象に還元もしないし，逆に自然を人間の産物にも還元しない。「自然は単に人間的実践の産物でもなく，〔逆に〕人間は自然過程の受動的帰結でもない。」(S.266f.) この把握は，自然を一種の（人間中心主義的な）構築主義によって解釈することも避けようとするし，「外的自然の先行性」ないし自立性を承認しつつも，自然中心主義にも陥らない。実はまさにこうした構想は，本論で探究してきた命題「自然は人間の非有機的身体である」の考えと整合的といえよう。『経哲手稿』の表現でいうと，類的実在としての人間は，その動物的普遍性によって，自己の自然性のゆえに外的自然を「非有機的身体」であるほどに不可欠としていた。だが，それだけの主張ならば，そこに自然一元論が見られるだけである。クラークならばそれで満足するかもしれない。しかしマルクスによれば，その類の人間的普遍性によって，自然を普遍的に再生産するものとして，人間は独自の側面をもつ。自然の過程はたえず人間的過程へと転化している。だが，だからといって，そこで「人間は自然の一部である」という側面が消失するわけでもない。第4節で述べるように，フォスター／バーケットならば，そこには自然と人間の「共進化」の事実があるというだろう。

　人間と自然のあいだのこうした両面批判的・アンチノミー的表現（SはPでもないし，非Pでもない）は，そこにこそマルクス自然観の理解の

ための鍵があるものといえるだろう。デュリッチによれば，「マルクスは自然が人間に対立して絶対的に『第1のもの』とみなされるべきだと信じていないし，自然に対立して人間が絶対に『第1のもの』とも信じていない」(S.270)。私見では，この人間－自然関係のパラドキシカルな認識は，まさに弁証法によってのみ，正しくとらえられるものである。ここで詳細に展開はできないが，自然を第1と考えること（自然中心主義）は，人間－自然関係に関する《客観的端緒》とみなせ，人間を第1と考えること（人間中心主義）は，人間－自然関係に関する《主体的端緒》とみなせるだろう。両者がともに端緒とみなせるかぎり，それらは矛盾する。だが，「客観的端緒」「主体的端緒」と区分されるかぎり，そこにある矛盾はさしあたり解消する。それでも，この2つの端緒は同時成立的であるはずであり，その同時成立の論理が発生する現場を探すことがさらに必要である。そこに対立物が統一される地点があるだろう。そしてそれこそ人間の労働・生産の現場であり，そこではまさに人間は自然を所与の大前提として，自己の「非有機的身体」である自然に向き合わなければならない。そのとき同時に，人間は主体的に「ひとつの自然力」として自然に働きかけ，道具や機械，総じて技術によって自然を利用し，わがものにする。したがって，ここでは人間という《主体的端緒》と自然という《客観的端緒》は，同時平行的に措定されて働くといえるのではないだろうか[*5]。

4　デュリッチの見解への留意点

　以上で，デュリッチは，シュミットのアポリアを切り開く展望を提起したといえる。マルクスの議論が難解であるとはいえ，そこに論理的背反や理論的破綻が存在したわけではないであろう。そのなかでデュリッ

---

　5)　すでに私は，拙著『ポスト・マルクス主義の思想と方法』（前掲）の第1章5節「マルクス主義哲学の基本性格をめぐって」において，こうした弁証法的問題構成について具体的に展開した。同書で展開したように，この矛盾をはらんだ論理展開は，マルクス哲学にとっても，それどころか広く哲学そのものにとっても不可欠なものとして，何らかのかたちで対応されなければならないものである。

チが提起した4つの主張をさらに検討したい。

(1) デュリッチは，以上のようにして，人間と自然のあいだの区別を消し去ろうとはしない点に注意すべきである。この点で，たしかにクラークの自然的全体論とはスタンスが異なる。デュリッチの理解するマルクスは人間中心主義も自然中心主義もともにとらない。またはマルクスは，この両者を高次元で統一する。こうして，「人間と自然の統一は，マルクスによれば，両者の差異性のなかに基礎づけられる」(S.267)。「マルクスは人間と自然の同一性を，両者の非同一性の局面のもとで堅持しようとした。」(S.271) したがって，弁証法的な論理表現を使えば，ここで人間と自然の「対立物の統一」（区別・差異のなかでその統一が獲得される）が要請されているといえるだろう。

(2) (1)のすぐれた視点がありながらも，実は奇妙なことに，シュミット同様，デュリッチにも環境問題やエコロジーとの関連で自然を論ずるという観点がないのである。私は彼が思想的にいかなる人物か知らないが，彼はユーゴのプラクシス・グループに属していたのかもしれない*6。したがって，そのすぐれた人間－自然関係の把握は，現実問題とそれほど結合しているわけではない。彼は労働過程における「物質代謝」の箇所を引用するにもかかわらず，シュミット同様，そこにあるエコロジー的な意義に気づかない。だが環境問題という現実と結合することによって，デュリッチの論文は急速にリアリティをもって輝きだしたといえるのではあるまいか。

(3) さて，(1)の視点はさらに次のように進展していく。「自然が客観的に存立するとしても，自然はいつも同じ姿にとどまるという意味での完成した作品ではなくて，利用されるために人間に提供されるところの……生きた潜勢力（Potenz）である。」(S.268)「詳しく見ると，人は次

---

6) デュリッチは現在，ニーチェ研究者として活動しているようである。M. Djurić / J. Simon, *Nietzsche und Hegel*, Königishausen + Neumann, Würzburg 1992. などの著作がある。同書によると，現在，ベオグラード在住である。なお彼は，*Praxis*: Yugoslav Essays in the Philosophy and Methodology of the Social Sciences, Edited by M. Marković and G. Petrović, D. Reidel Publishing Company, Dordrecht, Holland etc. 1979. に，"Homo Politicus" という論文を書いているので，プラクシス・グループの一員だったかもしれない。

のことにただちに気づく，マルクスが労働を，自然界への人間の本質的に創造的な介入として，自然自身の生産可能性の本質的に創造的な価値増大としてとらえたということを。」(S.282)

　デュリッチのこの主張は，現代エコロジーの観点からどう受けとめればいいのだろうか。マルクスはここで人間中心主義へ偏向したのだろうか。クラークならば，ここでやはりマルクスの自然観は人間中心主義に傾斜していくと批判するかもしれない。これはある意味で，人間は自然のスチュワードであり，管理者であるという考えに近いかもしれない。ジョン・パスモアは，進化の先端にいる人間が自然を管理し，世話をするところに，自然にたいする人間の責任があるという。これが「スチュワード精神」である。またパスモアのいう「自然への協力」という考えも，自然に人間が創造的に介入して，自然を完成させるということを意味する以上，ここでのデュリッチの考えに近いであろう。パスモアはマルクスを厳しく批判するが，それでもこの考えこそ，ここで描かれるマルクスそのものではないだろうか[7]。

(4)　デュリッチは，従来，シュミットら西欧マルクス主義などから批判されてきたエンゲルスの客観的な「自然弁証法」の構想をどのように受けとめているのだろうか。周知のように，エンゲルスは当時の自然科学を理論的に総合し，自然の客観的で弁証法的な運動と構造を明らかにしようとした。実はこの点が，はっきりしない。彼はただ，エンゲルスの「自然弁証法」にたいするルカーチたちの批判（自然には単に相互作用しか見られない，そこに自然主体の汎神論的・物活論的見方が潜む，など）を紹介するだけで，その代わりにマルクス的自然弁証法を提起するのである。いずれにしても，エンゲルスの「自然弁証法」には，消極的なように見える。

　　7）　パスモア『自然に対する人間の責任』（間瀬啓允訳）岩波書店，1998年の第2章「スチュアード精神と自然への協力」を参照。マルクスへの批判は，同書，322頁にある。パスモアはマルクスをフィヒテ，ヘーゲルらのドイツ観念論の継承者とみなしているようだ。なお韓は，このパスモアの立場を，「温和な人間中心主義」と規定するが，適切な把握であろう。韓立新『エコロジーとマルクス』（前掲），105頁。

さて，以上の(1)に関連して付言しておきたい。さらにデュリッチは「人間と自然の分割は，自然弁証法の第一の根本的前提である」（S.284）とまで断言する。この箇所は気になる点であって，そこまでいわれると，彼自身のいままでの主張を裏切っているようにも見える。こうした結論だと，クラークならば，やはりこれは二元論的主張であると，不信感を増大させることだろう。正確に表現すると，人間と自然の「統一」と「分割」の両方がマルクス的自然弁証法の第一前提なのではないか。なぜなら，くり返し述べてきたように，単なる人間中心主義（「分割」を強調）も，単なる自然中心主義（「統一」を強調）も，マルクスは取らないのであるから。そして，上記の(3)については，微妙な問題に遭遇したといえるだろうが，マルクスがどの程度それを明確に超えているかは別として，彼を単なる「修正的・管理的環境主義」と規定することはできないだろう。

実は『組織と環境』誌では，ここでも議論となった人間／自然，さらに同じ趣旨であるが，文化／自然，構築主義／実在論，相対的文化論／科学的実在論などの対立に関して，きわめて斬新な議論がエイドリアン・イヴァクニフによって展開されている。この二分法の克服の問題は，「自然は人間の非有機的身体である」というマルクスの命題をより発展させるものでもあるので，彼の見解を少し紹介・検討して，本章を閉じたい。

イヴァクニフは「本稿が自然と文化の非二元的な理解を発展させる計画に寄与する」と述べつつ，ポストモダン的な人間批判，主体性批判を念頭において，人間と動物が共有する身体と欲求のレベル，さらにオートポイエーシス，自己組織化の議論から始めるべきであるという。たしかにこの視点は，人間／自然という二分法を超えるものだろう。こうしておのおのの生命体が環境世界として形成する現実世界のリアリティは，人間と動物が共通にもつものであり，そのなかで動物も人間も「行動」する。そこに共有されるものは，「人間性」ではなく「動物性 animacy」といえるものである[*8]。

---

8) Adrian Ivakniv, "Toward Multicultural Ecology," *Organisation & Environment*, No.4, December 2002, p.391. なお animacy は訳しづらいことばだが，人間固有の「人間性 humanity」と区別して，人間と動物に幅広く広がる生命活動を考慮し，「動物性」と訳した。

「『動物（animal）』，『生命（anima）』ということばと同様に，『動物性』は，語源的に気，呼吸，魂，生命性などに根ざしており，そのようなものとして，多くの環境論者が長く批判してきた世界の機械論的モデルにたいし，うまい具合に賛成できる挑戦として役立つかもしれない。自然の観念をただちに呼びおこす『社会』や『文化』とは異なり，『動物性』は人間の有機体と人間でない有機体のあいだのギャップを架橋する。」[*9]

ここでジェームズ・J・ギブソンの「アフォーダンス」（知覚と行為の相補性）の理論も援用されるが，この「動物性」の議論は，マルクスの「自然は人間の非有機的身体である」の命題をもあらたに根拠づけるものだろう。というのも，『経哲手稿』のマルクス解釈ですでに展開されたように，マルクスは動物にも共通する特徴から始めて，人間固有の労働論へと展開したからである。ここでは，人間／自然という二分法を超えるために，その中間領域である動物的生命のもつ自然との関係が対象となっているからである。こうした唯物論的取り扱いは，西欧マルクス主義がエンゲルスの「自然弁証法」にたいして執拗にくり返して批判してきた論拠を掘り崩すであろう。そこでは，「動物性」に弁証法はあるのかという微妙な問題（第Ⅰ部1章3節ですでに論じた）が現れるからである。

---

9) *Ibid.*, p.396. なおイヴァクニフは，動物レベルでは「主体」という表現は使わず，animate agency（動物的作用因）という表現を使っている。

補論3　マルクスの「社会的自然属性」

　マルクスの《自然弁証法》と関わって，ここでたしかに弁証法的社会認識との関連で，いままで述べられなかったマルクス自然概念（「自然」という用語）についてあらたに言及しておく必要がある。これはシュミット『マルクスの自然概念』においてもテーマとならなかったものである。だが，マルクス経済学をまともに検討した者であるならば，ある意味で既知のものともいえる。ここでその自然概念について述べておかなければ，一面的といわれても仕方がない。本書では，いままで，エンゲルス同様の「自然弁証法」の構想，それに依拠する根源的自然の構想，社会のなかで労働や文化に媒介された自然観，人間の歴史と相互に媒介される自然の歴史の構想，――以上のものがマルクスの自然の見方にあることを主張してきた。これにまた，本書第Ⅰ部4章2節で提起した，「本性」という意味での自然の考えもマルクスに見られることも付加できるだろう。

　だが，ここで問題としたいのは，マルクスが社会批判，経済学批判と関わって展開してきた自然（法則）概念である。これから述べるように，マルクスが「社会的自然属性」というとき，これは何か労働生産物として社会化された自然のありようなどを意味するのではない。しかし，これはある意味で，弁証法に満ちた自然概念といえないこともない。

　マルクスの自然（法則）概念には，以上の意味での多様な自然概念のほかに，社会領域内での使用法がある。それは，ある意味で，本来的な物質的自然概念との類推によって使用されているが，細かく述べると，2つの場合があるように思われる。

　第1は，人間の意識から独立に，まるで本当の自然法則であるかのように社会のなかで人間に強制的に作用する，一種の社会的な法則のことである。たとえば，『資本論』にそって商品生産社会を例示すると，商品所有者が商品交換をするさいに，そこで彼ら自身が商品相互の交換を規制するのではなく，逆に，社会に必要な労働時間の客観的法則が，

「たとえば，だれかの頭上に家が倒れてくるときの重力の法則のように，統制的な自然法則（regelndes Naturgesetz）として強力に貫徹する」（*MEW* 23, 89.①101頁），という場合である。社会的分業における生産の無政府性においては，自分たちが共同でつくっているはずの社会の法則が，むしろ「統制的な自然法則」として人々を襲い，翻弄する。とくに当時，約10年ごとに現れた恐慌などがその典型であろう。それはまるで，「重力の法則」のように，強制的に社会を貫徹する。このときマルクスは，「関与者たちの無意識にもとづいているひとつの自然法則（ein Naturgesetz）」というエンゲルスの表現を，註で積極的に引き合いに出している（*MEW* 23, 89.Anm.28.①101頁）。ここでは，自分たちの社会的行為が結果的に産出したはずのものが，自分たちの意識とは関わりなく，あたかも自然法則のように自分たちに襲いかかってくるという意味合いがある。これは，生産関係の物象化ないし自立化という事態であり，労働者のうえにふりかかる「残酷な自然必然性 eine grausame Naturnotwendigkeit」（*MEW* 23, 189.①227頁）なのである。この呼称は，生活のための歴史貫通的な条件としての労働過程を，「人間生活の永久的な自然条件（Naturbedingung）」（*MEW* 23, 198. 241頁）にする，という場合の自然概念とは明確に異なるだろう。前者が社会的に疎外された場合であるのにたいして，後者は，資本制社会に限定されず，人間が生活するかぎり必要な「自然条件」である。

　第2は，とくに資本家が，資本制的生産様式を「社会的生産の永遠の自然形態（die ewige Naturform）と見誤る」（*MEW* 23, 96.Anm.32.①108頁），といわれる場合である。このさい，さきの第1の場合とやや異なり，ここでの自然法則は，人間本性に調和的なものとして現れる。たとえば，ブルジョア経済学者は，封建的制度は何らかの意味で「人為的 künstlich」で不自然だが，資本制社会はむしろ「自然的 natürlich」で，人間本性に適合的とみなすという。マルクスによれば，これはちょうど，自分たちの信ずる宗教は自然的であるが，そうでない宗教はすべて人間の発明として，不自然とみなす神学者と似ているとされる。こうして近代ブルジョア社会は，何か永遠の自然法則によって動いているように錯視されてしまう（*MEW* 23, 96.Anm.33.①109頁）。資本制生産におけるこの自然法則化の完成形態は，マルクスによれば，土地にたいして地代が，資本にた

補論3　マルクスの「社会的自然属性」　　　183

いして利子が，労働にたいして労賃が，それぞれ当然にも適正に支払われるという，「三位一体の範式」である。そこでは，搾取にともなう「すべての媒介（Vermittlung）が消え失せ」（MEW 25, 825.⑤1048頁），資本も，独占された土地も，労働手段にたいして「自然的形態 natürliche Form」（MEW 25, 833.⑤1057頁）のように見える。こうして，「この三位一体の範式は，支配階級の収入の源泉の自然必然性（Naturnotwendigkeit）と永遠の正当性を宣言し，ひとつのドグマに高めるのである」（MEW 25, 839.⑤1064頁）。すなわち，地代・利潤・労賃がそれぞれ地主・資本家・労働者に正当なかたちで支払われるとすれば，そこには原理的に何の矛盾も軋轢も起こるわけはなく，資本制社会は調和に満ちた「自然的形態」をもった社会であり，永遠に続くべき体制とみなされる。

　以上のいずれの自然（法則）概念にも，大きな共通性がある。というのも，両者において，本当は社会領域における人為物であるはずなのに，あたかも永遠の自然法則であるかのように錯視されるという特徴がそこにあるからだ。つまりそこでは，一般に「社会的な自然属性 gesellschaftliche Natureigenschaft」（MEW 23, 107.①124頁）ともいうべきものが存在する。ここにこそ，資本制社会を自然で人間的ないい社会，あるいは別に選択肢などあるはずがない社会，と考えるイデオロギー発生の経済メカニズム上の根拠がある。マルクスは，等置される2つの商品において，等価形態におかれる金や銀が，その物理的な姿のままですでに貨幣とみなされると述べる箇所で，「社会的な自然属性」という表現を使用する。だがもちろん，貨幣は，価値形態論で論証されたように，商品交換の一連の発展過程のなかでようやく一般的価値形態として出現するのである。ここでは，「〔価値形態論が暴露した〕媒介する運動が，運動そのものの結果では消失し，何の痕跡（Spur）も残してはいない」（MEW 23, 107.①124頁）。こうして，金という自然物質は，「媒介する運動」を消失して，「社会的自然属性」として，生まれながらに（自然に）貨幣であるように見える*1。

　1）　かつて前著『ポストマルクス主義の思想と方法』こうち書房，1997年の付論4の第3節で，私は，マイケル・ライアンが「痕跡の消失」というとき，それは，マルクスの「媒介する運動が，運動そのものの結果では消失」するという表現に対応する，と述べた。さらにいえば，実は，「痕跡の消失」というデリダ的表現は，さきの「痕跡 Spur」がそのまま示すよ

以上のような社会批判の認識装置としての自然（法則）概念は，人間主体と客体の弁証法的転倒関係をはらんで成立するものであり，マルクスの資本制社会批判に不可欠なものである。だがもちろん，いま述べた物象化的な自然概念や社会に媒介されたかぎりの自然しかマルクスは承認しなかったと結論すれば，それはいままで明らかにしてきたし，シュミットも力説したように，事態を単純化することとなる。マルクス自然観の多面性をできるだけ正確に把握するという作業が必要なのである。

うに，直接にマルクスに由来する。Michael Ryan, *Marxism and Deconstruction*: A Critical Articulation, The Johns Hopkins University Press, Baltimore/London, 1982, pp.50ff, 今村・港道・中村訳『デリダとマルクス』勁草書房，1985年，96頁以下参照。

第 4 章

フォスター／バーケットのクラーク批判
―― 論争の第 1 ラウンドの終結 ――

1 フォスター／バーケットの《エコマルクス主義》

　フォスター／バーケットの論文「有機的／非有機的関係の弁証法」［Foster/Burkett 2000］は，本論第 2 章でまとめられたクラークの批判点のおもに(1)と(2)に関わっている。そこでの彼らの反論は，その領域が自分たちの専門とする《エコマルクス主義》であるので，クラークのマルクス批判に関してきわめて詳細に対応しており，かつ自信に満ちたものだという印象を受ける。とくに彼ら 2 人はこの間，それぞれ独立の著作を出しており［Burkett 1999］［Foster 2000］，その成果をおおいに利用しつつ反論しているので，ますますそうした印象を強めている。
　たとえば，すでにバーケットは 1999 年出版の自著『マルクスと自然』で，以下の 3 つのマルクス批判への論駁を目標として掲げていた［Burkett 1999, vii］。
　(1) マルクスが「生産主義的」ないし「プロメテウス的」見解の虜になった。
　(2) マルクスの自然分析は，生産への自然の貢献を排除ないし軽視した。
　(3) マルクスの資本制批判は，自然の問題ないし生産の自然的条件とは関係をもたない。
　とくに(1)に関しては，共産主義が自然への完全な支配へと向かう資

本主義を拡張するなかで計画された，などの見解にたいする反批判を含んでいる。この点で，すでに彼の著作はクラークらの見解を実質的に反駁していると見ていい。たしかに，バーケットの著書は，エコロジー，環境問題，自然観などに関するマルクスの叙述を実に細かく網羅しており，その点で，マルクス像を徹底して一新させた。そのさい彼は，マルクスの弁証法的方法を掲げることによって，マルクスには自然問題に関する首尾一貫したアプローチが欠如しているのではないか，という偏見に立ち向かっている（p.2ff.）。そして彼は，こうしたマルクスに注目する立場を，すでに「エコロジー的マルクス主義者（またはエコマルクス主義者 eco-Marxist）」と呼んでいる（p.vii）。

そしてフォスター，バーケットの両著作に関する書評も出たが，とくにバーケット『マルクスと自然』に関しては，そこで大きな問題点が提起されている。当然ではあるが，バーケットの著作でシュミット『マルクスの自然概念』が取り上げられていた。ところが，シュミットはフランクフルト学派の一員として，西欧マルクス主義の観点からエンゲルスを強く批判していることもあって，書評では，マルクスとエンゲルスの関係が問題視されている。実は，その問題がバーケットによって議論されていないが，両者の「知的関係」——「エンゲルスの弁証法的思弁」と「マルクスの政治経済学批判」の関係——はどのように扱われるのか，という疑問が提示されている［Sheasby 2000, 110］。たしかにバーケットは，「マルクスとエンゲルスのあいだに実在する相違に関しては，しばしば過大評価されてきたと私は信ずる——ときには重大なほどにである」（p.9）と述べて，この問題を深刻には考えていない。「マルクス・エンゲルス問題」は，レーニン主義やスターリン主義の評価とも絡まって従来重視されてきたが，《エコマルクス主義》の成立という新しい時点において，自然観，自然弁証法を中心に，さらにまた別の意味で議論される必要があるものと見られる[*1]。いまこの問題がバーケットに

---

1) この問題を詳細に扱った比較的最近のものとして，テレル・カーヴァー『マルクスとエンゲルスの知的関係』（内田弘訳）世界書院，1995年がある。カーヴァーは，後期エンゲルスがマルクスを誤読し，マルクスが積極的に賛成しなかった自然弁証法の構想をマルクスに押しつけたという。なぜそれをマルクスが黙認したかというと，両者のあいだの長い友情関係，両者の指導者としての役割，エンゲルスによる資金源の確保，などの事情があったと推測する（同書，156頁など）。私はエンゲルスがマルクスの《実践的唯物論》を後期になっ

たいし向けられているということを付加したい。さて同時期に，ジメネツの論文「エコロジーはマルクスを必要とするのか？」が公刊されたが，彼女の考えは，ほぼフォスター，バーケットの考えと基本的に同一であり，エコフェミニズムについて明確に批判しているので，第6章でアリエル・サレーを扱うさいに検討したい［Gimenez 2000］。

さて，フォスター／バーケットの共同論文は緊密に絡まりあってひとつの統一的内容を構成しているが，あえてそれを以下の4つに区分して紹介・検討しよう。

(1) 「非有機的自然」「非有機的身体」などの用語に見られる「非有機的」の意味あいを明らかにする。
(2) マルクスの命題「自然は人間の非有機的身体である」をさらに詳細に，『経哲手稿』に続いて『要綱』に即して，その意図と内実を内在的に明らかにする。
(3) この命題について現代の自然科学の知見などを絡めて，その現代的な解釈や意義づけを試みる。
(4) 以上の展開によって，逆にクラークのエコロジーの問題点を詳細に明るみに出し，そのことによって，《エコマルクス主義》の正当性を浮かび上がらせる。

2　「非有機的」とは何か？

まずフォスター／バーケットは，クラーク以前にも，マルクス（主義）に見られる反エコロジー的見解を批判した者がいることを紹介する。ロビン・エッカースレーはすでに「自然は人間の非有機的身体である」の主張を批判しており，さらにケイト・ソーパー，ヴァル・ラウトレー，サレー，ジョン・オニールらのマルクス（主義）批判である。だがこうした批判は，従来のエコロジー的問題意識のないマルクス主義者に妥当したとしても，マルクスそれ自身には妥当しないといわれる。

フォスター／バーケットは，マルクス『経哲手稿』に即して，「非有

て十分に展開しなかったという批判に賛成するが，いま展開されているように，マルクスは事実として，もっと自然問題に関心をもっていたのである。

機的身体」に関する言明を引用し，その意味を明らかにする。そして，農業化学者リービヒらにも学んだマルクスが有機的生命体である動植物の活動を含んだ，自然界の物質循環という当時のテーマについて熟知していたといわれる。とくに当時，農業の資本主義化のなかで，土壌に含まれる有機物質の不足が深刻な問題となり，イギリス帝国主義はペルーにまで海鳥の残した糞化石を求めていったのである。そしてそのうえで，「ここでは非有機的（inorganic）という用語は，人間の主体的な活動（労働）および人間の身体的必要性の達成の条件として，人間が固有にもつ，自然の『外部性』と『客観性』に言及するために使用される」（p.412）と結論される。本論第Ⅱ部2章以下で『経哲手稿』に即して展開したように，これは妥当な解釈である。こうして，「自然は人間の非有機的身体である」というマルクスの言明は，「マルクスの批判者が主張する種類の一面的な反エコロジーの人間中心主義をほとんど含んでいない」（p.413）と評価される。以上のように，フォスター／バーケットは，ヘーゲル『自然哲学』における有機的／非有機的などの用法を参照しつつ，マルクスがこうした自然哲学や当時の自然科学の水準にそって，柔軟にこの両概念（有機的／非有機的）を使用したことを主張する。

「非有機的」という用語に関連して，彼らが指摘したヘーゲルについて補足したい。私見では，まことに注目すべきことに，たしかにヘーゲルは「自然哲学」において，植物や動物という生命的有機体が，外部の「非有機的自然 unorganische Natur」と関わることによって生きていくことをしばしば述べている[2]。動物の営みであれば，この「非有機的自然」のなかに他の動植物が属すると当然考えられる。こうした用法は，動植物の生命的有機体一般（ヘーゲルの場合）と人間（マルクスの場合）とい

2） Hegel, *Enzy.* Ⅱ, Suhrkamp, §286, 352, 293, 359, 361, 371. を参照。ごく一例を挙げる。たとえば，『自然哲学』第352節でヘーゲルは，動物的有機体に関して，「みずからの他者と，すなわちみずからの非有機的な自然と関わり，この自然を観念的に自己自身のうちへ措定する理念として――これが同化ということである――考察しなければならない」という。ヘーゲルによれば，動物的有機体は，つねに他者である「非有機的な自然」（このなかには非生命的自然，さらに他の動植物が属するだろう）を摂取し，同化する運動体なのである。樫山・川原・塩屋訳『世界の大思想・ヘーゲル』河出書房，290頁参照。

う差はあるが，明らかなようにマルクスの用語法と同じ発想であり，生命的有機体という主体が他者を「非有機的自然」として利用して生活するということが共通に語られる。この点ではまず，ヘーゲルに従って，「自然は動物の非有機的身体である」といわれるべきである。以上のヘーゲルやマルクスの意味では，「非有機的」とは，けっして「非生命」を意味するのではなくて，より全体的に，生命体のもつ必要不可欠な自然環境の特質を意味する。

　ところで，マルクス自身の自然科学研究について付言すれば，彼の「自然科学の抜粋」が，新メガによって1999年の時点で出版されている。そこでマルクスは，もちろん生命としての「有機体 Organismus」や「動物的有機体」について，さらに「有機化学 organische Chemie」について驚くほど詳細で専門的な抜粋を残している[3]。したがってもちろん，マルクスにとってある意味で，人間以外の生命も「有機体」であることは自明のことである。またマルクスが，ダーウィン進化論の場合も含めて，このように当時の自然科学の発見に積極的に学んでいることは注目に値する事実ではないだろうか（すでに，第Ⅰ部4章1節で，ケドロフのエンゲルス研究に関しても，同様に述べた）。マルクスは社会認識，社会批判にのみ関心をもち，エンゲルスのようには，自然認識には関心をもっていなかったという説は，一種の偏見であろう。マルクスは自然科学にたいしても，それほど無関心でも素朴でもない。

　さて，この「非有機的自然」という用語に関しては，マルクスは上記のヘーゲル自然哲学をひとつのヒントにしたのかもしれない。だが，たしかに，動植物が自己と他者（非有機的自然）とを二分し，後者を利用するからといって，クラークといえども，動植物をマルクスにたいするのと同様に非難しようとは思わないだろう。すでに第2節で『経哲手稿』にそって読解したように，この自然的事実を踏まえてマルクスの労働論は開始される。

　3）　Marx, Naturwissenschaftliche Exzerpte und Notizen, in: *MEGA*, Ⅳ-31, 1999. なお，マルクスによるこれらの抜粋とノートは，1877年から1883年までのものと推測されている。渋谷一夫によれば，マルクスが化学を系統的に勉強しようとした理由は，飽くなき探求心なのか，化学の理論の批判的検討をおこなおうとしたものか，農業や工業への化学の実践的応用への関心なのか，現時点では不明であるという。渋谷一夫「マルクスの化学にたいする関心」，『経済』2002年6月号，115頁参照。

以上のように，当然にもマルクスは，動植物が生命的有機体であることを了解したのちに，それでもなお，動植物を含めた「自然は人間の非有機的身体である」という命題を残したのである。なぜそうした理論設定をしたのか，このことがより深く解明されなければ，有効なマルクス解釈になりえない。そしてまた，「自然は人間の非有機的身体である」という主張は，たしかにいままで明らかにしてきたように，『経哲手稿』の当該箇所を丁寧に読解すれば，マルクスがより深い意味で使用してきたことが明らかになる。ところで，さらにフォスター／バーケットは，『要綱』の「非有機的身体」論をいくつか引用し，「非有機的身体」ないしそれと同義の「非有機的条件」という用語の弁証法的柔軟性を主張する。残念ながら『要綱』を引用しての彼らの説明は簡単すぎ，おまけにこの箇所はかなり難解であるので，十分な読解がなされていない。だが，中期の著作とみなされる『要綱』でも，「非有機的身体」などに関して，継続的な説明が見られることは注目に値する。彼らに代わって，『要綱』の議論を紹介・検討したい。

3 『経済学批判要綱』における「非有機的身体」論

　まず注目すべきは，プルードン批判にともなって現れた以下の箇所である。フォスター／バーケットが引用する箇所（p.412）に，私なりに補足を加えよう。この箇所でプルードンは，「労働の自然的・客体的条件にたいして……個人がもつ前ブルジョア的関係」を問題にしているという。「というのも，自然的といわれるのは，労働する主体が自然的個人，自然的定在であったように，人間労働の最初の客体的条件は，自然，大地，つまり自分の非有機的身体（unorganischer Leib）として現れたのであって，この場合，労働する主体そのものは単に有機的身体であるばかりではなく，主体としてこの非有機的自然（unorganische Natur）だからである。」（S.392f.②138頁以下）。

　フォスター／バーケットがこの箇所を引用したのは，ここで労働主体がただ，外部に「非有機的身体」をもつ，ひとつの「有機的身体」として一義的に見られるのみではなくて，この労働主体も実は「非有機的自

然」に算入されることもありうるという意味で，マルクスの「非有機的」という用語が弁証法的柔軟性と多義性に富んでいることを示唆し，もってクラークの単純化されたマルクス解釈を批判したかったからである。彼らにそれ以上の説明は存在しない。だがこの箇所は，かなり難解で謎めいている。なぜ以上の場合，労働する主体が単に「有機的身体」であるのみではなくて，「非有機的自然」にもなるのか，そのことはマルクスでははっきり説明されていないようである。ここで私は，第1に，『要綱』で自然が「非有機的身体」といわれたことの基本的理由を述べ，第2に，労働する主体が同時に「非有機的自然」にもなるという点に言及したい。

以下，第1の点について。

フォスター／バーケットは説明していないが，実はこの箇所は「資本制生産に先行する諸形態」といわれる，資本制以前の本源的な共同体（アジア的，古典古代的，ゲルマン的などの諸形態）について論じた箇所である。なぜこうした共同体的な社会の説明のなかで，「非有機的身体」「非有機的自然」などという用語が頻出するのだろうか。それは簡単にいえば，こうした本源的共同体のなかで，ある意味で，人間の原初的事実が開示されるからであろう。こうした共同社会では，「生産の本源的条件」（S.396.②145頁）ともいわれる外部の自然的条件は，資本制社会の場合とは異なり，労働の結果ないし労働の産物とはまだなっていない。この条件は，まさにその労働の大前提である「自然的・非有機的条件 natürliche, unorganische Bedingungen」（S.393.②140頁）として，人間にとって自明の，まさに「自然的」事実として見いだされる。ここにはまだ，人間と自然（大地）との直接的結合関係が失われてはいない。資本制社会の発生時点において労働主体と自然・土地との分離がなされるとすれば，それこそあらためて説明されなければならない歴史的新事実なのである。周知のように，それが資本制生産発生時の「本源的蓄積過程」という歴史的現象であった。こうしたマルクスの理解によれば，「非有機的身体」という用語は，動物的状態から継承した人間の根本的かつ自然的なありようを物語るのであり，その「自然的・非有機的条件」から脱して近代化をはかった社会こそ，いま私たちが住む資本制社会であり，そこでこそはじめて土地が商品化され，自然が利潤追求の対象とみなさ

れ,そのために自然が道具的・功利主義的に利用されるのである。とすれば,クラークの批判はかなりの程度見当外れといえないこともないだろう。少なくとも,彼の批判は,ここでもマルクスの意図を押さえてはいず,浅いレベルにとどまっている。マルクスは自然と人間をともに搾取する資本制社会を批判するための原点として,「非有機的身体」「非有機的自然」の構想を展開したのであるから。

こうして「資本制生産に先行する諸形態」では,いわゆる本源的蓄積によって,労働者が共同体から遊離し,「自由な」存在として資本の主体的条件に組み入れられる以前の,自然と大地に育まれ,かつそれに緊縛されていた人間の状況が問題となっている。まさにマルクスは,ここで人類史における資本制社会成立の特異性について語っているといえるだろう。また見られるように,「非有機的身体」などに関するマルクスの考察は,『経哲手稿』の段階よりも,さらに社会科学的に具体化されていると思われる。

第2の点について。

ところでマルクスは,『要綱』の別の叙述において,奴隷や農奴の形態では,労働主体が家畜と並んで,また土地の付属物として「生産の非有機的条件 unorganische Bedingung der Production」(S.393.②2140頁)となっており,その他の自然物の列のなかに置かれている,と指摘する。こうした叙述は,たしかにフォスター/バーケットが指摘したように,外的自然を「非有機的身体」と固定的に見るクラークにとって,わけのわからないものとなるだろう。こうして,奴隷制や農奴制では,労働主体は当然にも生物学的には「有機的身体」でありながら,「非有機的自然」「生産の非有機的条件」ともなっている。ちなみにマルクスは,『経哲手稿』においてであるが,「封建的土地所有」では,農奴が「土地の属性(Accidenz)」となっており,土地が通例,○○男爵の土地,××伯爵の土地といわれるように,農奴もまた各々の「領主の非有機的身体(der unorganische Leib)」のように見えると指摘する(S.359.89頁)。もしそうだとすれば,いま検討している『要綱』の叙述とつなげて読むと,土地の付属物である農奴たちも,広くすべて「領主の非有機的身体」である,と説明することも可能であろう。

ちなみに中村哲は,以上の論点と関わって,「資本制生産に先行する

第4章　フォスター／バーケットのクラーク批判　　　　　　　　　　193

諸形態」におけるマルクスの問題設定の独自性を，『資本論』などの場合と比較して丁寧に分析している。彼の説をここで援用したい。彼によれば，本源的共同体の所有にたいしては，「人間と大地＝自然との本源的結合」[*4]が存在するという。そして，マルクスによって多様に提起されている前資本主義的関係を，資本制社会と比較して，①低次の関係，②より恵まれた関係に区別する。前者は奴隷制，農奴制など，労働者が客体として，生産手段と結合している状態であり，後者は，労働者が主体として，生産手段・生活手段の所有者となる場合である[*5]。私見では，後者は，イギリスなどにおける前資本主義段階の独立自営農民といえよう。

　以上の中村の見解は私のそれと合致する。私はここで，推測的に以下のことを述べておくにとどめる。歴史的発展段階を，無階級の本源的共同体，前近代の奴隷制，農奴制などの階級社会，そして資本制社会と区分した場合，「自然は人間の非有機的身体である」ということが，本源的共同体においては直接に妥当する。階級社会である奴隷制，農奴制では，依然として「自然は人間の非有機的身体である」ということが妥当するが，他方，以上の『経哲手稿』に明示されたように，それが階級社会であるかぎり，奴隷，農奴などはその主体性を剥奪され，「非有機的自然」にも転化する。あるものが「非有機的自然」といわれるかぎり，どこかにそれにたいする「主体」が設定されているはずだが，農奴制でいえば，領主がその主体であり，そこで農奴は「領主の非有機的身体」に転化するのである。そして「自然は人間の非有機的身体である」という命題が人間にとっての根源的かつ超歴史的事実であるかぎり，資本制社会にとっても，この命題は回復されるべき事実として妥当する。だがそれは，労働力商品の売買によってしか回復されないのである。

　　4）　中村哲編著『「経済学批判要綱」における歴史と論理』青木書店，2001年所収の中村「マルクスの歴史分析の方法」（第1章），29頁。
　　5）　同上，29頁以下参照。

4 「自然は人間の器官（organ）である」について

　いずれにせよ，これだけの深みをもつのが，マルクスの「非有機的身体」論であって，単に彼が自然を道具視・手段視したという議論だけで終わるべきものではない。むしろクラーク自身の考えにとっても，人間と自然の連続性を説くこうしたマルクスの構想は案外興味深いのではあるまいか。ところで，こうした人間中心的自然観発生の誤解を与えるさらなるマルクスの考えに，「自然は人間の Organ（器官，道具）である」という思想がある。フォスター／バーケットはこの問題にも触れている（p.413）。すなわち，マルクス『資本論』では，労働手段として自然を利用する人間においては，「自然それ自身が人間の活動の器官（Organ）となり，人間が自分の身体器官（Leibesorgan）に付加して自分の自然の姿を延長する一器官となる」（MEW 23,194.①235頁）という記述がある。ここでの労働過程は，もちろん資本主義のみならず，「人間生活の永遠の自然条件」（MEW 23,198.①314頁）として，歴史貫通的にあらゆる社会段階に不可欠のものとして規定されている。これは何も，資本制社会だけの話ではない。こうして人間は，みずからの「根源的な武器庫」（ibid. 前掲訳）である自然から，たとえば，投げたり，こすったり，切ったりするための石を，自分の身体の延長器官として利用するのである。この場合，Organ が「器官」とも「道具」とも訳されることに注意すべきである*6。すなわち，マルクスの使用した Organ ということばに「道具」の意味も含まれるからといって，だからマルクスは自然を道具化したのだと非難するのは，短絡的であるといえよう。

　この点で，さらにクラーク自身が「高度に歪んだ身体意識」の発現とみなした，『要綱』におけるマルクスの人間－自然関係の評価もまた，フォスター／バーケットによって弁明される。マルクスは以下のように述べる。

　……自然は機械をつくらないし，機関車，鉄道，電信，ミュール自動

---

6) 語源的にいえば，organisch, unorganisch ということばは，Organ に対応するギリシャ語 ὄργανον（①道具，②身体器官，の意味をもつ）に由来する。つまり生命の有機体は，身体内部に多様な器官を進化させて活動する存在であると理解できよう。

第4章　フォスター／バーケットのクラーク批判　　195

織機などもつくらない。それらは人間の産業の産物である。人間は自然の材料を「人間の意志の器官 Organe des menschlichen Willens」へと転化させ，生産物をつくる。「これらの器官は，人間の手で創造された，人間の頭脳の器官であり，対象化された知力である。」(S.582.492頁)

　ここにある自然観，機械観は，見方によっては，自然をみずからの身体のように都合よく使い回す人間中心的なものに映るかもしれない。だがフォスター／バーケットによれば，これはさきの「自然は人間の非有機的身体である」と同根の議論であり，労働過程にともなう本質的な考えである (p.413f.)。実はここでの解釈は，彼らの現代生物学の知見につながっている。そのことをさらに次に述べよう。

5　「自然は人間の非有機的身体である」の現代的解釈

　フォスター／バーケットによれば，人間の器官という考えは，実はダーウィン進化論に由来するという。そこでは，「自然のテクノロジー」と「人間のテクノロジー」の連続性と類比が見られる。つまり動植物も進化の過程で，自らの身体を特殊化させ，特殊な器官＝道具を有機体内部に創出するが，まさに同様に，人間の発展段階では，労働過程でさらにこの器官を発達・延長させるのである（ここで彼らは，この問題に関連したエンゲルスの論文「サルがヒトになることに労働はどう関与したか」を参照する）。こうした発想もまた，マルクスに由来する。彼は，『資本論』の機械制大工業について展開した箇所で，ダーウィンに言及する。「ダーウィンは自然的技術学の歴史に，すなわち動植物の生活のための生産用具としての動植物の器官の形成に関心を向けた。社会的人間の生産的器官の形成史，特殊な社会組織の物質的基礎の形成史も，同様な注意に値するのではないだろうか。」(MEW 23, 392.Anm.89.①487頁) ここでマルクスは，自然の歴史と人間の歴史を連続的に眺め，これを，器官を形成する技術学的観点から説明する。

　こうして，彼らはここに，「マルクスの自然弁証法のエコロジー的転化」(p.416) を洞察する。これはどういうことか。現代の自然科学者スティーヴン・グールドによる，「遺伝子－文化の共進化 (coevolution) の

最良の例はエンゲルスによってなされた」という表現が引用されて、生物的進化論における生物と環境との交流過程（遺伝子のレベル）と、人間が労働によって自分を形成する過程（文化のレベル）とを二重に重ねて事態を見るという雄大な展望が、まさにここで唯物論的に語られたのである。「共進化」とは、ダーウィン的な自然の進化と人間社会の発展とを、弁証法的に相互浸透化するかたちで考察するものであって、ここにエコロジー的発想とつながったマルクスの《自然弁証法》が見られるというのである。そしてたしかに、猿人から人類への生物学的進化は、人間社会および文化の初発的形成と事実上、重なっているのである。さきのシュミット、デュリッチらの自然と人間の相互結合の考えを、ここにつなげて見ることも可能であろう*7。フォスター／バーケットでは、ダーウィンの生命進化のみならず、エピクロスら古代ギリシャ以来の唯物論の哲学史を展望しつつ、人間を含んだ自然世界の物質代謝と物質循環を説く農業化学者リービヒらの当時の自然科学的知見までも総合して、まさにここで自然と人間の共進化の発想が展開される。

　だが、ここで注意を要するのは、「遺伝子−文化の共進化 gene-culture coevolution」といっても、同一表現を用いる E. O. ウィルソンらの遺伝子決定論の場合とは異なる考えであるだろう*8。さらにまた、いわゆる社会ダーウィニズムは、原理的に、マルクス主義的唯物論の構想とは背反するといえよう。ここでは、単にダーウィン的進化論を史的唯物論の発展観と単純に結合すればいいわけでもない。さらにまた、倫理学的次元の話であるが、ピーター・シンガーは、進化論とマルクス主義的人間観の差異を踏まえつつ、単に理想主義的ではない「互恵的利他行動」という動物の本性に注目しつつ、その種の行動を育む社会構造を展開すべきだと考える。ここでは、シンガー自身によって「ダーウィン主義的左翼」といわれるような進化論とマルクス主義のあらたな結合関係が模索

　　7）　この点では、ハーバマースもまた、最近の人類学の成果に依拠してマルクスの史的唯物論を再検討しつつ、猿人から人類への進化の段階を、「生命有機体の発展と文化的発展のメカニズムの絡み合い Ineinandergreifen」とみなす。この指摘は、実質的に「共進化」を意味している。Jürgen Habermas, *Zur Rekonstruktion des historischen Materialisumus*, Suhrkamp, Frankfurt am Main, 1995.S.147. ハーバマース『史的唯物論の再構成』（清水多吉監訳）法政大学出版局、2000年、171頁。

　　8）　ウィルソンについては、河野勝彦『環境と生命の倫理』（前掲）、106頁以下参照。

されている[*9]。

　フォスター／バーケットはダーウィン的進化論を，倫理学的次元では問題にしてはいないようである。だが，自然史的過程というマクロ次元で，彼らは以下のように指摘する。「労働はマルクスにとって，単に非有機的自然を支配する人間の拡張を意味するのではなくて，むしろそのなかで人間がより大きな唯物論的かつまたエコロジカルな条件に依拠していた，エネルギー転化の一過程となったのである。このことがマルクスの分析を，そこで〔労働に関して〕自然の役割が単に受動的であった，そうした純粋に道具的な展望という考えから，さらに前進させたのであった。」(p.419) まさにマルクスは，以上の批判的でエコロジカルな視点から，農業における土壌などの汚染・貧困化，農村と都市の分裂，都市のスラム化，労働者＝環境的弱者の問題，廃棄物問題，総じていえば，資本による物質代謝の攪乱・亀裂 (metabolic rift) の問題に取り組んだのであった。これらの問題群をフォスター／バーケットは彼らの著書で詳論しているのである。これこそ，「自然哲学への唯物論的・弁証法的なアプローチ」であり，ここに「現代のエコロジー的観点」が見られるといえよう (p.419)。

6　クラークの問題点とフォスター／バーケットに残された問題

　以上でフォスター／バーケットの持論が明らかにされた。いままでにもある程度示されたと思うが，彼らの《エコマルクス主義》の特徴は，さしあたり以下のようにまとめられよう。
(1)　人間の主体性，労働を中心におくエコロジーとして，基本的に人間－自然関係に力点を置く。
(2)　あくまで資本制社会批判，市場経済批判を基盤にすえるエコロジ

---

　9)　ピーター・シンガー『現実的な左翼に進化する』(竹内久美子訳) 新潮社，2003年，参照。

ーである。
(3) 「唯物論」と「弁証法」の哲学的伝統を自覚的に継承するエコロジーである。
(4) 従来の政治経済学のみならず，近代自然科学の成果を十分に利用したエコロジーである。

(3)について補足すれば，フォスター／バーケットは唯物論については規定しているが，弁証法とはどういうものかについては，意外とあらためては議論していないようである。弁証法を頻発するわりには，その説明が希薄といえる。これもひとつの問題点であり，この点を最終章で再論したい。いずれにしても，彼らはこうした特徴をもつエコロジーこそ，現実の環境の破壊・汚染・攪乱の問題に有効に対応できるという自負をもっているといえよう。

こうしてフォスター／バーケットは，総括する。

「もし現代世界のエコロジー危機を取り扱うための主要な基準がさらに持続可能な社会（sustainable society）を創造することであり，それが自然へのさらなる持続的な関係を意味するならば，このことは，一面的な神秘的・霊的・ロマン主義的な展望や，未分化の全体論（undifferentiated holism）の強調に依拠しては達成できない。持続可能な社会は，また機械論への依存によっても同様に達成されることはできない。いま必要とされることはむしろ，非決定論的な唯物論とエコロジー的ヒューマニズムであり，それは人間－自然間の弁証法的つながり，人間の意識と自然世界のあいだの弁証法的つながりを認識するものである。」（p.421）

実はこのなかにクラークへの批判も明快に見られる。「一面的な神秘的・霊的・ロマン主義的な展望や，未分化の全体論の強調」という箇所がそれである。さきほどの4つの特徴づけに従えば，クラークらの社会エコロジーは，それと対立する特徴をもつだろう。(1)については，クラークのエコロジーは，人間の主体性や労働を重視するものではなく，全体論的にとらえられた自然を重視する。(2)については，資本主義批判にかならずしも焦点をあてず，西欧中心主義や家父長制などへと問題を広げる。(3)については，弁証法には積極的に言及するものの，クラークの立場は，唯物論というより一種の神秘主義の立場といえよう。(4)

第4章　フォスター／バーケットのクラーク批判　　199

についていえば，自然観を近現代の自然科学の成果に依拠して展開しようという傾向はあまり見られない。

　ところで，クラークの神秘主義への共感は，彼が老子の命題「無名が天と地の根源にある」，ヤーコプ・ベーメの「無底の底」などに積極的に注目し，「西洋唯物論の反精神的傾向」を批判し，宗教そのものには留保しつつも，全自然を包括し，何らかの精神性（spirituality）を保持する「根源的連続体 primordial continuum」を積極的に主張するところに見られる。もし人間以前に，または人間の根底に何らかの超人間的な「精神」を想定するとすれば，それはやはり神秘主義ないし観念論といわざるをえない[*10]。

　たしかにこの点では，以上の4点について，さらにその反駁を明確にすることが，さらにクラークに課されているといえるだろう。つねに内部に区分をもたない全体論的で目的論的な自然観を強調するのみで，労働や生産の問題をエコロジーの観点から具体的に論じないとするならば，それで現実問題を有効に展望できるのかという批判がつねにクラークにはつきまとっている。もし労働や生産の問題をまともに扱うとなれば，そこで人間主体と自然客体というある意味での二分法が取られざるをえないし，ある種の（もちろん限定された意味において）人間中心的な見方も想定されるだろう。フォスター／バーケットによれば，クラークの自然観は，プラトン，アリストテレスに由来する，目的論的で何か神秘的なものであり，ゆえにマルクス主義の唯物論的自然観を敵視するのだという（p.421）。いうまでもなく，《エコマルクス主義》にとっても，機械論や単なる二元論は弁証法の立場から批判されるべきである。

　フォスター／バーケットによれば，問題は，分析を拒否する全体論か，それとも絶え間ない分化（differentiation）か，というように二者択一的に設定されるのではなくて，「差異における統一 unity-in-difference」という複合物を把握する「弁証法的アプローチ」がここで要望される（p.407）。そして，彼らの解釈するマルクスにも，いままで見たように，ある種の全体論や自然一元論の傾向がないわけではなかった。人間も自然の一部であり，ゆえに自然進化のある分岐の突端に人類の歴史があり，

　10）　John Clark, "Social Ecology," *Op. cit.*, pp.14-16.

そこには根源的な「自然史的過程」が貫くのである。そしてマルクス的思考法は同時に、神秘的なものを批判する合理的な唯物論でもあった。だがマルクスには、どうしてもその逆の側面が、まさにその自然的進化の結果としてではあるが、補われなければならない。それが労働と生産の論理であり、そこに人間の独自性を貫く「人間主義」があった。そこでは、人間主体と自然が区分され、自然も産業のなかで人間との実践的関係において再構築・再把握されるべきものとなる。だからこそ、「差異（区別）における統一」という矛盾をとらえる弁証法が必須となるのである。環境問題をひき起こすのも人間であるならば、それを解決する責任と能力をもつのも、同様に人間である。すでに第3章で展開されたように、デュリッチは同様の趣旨で、「マルクスは人間と自然の同一性を、両者の非同一性の局面のもとで堅持しようとした」と述べたのであった。実は、クラークも弁証法を承認するのであり、「多様における統一」〔Clark 1989, 257〕の論理に触れていた。こうして、この論理をより現実的かつダイナミックにすると、初期マルクス的な《自然主義＝人間主義》の構想に到達するのではないだろうか。

　さてフォスター／バーケットは、結論的に、2つの「エコロジー哲学」を区分した。その分岐点は、唯物論的・歴史的であり、性格上、本質的に科学的なエコロジー哲学であるか（ここに「弁証法的」ということも付加していいだろう）、それとも人間中心主義と生態系中心主義との神秘的区分をおこない、自然目的論への何か霊的な暗示を含むエコロジー哲学であるか、ということである（p.422）。いうまでもなく、前者が《エコマルクス主義》の立場であり、後者がクラークによる社会エコロジーの立場である。そして後者の立場では、自然の状況を現実的に把握しないために、資本にとって自然が無償の生産力として現れることが認知されず、自然が経済的に搾取されていることが明確に知覚されないという。

　以上において、フォスター／バーケットの反論の考察を終わる。彼らの反論は、エコロジーの主張に関わるかぎり、全体としてかなり有効であったのではないか。クラークの批判は個々のマルクス主義（者）への批判としては有効かもしれないが、マルクス自身への批判としては、もっとマルクスに内在して展開されるべきだという結論が導かれたように思われる。とはいえ、たしかにマルクスは、クラークがいう「深く有機

第4章　フォスター／バーケットのクラーク批判　　201

的な次元」における根源的自然のありようを，シュミットでいえば「社会の自然的媒介」の側面を，積極的にまとまったかたちで描かなかったといえよう。『経哲手稿』でスケール大きく展開されたこうした哲学的構想は，それ以後の『ドイツ・イデオロギー』では社会科学的な方向へと，禁欲されたように見える。

　そして全体的に見ると，第Ⅰ部1章で示されたクラークのマルクス批判の4つの論点を見るかぎり，(1)，(2)への反論としては，フォスター／バーケットはかなり具体的に展開したと思われるが，(3)，(4)についてはどうだろうか。そして(1)に関しては，クラークが，さきの「深く有機的な次元」に見られる根源的自然観の内容をできるかぎり展開すれば，この論争はもっとかみ合い，有意義となったように思われる。実はその内容は，クラークによって暗示されるだけで，ほとんど述べられていなかった。

　(3)，(4)に関連していえば，エコマルクス主義者のフォスター／バーケットにとって，自分の専門分野を超えて，さらにマルクスを政治，経済，歴史の全体に渡り，しかもソ連，東欧のかつての社会主義・共産主義の分析にまで議論を広げることは，きついようである。この点では，私はいままで，スターリン主義との関係で，「マルクス・エンゲルス問題」を提起しておいたが，これも彼らのアキレス腱になっていると思われる。というのも，彼らもエンゲルスにたいする西欧マルクス主義の強烈な批判は知らないわけではないが，エンゲルス的自然弁証法はむしろ救済したいのであり，その点に関する理論的整理ができていないからである。この点では，マルクス主義の全体が，単に環境思想的なスタンスだけでなく，より広い意味で，哲学史を踏まえて，そもそもいかなる唯物論として把握され，定式化されうるのかという課題が，彼らにたいして控えている。

　クラークが提起した，上記の(3)，(4)に関しては，さらに次章以後に展開したい。いまはフォスター／バーケットが，この批判に応えなかったという事実を確認したい。

第5章

クラークの再批判とサレーの介入

　クラークは比較的短い論文「マルクスの複数の自然観」[Clark 2001]で，フォスター／バーケットに再批判を試みる。かなり充実していると思われる反論にたいして，彼はどう対応するのか。論争を公平に見るために，クラークがこの論文で，フォスター／バーケットの長所をまず承認していることをあらかじめ指摘しておきたい。クラークによれば，彼らは，マルクスとエコロジーの研究にたいして「現実的な貢献」をした。彼らは，「環境的なスチュワード精神（stewardship）ないし管理に関する見解」(p.434) の点で，クラーク自身の認識のあり方も含めて，その方面の多くの他の解釈者が認知していたよりも，実はマルクスの考え方がさらにさきに進んでいたことを示したという。この説明は，マルクスを，スチュワード精神をもった管理的環境主義者として位置づけるかぎり，そのレベルでマルクスを評価するということであろう。さらにまた，クラークとフォスター／バーケットとの大きな共通点をいえば，彼らがともに「弁証法」的発想を重視するという点であることをいまは指摘したい。だが，クラークの弁証法の内実は，フォスター／バーケットの側と同様に，依然として不明なままにとどまっている。

　さて，クラークは一般に，自分の関心が「根本的に弁証法的で批判的な政治的エコロジーの発展」にあると規定する。そのうえで自分の論文が以下の4つの課題を扱うと述べる (p.432)。

　(1) マルクスの思考のなかに多様な傾向と見られるものを取り出す。
　(2) 哲学的言語における目的論（teleology）の意味の分析。
　(3) 本質主義にまつわる論点についての考察。

(4) 「非有機的身体」という用語への簡単なコメント。

論争の発端は(4)のはずだが，その他の論点もこの問題と，多少とも関わる。(3)については，実際はそれほど言及はなく，本論の考察からはかなりはずれると思われるので，省略する。以下，順に見ていく。

1 クラークの再批判——マルクス自然観の3分裂

上記(1)の「多様な傾向」とは，マルクスの自然観が実は3つの層に分裂しているということを意味する。クラークによれば，この点で，3人のマルクスがいる。

(1) 「プロメテウス的マルクス」。火を支配することによって動物から脱した人間は，他の自然を自分の意のままに支配し，利用する。これは前述のクラーク論文「マルクスの非有機的身体」で強調されたものである。

(2) 「自然への管理主義者としてのマルクス」。これはさきの論文で「修正的環境主義」といわれたことと同じと思われるが，この点でマルクスは，エコロジー的スチュアード精神の伝統に立っているとされる。このマルクスが，フォスター『マルクスのエコロジー』とバーケット『マルクスと自然』によって議論された内容であるという。この評価は，本章の始めに述べられたことと同じである。

(3) 「潜在的にエコロジー的な，根本的に弁証法的なマルクス」。このマルクスをフォスター／バーケットは見ていない。彼らは(2)のマルクスで十分だと考えてしまっている。

ここで(3)について付言すると，クラークでは，「真にエコロジカルであること」と「弁証法的であること」とは，どうも同義であるらしい。この立場は，クラークの深い自然中心主義を意味すると思われるが，それでも，残念ながらこの(3)のレベルのマルクスは，マルクス自身に即して総合的に詳しく説明されていない。しかし，シュミットやデュリッチが示したように，マルクスが自然と社会をつねに相互に結合する方向で考えていたとすると，そのなかの人間と社会にたいする自然からの媒介的運動（シュミットのいう「社会の自然的媒介」）が(3)に妥当すると考

えられないこともないだろう。

　クラークは,「事実は, マルクスの考えに現実的な緊張と矛盾があるということだ」(p.433) と述べて, マルクスの考えが, 不整合であり, 事実上分裂していることを主張する。彼によれば, 大きくいうと, マルクスは批判的で弁証法的な方法論をもち, それによって壮大な人類解放の計画を立てた。だが, 他方彼は, その生涯の局面で, 中央集権的で国家主義的な政治をおこなおうとし, 技術的ユートピア主義に陥り, 家父長制的価値観をもち, 近代以後の産業主義の神秘性に陥り, ヨーロッパ中心主義のイデオロギーにコミットした。「産業主義の神秘性 the mystique of industrialism」という表現はよくわからないが, 近代の産業主義の雰囲気に何となく冒され, それを肯定したということだろうか。クラークによれば, この広い問題のありようをフォスター／バーケットは見ていない。以上を見ると, マルクスの矛盾・不整合といわれるとき, 上記の3つの自然観に関するレベルと, いまいわれたマルクス全体の解放思想・政治思想のレベルのものとが存在すると整理できるだろう。

　この点では, 自然観のレベルのものは, マルクスがたしかにそれを十分明快に展開しなかったとはいえ, 相互にかなり深くつながっていることが, マルクス自身に即して, さらにシュミット, デュリッチの見解から, いままでに明らかとなったといえよう。マルクスの第2のレベルの問題点は, 実は最初のクラーク論文ですでに述べられていた論点であった。この点では, フォスター／バーケットのさきの論文は, マルクス主義的社会主義全体への評価という問題を放置しておいたと見られる。すでに述べたように, マルクス主義をその社会主義・共産主義の現実にまで視野を広げると, エコマルクス主義者のフォスター／バーケットには, 手に余る問題となっているといえるだろう。ここでクラークは, 彼らにとって痛い問題を提起したといえる。これはクラークならずとも, 多くの論者が従来, マルクス主義的社会主義に向けて批判的に提起した問題群であり, おおいに客観的根拠があるものである。何らかの意味でマルクス主義や社会主義を肯定するならば, とくにソ連・東欧の「社会主義」崩壊にたいして反省しなければならないだろう。

2　唯物論と目的論の対立

　上記(2)の問題であるが，クラークはマルクス的唯物論といわゆる目的論とのあいだには相互排除の関係があるという。これはフォスター／バーケットも首肯する考えであろう。全体的に世界に何らかの目的が支配するという考えは，観念論であるからだ。いうまでもなく，この箇所は，フォスター／バーケットによる目的論的神秘主義への批判に応えたものといえる。この問題は，自然観の形成と関わって，興味をひくものである。

　クラークはアリストテレスの目的論にはすぐれた面があると指摘しつつ，生物学者エルンスト・マイアを積極的に引き合いに出し，マイアこそ「目的論的言語」(p.435) を用いて，生命の現象を適切に説明しているという。クラークは実は，フォスター／バーケットがマイアをすぐれた「革命的生物学者」と高く評価していることを念頭においてこう述べるのである。マイアを評価するのならば，目的論的発想を見直すべきではないか，というわけである。彼がマイアの「目的論的言語」として挙げているのは，生命に内在し，目標を志向する「目的律的過程 teleonomic process」のことである。これは生物界に多く見られるものであって，動物の移動，補食行動，求愛，生殖の過程などがその例である。さらにクラークは，エコロジー哲学者ホームズ・ロルストンを援用し，アリストテレスの「形相因」こそここで示された「目的」のことであり，現代的にいえば，それはDNAに担われているものとして，生命が自己の種の善性を実現するということを意味する，とされる (p.436)。

　同時にまたクラークは，アリストテレスの幸福主義的倫理学の立場における目的概念を高く評価し，それをみずからのエコロジーと結合しようとする。「エコロジー的な目的論的倫理学の最近の形態は，自己実現の全体論的または全身的な過程に焦点を当てるが，そのなかでは，この自己実現は人間のみではなく，有機体にたいしても，さらにまたエコシステム，種，生命圏にたいしてすら適用されるのである。」(p.436) 興味深いことに，クラークが，目的論的な自己実現の過程を，個々の生命体のみならず，エコシステム全体，生命圏という非生命的物質にも適応さ

せようとする。これはやはり、神秘主義的な全体論といえるのではないか。

実はフォスター／バーケットは、後続の論文では、この目的論の問題にはもはや言及しない。彼らは当然にも、こうしたクラークの構想を神秘主義的と一掃するのみである。そういうわけで、私はここで、もっと詳細にクラークの議論を分析してみたい。そのさい、以上のように、アリストテレス的目的論に関するテーマを、自然科学的なレベルの議論と倫理学のレベルと2つに区分して考えられると思う。だがこの両面とも、私には気になる扱いを含んでいる。

3　科学的議論・倫理的議論・神秘主義

第1に、(自然)科学的な議論について述べたい。

もちろん偉大なアリストテレスの目的論的形而上学全体に何らかの合理的な意味があるといえる。だがそのことは、観念論的基盤に立っているはずのアリストテレスの目的論そのものを全面的に肯定することを意味しない。私見によれば、アリストテレスが、自然を原因から結果への因果関係によって説明することを否定し、降雨は穀物の成長のために存在すると見るのは、もちろん非科学的といえよう。さらにまた、彼が「手をもつがゆえに人間は思慮深い」とするアナクサゴラスの見解を退け、神的な本性をもつ人間は「もっとも賢いから手を得たのだ」と主張するとき、こうした目的論も、実は非科学的であり、結果論的思考であって、実際は何も説明していない[*1]。むしろ中世に支配的であったこうした目的論を打破するところに、近代の自然科学が開始された[*2]。クラークはこうした目的論の問題点を指摘していない。

さらにクラークで問題なのは、アリストテレス的目的論そのものとマ

---

　　1)　アリストテレス「動物部分論」(島崎三郎訳『全集』第8巻、岩波書店)、第4巻第10章にこの説明がある。
　　2)　アリストテレス的目的論から近代科学への展開、さらにエンゲルス的自然弁証法の生成などに関しては、拙著『現代を読むための哲学』創風社、2004年所収の第4章「自然哲学は環境問題とどう関わるのか?」を参照のこと。

イアのいう「目的律的過程」を何となく同一視していることである。実はマイア『進化論と生物哲学』をきちんと読むと，彼が生命の説明のさいに「目的律的過程」を提唱したのは，従来の神学的・神秘的で観念論的な目的論や生気説と，極端な還元主義や機械論を説く立場とをともに退ける第3の立場の模索の結果なのである。マイアがアリストテレスの目的論を評価するのも，彼の観念論的・神学的世界観を排除して，それを遺伝子コードとしてプログラム化されたコンピュータのような働きをするものとみなすかぎりにおいてであり，その意味でマイアは，生命の目的は純粋に機械的な目的性である，とすら述べる[*3]。むしろマイアは，いわゆる従来の目的論的説明をはっきり否定する。彼によれば，そこに含まれる問題点は，それが非科学的・神学的で検証しえないこと，物理化学的説明を許容しないこと，因果律的説明を排除すること，一種の擬人化になっていること，などである（45頁）。いずれも，私には説得的な論点である。

　議論が少し先走ったが，マイアのいう生命の「目的律的過程」とは
　（1）　生物が何らかのプログラムに導かれていること
　（2）　そのなかに予見される何らかの終点・目標があること
　（3）　しかもそのプログラムは遺伝子として，何らかの物質的なものであること

以上を意味する（51頁）。こうして，生命個体にはその成長過程に「目的律的過程」が内在的にあるが，生命的進化全体や宇宙内部にはこうした目的はないというのが，マイアの考えである。したがって，ダーウィンの進化論は，誤って何か進化過程に大きな目的が内在するかのように誤解された場合があったが，実は自然選択や突然変異のなかで有利な形質をもったものがたまたま生き残ったということを意味するにすぎない（110頁）。それは中世的な目的論や生気説と完全に手を切っている。この進化論の説明は，十分に唯物論的かつ科学的といえよう。だからこそ，マイアをフォスター／バーケットは高く評価し，マルクスもまたこうしたダーウィンを高く評価したのである。たとえば，マルクスはフェルディナント・ラサールあての手紙（1861年1月16日）のなかで，ダーウィ

3）　マイア『進化論と生物哲学』（八杉貞雄／新妻昭夫訳）東京化学同人，1994年，35頁。以下，本書の頁数を本文中に記す。

の進化論を称賛し,「歴史的な階級闘争の自然科学的な基礎」をそこに見いだしており, ここで自然科学に残存した「目的論」が致命的な打撃を受けたと述べる[*4]。

むしろ問題であるのは, 逆にクラークの目的論の定義・内実の曖昧さや神秘主義への傾向であろう。目的論と「目的律」の区別と関係をどう考えるのか, クラークはさらにはっきりさせるべきである。それがないので, マイアへの不正確な理解が出てくる。クラークの考え方は, 広い意味でも, あまり科学的とはいえないのではないか。

さて第2に, 倫理的な問題について。

以上に示したように, 倫理的にいっても, 人間やせいぜい生命体のレベルで, アリストテレスのいうデュナミス（可能態）からエネルゲイア（現実態）への発展過程を洞察し, そこに自己実現的な「幸福」の達成を見るのならば, それは興味深い考えといえよう。アリストテレスでは, 万物が自己実現をめざすという「努力倫理学」が説かれるが, 彼がこの論文の別の箇所で引用する, アリストテレス学者でもあるマーサ・ヌスバウムならば, この構想をおおいに首肯するだろう。だが, エコシステムや生命圏の全体にも目的論的な自己実現や一種の倫理的要求を見いだそうというならば, 私はそれを疑問に思う。地球全体が比喩的な意味を除いて, 生命や意志をもつとか, 何らかの全体目的に従って動いているとでもいえるのだろうか。やはりフォスター／バーケットのいうように, クラークは神秘主義的全体観に染まっているのではないだろうか。

ちなみに, 大気化学者であり, 環境思想にも一定の影響力をもつジェイムズ・ラヴロックの「ガイア仮説」にも, 同様の傾向があるだろう[*5]。この考えによれば, 地球はひとつの生きた有機体とみなされるからである。とはいえ, 私見では, 神秘的なものに関心をもつこと自体が悪いのではなく, それをできるだけ科学的・合理的に説明しようとしないで, そこにとどめておく態度が問題であろう。実は神秘主義の危険性と, 科学的ということを絶対化する「科学主義」の危険性は等価であり, ある意味で同位対立に陥っている。自然に何か畏敬の念や神秘的なものを感

---

4) *MEW* 30, 578.
5) ジェイムズ・ラヴロック『地球生命圏　ガイアの科学』（プラブッタ訳）工作社, 1984年を参照。

じたり,さらに自然に感謝の気もちを抱いたりするということは,人間感情にとって自然なことではないだろうか。そして,その傾向と自然現象を科学的に解明することとは矛盾しないで,事実上両立するものである。この点では,レイチェル・カーソンの「センス・オヴ・ワンダー」の発想は微妙な位置にある。この考えを絶賛する人もいれば,懐疑的になる人もいる。彼女は「センス・オヴ・ワンダー」を「神秘さや不思議さに目を見はる感性」[*6]と特徴づけ,世界中の子どもたちに,生き生きした,驚きと感激に満ちあふれた自然との触れ合いを希望する。この感性は,やがて大人になると消失し,彼らはつまらない人工物に夢中になってしまうという。私はいま述べたように,こうした豊かな感性をもとうとすること自体は必要なことだと考えるが,もしそのことが,感性から,自然の内部をさらに解明する理性への移行を妨げるとしたら,そこに問題を感ずるのである。その立場は,一種の神秘主義となるだろう。私は神秘主義にも科学主義にも傾かないのである。

さてクラークに話をもどすと,さきの自然科学的進化論のレベルとここでの倫理学的レベルは,クラークでは,実は一体化している。彼が自然科学の議論にしっかり依拠していないので,私には,彼のエコロジーの基盤はかなり不十分なものと見えてしまうのである。

4 マルクスの物質代謝論・再論

本章冒頭ですでに指摘されたように,クラークはあくまでマルクスの自然観または人間-自然関係の見方が,3つに分裂していると結論していた。そして,「マルクスの思考における葛藤しあう傾向」として,彼のエコロジー的かつ弁証法的な側面とプロメテウス的な側面とをあらためて挙げる(p.439)。ここでくり返せば,前者の側面が,人間を自然の一部と認めること,人間を自然と相互作用する存在とみなすこと,人間をその相互作用のなかで変化する存在とみなすこと,などを含むということである。逆にプロメテウス的側面とは,人間と自然のあいだの相互

---

6) レイチェル・カーソン『センス・オヴ・ワンダー』(上遠恵子訳)新潮社,1996年,23頁。

作用を無視し，人間が自己の力で自然を一方的に支配する状況を意味する。

　もしマルクスの根源的な自然観を本格的に展開するとするならば，大地の造山運動（地質学レベルの進化）を含め，ダーウィン的な自然進化論に注目した，エンゲルスの自然弁証法を補足することがおおいに有益かつ説得的となるだろう。エンゲルスの自然弁証法は，人間から自立した，否，人間を含んだ大きな自然界の歴史的発展と構造を中心対象とするのであるから，これはエコロジー的視点から明確に再読されるべきである。この大きな課題は，すでに本書第Ⅰ部で試みられた。また人間と自然の相互作用というのならば，まさにフォスター／バーケットで提起されている，グールド由来の人間と自然の「共進化」の思想がそれに該当するのではないか。そして実はこうした思想は，マルクスでは基本的に分裂して現れるのではなく，一連の，統一的な構想のなかで示されている。このことも本論のいままでの考察のなかで解明されてきたといえよう。私はただちにのちほど，クラークが問題とする物質代謝論についても，このことをあらためて説明したい（この論点については，すでに第Ⅰ部3章で詳しく展開した）。

　さて，クラークがマルクスの問題点として具体的に挙げている3つの命題がある。第1は，人類が将来，生産過程の監視者と規制者となるというマルクスの考えについてであり（p.433），第2は地球（globe）の所有者というマルクスの考えである（p.434）。第3はマルクス労働論の評価についてであり，そこには，人間と自然のあいだの物質代謝論が含まれている（p.439）。

　第1の論点については，のちにフォスター／バーケットが反論しているので，後続の第6章であらためて議論したい。第3のマルクスの労働過程論の問題については，すでに本書第Ⅰ部3章で説明したので，その内容をくり返さず，以下，必要なかぎりで私見を述べたい。クラークはそこに，「管理主義的環境主義者」としてのマルクスを見いだす。しかし私がすでに述べたように，この物質代謝論をきちんと把握すると，そこにクラークが強調する，自然との相互作用，自然の一部としての人間という側面が読み取れるのである。

　マルクスは生理的過程における当時の物質代謝を大胆に労働過程論

へ読みこんだが，労働過程のなかの客観的・自然的な側面を表すのが「物質代謝」である。物質代謝（Stoffwechsel）とは，字義どおりにはStoff（質料，素材）のWechsel（転換，変換，交代）であることに留意したい。そこでは，人間社会と自然界のあいだの物質とエネルギーの同化（摂取）と異化（排出）の過程が描かれる。それどころか，マルクスは，人間を取り囲む自然内部ですらも「自然的物質代謝」の循環が見られることを述べている*7。もしマルクスの労働論がこれだけの豊かな規定をもっていることが明示されるならば，クラークも納得したかもしれない。労働のこの側面が，クラークのいう，深いレベルのエコロジスト・マルクスの主張そのものであるかもしれない。ここにあるのは，人間という自然と，外的自然界の交流・交通以外の何ものでもないのであるから。

だが周知のように，マルクス労働論は，この客観的側面と，別の主体的側面（人間が目的を理性的に実現する過程）との統一であった。もし労働過程が物質代謝の論理のみでもって説明されれば，それは一面的であろう。そこには労働における主体的側面が不可欠である。マルクスはそこで，ヘーゲル労働論を引き合いにだし，労働が一種の「理性の巧智 List der Vernunft」（*MEW* 23,198.①，315頁）という，目的に合致する過程であるとみなされることを注記すらする。だが，ここでヘーゲルのいうListには，ずるがしこさ，いわゆる「狡知」の意味はない。ヘーゲルが注意するように，これはむしろ公明正大なものである*8。つまり人間はみずからの知性と技術を使い，それなしでは捕らえられない自然物を獲得するのである。魚を釣るためにも，針や糸を考案し，針の先を曲げて餌を付け，いわば魚をトリックにかけてつり上げるのである。クラークはこうした労働における技術的側面をどう評価するのか。

だがそれでも，いままで強調してきたように，こうした「人間のテク

---

7) フォスター『マルクスのエコロジー』にも述べられていないが，実はマルクスは，物質代謝を3つに区分している。この点は，第Ⅰ部3章6節を参照。

8) 「Listは狡猾さ（Pfiffigkeit）とは別物である。もっとも公明正大な活動が最大のListである」と，ヘーゲル自身によって注意される。Hegel, *Gesammelte Werke*, Bd.8, Felix Meiner Verlag, Hamburg 1976, S.207. am Rande. 加藤尚武『イエーナ体系構想』法政大学出版局，1999年，144頁以下に明示される。ここではListは「狡知」と訳されている。この場合のListはまことに訳しづらいドイツ語であるが，意味的には知的技術というほどのもので，悪い意味あいはここでは見られない。

ノロジー」は，動物のおこなう「自然のテクノロジー」からの連続的発展のもとにある。動物が身体に即して捕獲のためなどに多様な器官を発達させてきたのと同様に，人間もみずからの身体器官の延長として道具や機械をつくり上げるのであり，もしそれが不当というのならば，動物も道具主義的で不当となるだろう。もし人間が労働をするということが是認されるならば，労働のこうした主体的側面も基本的に承認されなければならない。それとも，クラークは「技術＝悪」論を説くのだろうか。クラークはマルクスに「二元論的・家父長制的な人間本性の疑いえない印」（p.440）があるというが，むしろ明らかにしなければならないのは，ではクラークがそもそも労働や生産という人間的活動をどう真正面から把握し評価するのだろうか，ということである[*9]。

5　地球の「私的所有」と「占有」

第2の地球の所有という議論は，以下のとおりである。

まずマルクスが『資本論』第3巻46章「建築地地代・鉱山地代・土地価格」で述べていることを確認しよう。この箇所を，クラークは問題視するのである。

「〔社会主義のような〕より高次の経済的社会構成体の立場からすれば，〔資本制社会における〕個々人による地球（Erdball）の私的所有（Privatei-

---

9）　マルクス労働過程論に関しては，さらにテッド・ベントンによって，大きな批判がなされている。とくに彼は，マルクスが「製造的・変形的労働過程 productive, transformative ones〔labour-processes〕」をモデルにしており，「有機体の発展過程のリズム」を固有にもつ農業労働を軽視したという批判をおこなう。ポスト・マルクス主義を唱える私としては，マルクスが批判されるべき内容を多方面に渡ってもっていることを否定はしない。だが，彼のマルクス批判は，クラークなどと同様の，ドイツ語原典に依拠しない，かなり粗雑なマルクス解釈に依拠しており，それにもとづいて批判を展開しているという点で，さらに，労働過程における「物質代謝 metabolism」に言及しながら，そのエコロジカルな意義を承認していないという点など，かなりの問題がはらわれている。機会があれば，あらたにベントンらへの批判を展開したい。Ted Benton, "Marxism and Natural Limits: An Ecological Critique and Reconstruction," *New Left Review*, No.178, 1989, pp.67, 69. 植村恒一郎訳「マルクス主義と自然の限界」，東京唯物論研究会編『唯物論』第68号，1994年，36頁以下，39頁参照。なお翻訳は，かなりの程度省略があるので，ベントンの言い分がつかみづらい。真意を把握するためには原文を通読する必要がある

gentum）は，ちょうど〔奴隷制社会における〕人間による人間の私的所有（Privateigentum）と同じくらい馬鹿げて見えるだろう。一社会，一国家，またはすべての同時代の社会が集まったとしても，それが地球の所有者（Eigentümer）になるわけではない。それらのものはただ，土地（Erde）の占有者（Besitzer），用益権者（Nutznießer）であり，善良なる家長（boni patres familias）のように，それらのものは，後続の世代に改善された状態で，それを引き渡さなければならない。」（MEW 25,784.⑤995頁）

　ここにはまず，地球環境を改善された状態で未来世代に渡すべきであるという世代間倫理および持続可能な発展についての，マルクス自身のアイデアが見られるといえる。まずこのことを確認したい。以上のマルクスの意見にたいして，クラークは，ここには自然への無責任な支配（domination）と対立する「スチュワード精神」はたしかに発見できるが，自然のなかの人間の位置づけに関する真のエコロジー的構想はやはり示されていないと批判する（p.434）。なぜか。クラークによると，マルクスは地球の「私的所有」は否定するものの，依然として人類が地球を「所有 possess」できると考えており，その点で傲慢かつ不合理であるからであり，そしてまた，以上の記述は，人間を「〔地球という〕惑星の家長 the heads of the planetary household」とみなしているからである。おそらくクラークは，「自然は人間の一部である」という認識を徹底すれば，こうした歪んだ認識は生じなかったのであり，まさにそこにマルクスの分裂があると考えたのであろう。

　ここでクラークは，まさにマルクスの弱点を見つけたと思っている。だが，実はここに，ドイツ語を英訳するということに関わる大きな問題が潜んでいる。もちろんクラークは，英訳の『資本論』で引用し，議論しているのである。私はここで，第1に，上記のマルクスの文章の意図を，ドイツ語原典にそって緻密に確定し，第2に，英訳にまつわるクラークの読解について議論したい。

　第1点について。マルクスはさきの引用の直前で，おおむね以下のことを述べている。……人間が人間の人格全体を商品として売買するというのは，奴隷制度の話である。そこでは奴隷が商品として事実上売買されるが，その売買の権利自体は奴隷が売られる前に存在していなければ

ならない。だから、人間を奴隷として売買していいという権利は、当然、商品関係のなかからは生ぜず、奴隷制度という生産関係そのものが生み出したものであり、その制度が廃棄されれば、もはや奴隷は売買できなくなる。同様に、資本制社会では、地代を請求できるものとして、土地が他の商品同様に売買できるという事情によって、地球の一部を所有するという事実が正当化されるのである。だから資本制生産という関係そのものがなくなれば、土地の私有は正当化されなくなる。

おおむねマルクスは以上のように述べる。そのうえで、さきの引用が続く。マルクスによれば、社会主義社会から見ると、個々人による地球の私有はもちろん、一社会、一国家、それどころか同時代の社会全体が束になっても、「地球の所有者」であるということは成立しない。ただ社会や国家は、大地にたいし「占有者」「用益権者」であるにすぎない……。

さて、周知のように、マルクスでは、「所有 Eigentum」と「占有 Besitz」は概念的に異なる[*10]。マルクスでは、「占有」はこの場合、そこに住んだり、労働の対象として何らかの便益を得たりという意味で、「用益権」とほぼ同義に使われているのではないだろうか。とくに資本制社会における「私的所有」では、排他的に土地の一部を他の物品と同じように所持し、土地を一商品として売買し処分することも正当化されている。まさにマルクスは、こうした土地の私有の問題性を指摘したのであった。以上のマルクスの主張によれば、人類全体ですら、「地球の所有者」と表現することは許されないだろう[*11]。

---

10) この点では、的場昭弘・他編『新マルクス学事典』弘文堂、2000年所収の「所有と占有」（青木孝平執筆）の項目における例示がわかりやすい。なお廣西元信『左翼を説得する法』全貌社、1970年は、すでに「占有の様式」と「所有の形態」における区別を、マルクス、エンゲルス、レーニンらに即して詳論してきた。結局、同書は、マルクスのこの区別をエンゲルス、レーニンらは理解できず、誤読したと主張する。同書は難解であり、私自身もまだ十分理解できていないが、示唆に富んでいる。青木も、マルクスにおける Besitz（仏語では possession）と Eigentum（仏語では propriété）の区別を独自の視角から探究する。青木孝平『コミュニタリアニズムへ』社会評論社、2002年所収の第3章「マルクス商品所有論の再審」を参照。

11) マルクス＝レーニン主義研究所訳『共産党宣言・共産主義の原理』国民文庫、の第2節における共産主義にむけての実践的プログラムにおいても、土地の国家的所有については明言されていない。MEW 4, 474ff. だが、土地は「所有」されえず、「占有」されるだけだというのが、マルクスの考えの基本であろう。この点では、椎名重明『マルクスの自然と宗教』（世界書院、1984年）の第7章「マルクスの土地公有論」に依拠したい。

216　第2部　「自然は人間の非有機的身体である」をめぐる論争

したがって，以上のかぎりでは，クラークのマルクス批判は妥当しないと結論できる。次に第2点について。では，なぜこうした誤解が生じるのか。

実は，上記の引用の英訳では，地球の「私的所有」は private ownership，「所有者」は owners，「占有者」は possessors となっている*12。この場合，クラークは，owner と possessor を概念的に区別していず，その区別に注意を払っていない。通例，own と possess はともに「所有する」の意味をもつ。だが，possess, possession に関して，「占有〔する〕」という意味も，とくに法律用語として残存している*13。英訳者は，「占有」の意味を出すためにあえて，この possess を使用したのであるが，英語国民であるクラークすらも，この区別を理解できなかったというほかはない。したがってクラークは，「たしかにそれ〔以上のマルクスの引用箇所〕は，人間が地球を所有〔実は「占有 possess」のことだ〕できるという観念 を表現するが，それはエコロジー的立場からすると，傲慢かつ不合理な考えである」(p.434f.) と批判したのである。だから，ここで own（所有する）ではなく，あえて possess（占有する）と訳者によって表現されたことが意味をもって受けとめられなかったといえよう。こうして，マルクスの意図は誤解されたのである。もしクラークがドイツ語原典にきちんとあたっていれば，この誤解は生じなかったかもしれない。ここに原典軽視の弊害が明快に現れているといえるのではないか。地球ないし土地を何らかの意味で「占有」するということは，そこで人間が土地を耕したり，そのうえに建築物を建てたりするうえで必要なことである。これまでも禁止されれば，人間は生活できない。

同様に，マルクスがそこで「家長」というような表現を使ったのは，

---

12) Marx, *Capital*, Vol.3, Progress Publishers, Moscow, p.776. を参照。私自身，この著作で直接確認した。

13) *Langenscheidts Großeswörterbuch Englisch-Deutsch*, 1981. によれば，own は besitzen，owner は Eigentümer と訳される。ここでは「所有」と「占有」の区別はなされない。だが，ownership は，「法律用語」では，Eigentum（srecht）の意味とされ，さらにより広くは，Besitzerschaft ないし Besitz の意味であるとされる。この「法律用語」の意味の場合が重要である。他方，possess は Eigenschaften etc. besitzen, haben と訳され，そして possession は Besitz と訳され，この場合 Eigentum は使われていない。ここでは，possess に besitzen を一貫して対応させようとする姿勢があるようだ。この点が重要である。

あくまで比喩的な意味においてであり，正面切って，「人間は地球の家長である」と断定したわけではない。土地を利用する人間が，その土地を管理し，環境汚染のないものとして維持するという意味で，むしろこのことも必要なことではないだろうか。人間は大自然に包まれていればそれでいいとだけ考えるのは，あまりにも事態を単純化した考えである。もちろん付言すれば，大地や自然は，人間によって一方的に管理されるだけの存在ではない。それは，人間の生活を支えるより根源的な存在である。むしろ私は，もし地上のかつての多くの生物の営みがなければ，たとえば，ラン藻類などによる酸素の生成や，緑化による地球の気候の安定性が先行していなければ，人類の出現はまったく不可能であったと主張したい。いわば人類出現にあたって，過去の，また同時代の生物的環境がその準備をしてくれたのである。環境を人類が救うというのは傲慢であって，むしろすでに生命的環境（biosphere）が人類出現のお膳立てをしてくれたことにたいして，自然に「感謝」すべきであると思う。進化の最先端に出現したとはいっても，人類も地球に生息する者の一メンバーであるという考えも必要である。この点にかぎれば，「草木土石悉皆成仏」（源信らの本覚思想に由来）というような万物平等の仏教思想は有意味であり，次に取り上げるサレーの議論とも絡むが，実際こうした東洋思想は，偏った西洋的思考に大きな示唆を与えてきたのである[*14]。

以上によって，マルクス主義も，その思想的幅を柔軟に広げる必要があるだろう。

6　サレーの論争介入——唯物論的方法論の分類

　ここでは，サレー[*15]「マルクスを支持するのか，それとも自然を支

14）この点では，亀山純生「東洋思想からの人間−自然関係理解への寄与の可能性」は，環境思想から見て，仏教などの東洋思想のメリットおよび問題点を展開しており，興味深い。尾関周二編『エコフィロソフィーの現在』大月書店，2001年の第5章所収を参照。

15）サレーは多様なエコフェミニズムのなかで，「ソーシャル・エコフェミニズム」に属するとされる。Merchant, Radical Ecology, pp.195ff. マーチャント『ラディカル・エコロジー』（前掲），266頁以下参照。マーチャントの解説によれば，この立場は，自然支配の観念が人間

持するのか？」[Salleh 2001] という挑発的なタイトルの論文を紹介・検討したい。彼女はクラークの側に立って，マルクス（主義）批判を，フェミニズムという観点を含めて展開する。ここでクラークは，強力な味方を得たといえるだろう。だが，彼女はすでに，マルクスの「自然は人間の非有機的身体である」という命題そのものをほとんど考察していず，むしろマルクス主義全体の問題点を解明しようとする。だがそれでも，彼女の提起する論点は，私にとってきわめて興味をそそられるものである。私はそれを，①唯物論的方法論の問題，②埋め込まれた唯物論（embedded materialism）の問題，③生産的労働と再生産的労働の問題，④西洋的思考の問題と，以上の4点にまとめたい。

以下，第1点について。
この点では，「唯物論的エコフェミニスト」(p.448) を自認するサレーは，自分が一面的な観念論者だと批判されることを否定しつつ，フォスター／バーケットと共通の基盤を確定しようとする。それはモーリス・マンデルバウムから継承した，唯物論の4つの立場である (p.444)。
(1) 立場 A。世界が人間の知的行為から独立に存在するという実在的存在論である。自然科学において基本的な立場。マルクス・エンゲルスが唯物論へもたらす弁証法的推理とは著しく対立する。
(2) 立場 B。人間は自然と歴史の地盤に埋め込ま (embed) れているとみなす。ここでは，存在論と認識論を不可分とみなす唯物論的かつ弁証法的な思考法が採用される。この立場は，政治経済学とエコ政治的思考法にとって基本的である。
(3) 立場 C。肉体と精神は相互に活気づけあう統一体をなすと見る立場。ここでも，存在論と認識論を不可分とみなす唯物論的かつ弁証法的な思考法が採用される。この立場は，社会の批判的かつ解放的な理論に基本的なものである。

による人間の支配から生ずると考え，すべての分野の支配を終わらせることを目ざす。とくにこの立場は，結婚，核家族，恋愛，資本主義，家父長制的宗教などの制度が女性を抑圧することに抗議し，分権化されたコミュニティからなる社会を目ざす。なお，サレーの翻訳として，「ディープ・エコロジーより深いもの」(小原秀雄監修『環境思想の多様な展開』東海大学出版会，1995年所収) がある。

(4) 立場 D。世界は人間の知的活動から独立していないという立場で，観念論的存在論を含む。カルチュラル・スタディーズと新人文主義にとって共通の立場となった。

　以上4つは，それぞれ人間－自然関係の問題構成に関する方法論であるといえるだろう。さてサレーは，自分自身が立場 B を中心としており，そこでは C も強調されるという。そして首尾一貫した唯物論では，立場 B と C の弁証法的関係が探究され，そこにいくらか立場 D が加味されるはずだという。全体を見た場合，私の意見では，たしかにマルクスは立場 A の自然科学的唯物論を批判はするけれども，「外的自然の先行性」と進化論に注目するマルクスは，立場 A をまったく捨て去っていないと思われる。立場 D についても，マルクスならばある意味で，世界が人間の知的活動から独立していないというよりも，むしろ人間の実践活動から独立していないと主張すると思われるので，この点でかなり気になるところがある。さらに「知的活動」というのは，正確には，社会的実践生活に根源をもつイデオロギー，社会意識と呼ばれるべきものだろう。そしてサレーは，マルクス的世界観をラヴジョイらの「存在の大きな連鎖」の存在論と結合したいと語る（p.445）。これらの点に関しては，のちほどフォスター／バーケットが具体的に反論するであろう。

　ここで，第2点（埋めこまれた唯物論の問題）に移る。立場 B と C を結合しようとするサレーにとって，「埋め込まれた唯物論」は2つの連続的なレベルで成立するようであり，これは興味深い論点である。

　第1のレベルの唯物論は，人間が自然の内部にすでにつねに「埋め込まれている」という事実を強調する。これは立場 B であった。これはマルクスの命題「自然は人間の非有機的身体である」に深く関わるだろう。さらに第2のレベルの唯物論は，人間のありようを肉体と精神の密接な関係にまで反省するものであり，そこでは，「身体化された唯物論 embodied materialism」（p.445）が成立する。これは立場 C であった。ここでサレーが注目するのは「日常生活の文化」の問題であって，興味深いことに，身体的要素から逃避するいわゆる学者は，こうした類の問題を扱いがたいとされる。ここで同時に，立場 B を中心に動くとされるフォスター／バーケットが批判される。「というのも，社会生活の文化的および心理的次元を分析するための道具が欠如しているという点で，

彼らは一面的な経済的唯物論に陥ることがあるからだ。」(p.445）この無理解のために，彼らマルクス主義者は，「身体化された唯物論」を説く立場を観念論と決めつけるに至るという。おそらくサレーによれば，「人間の非有機的身体」という議論も，この立場から再構築されるべきだというのであろう。私の考えでは，マルクスにはたしかにこの「身体化された唯物論」の萌芽はあったが，いずれにせよ，生物学レベルから文化レベルまで，身体とは何かがたしかに再考されるべきだろう[16]。この点ではまた，後代の多くのマルクス主義者は唯物論の身体的性格を軽視して，「一面的な経済的唯物論」に陥ったという批判は当たっているのではないだろうか。むしろ「身体化された唯物論」[17]という構想は，マルクスがとっくに克服したとされる（後期）フォイエルバッハのほうに存在すると見ることも可能だろう[18]。

---

16) おそらくマルクス身体論の最初の研究は，田中吉六「マルクス身体論・序」（『情況』第9号，1968年）であろう。その後のものとしては，石井伸男「生活主体としての身体・再論」（『科学と思想』第39号，1981年）がある。石井はすでに同論文，546頁で，「人間における自然」としての「人間的身体」と比較）して，「人間の外の自然」としての「非有機的身体」について論じている。

17) embodied materialism を本書では，「身体化された唯物論」と訳してきた。たしかにそういう訳がふさわしいように見える。だが，サレーが下記論文で，「新自由主義」ないし「ヨーロッパ中心的・資本主義的・家父長的な行動と価値観」を批判する脈絡でこの用語を用いるとき，身体の問題ももちろん含めて，もう少し広い意味で使われているように思われる。サレーはこの用語について，「哲学用語では，これ［embodied materialism］は，内面的関係，弁証法的認識論，注意深い倫理，バイオリージョナルな政治など，これらについての存在論を含んでいる」と述べる。さらに同論文の an embodied materialism という節では，「社会的に与えられた婦人の再生産的労働」と関連させて，従来の史的唯物論（マルクスが念頭におかれているように思われる）のギャップを埋めるかたちで，この唯物論を唱えるとされる。再生産的労働は自然との相互交換によって生命（生活）過程の世話をするものである。女性の労働（料理，清掃，家族の世話，性的身体への配慮），生存のための農耕，採集，などがそこで考えられている。ここでは，embodied materialism は，より広く，「具体化された唯物論」と訳されるほうがふさわしいように思われる。訳語の問題はさらに検討したい。Salleh, "The Meta-industrial Class and Why We Need It," *Democracy and Nature*, Vol.6, No.1, 2000, pp.29, 31. を参照。

18) 拙論「持続可能な〈ライフスタイル〉への模索」（東京唯物論研究会編『唯物論』第78号，2004年）では，従来のマルクス主義的社会運動を反省しつつ，ライフスタイルの問題を掲げて，後期フォイエルバッハの論文「犠牲の秘密，または人間は自分が食べるところのものである」および『唯心論と唯物論』を扱った。ここにあるのは，《身体的唯物論》ともいわれるべきものであって，embodied materialism と通底する発想があると思われる。身体論やエコロジーという観点からのフォイエルバッハについての考察は，最近のフォイエルバッハ研究の新動向といえる。たとえば，川上睦子「身体哲学の構想」（フォイエルバッハの会編

この点では,『経哲手稿』のマルクスが「私的所有と共産主義」の項目で,「人間の人間にたいする直接的・自然的・必然的な関係は,男と女の関係である」(S.388.144頁) と指摘する箇所が興味深い。この箇所は,身体化された唯物論の観点からも,フェミニズムの観点からも注目に値する。男(オス)と女(メス)の関係はもちろん自然的・動物的な関係だが,同時にそれは,人間相互の社会関係でもある。男女関係はまさに直接的な関係であるがゆえに,そこでかえって「人間の全教養の程度 die ganze Bildungsstufe des Menschen」があからさまに洞察されるという。こうしてマルクスの自然観は,男と女という人間関係にそのまま連続する(以上の点は,第I部4章9節ですでに論じた)。

7 生産的労働と再生産的労働,西洋的思考の問題

以上の文化次元からする「身体化された唯物論」の発想は,より具体的には,男と女の問題,経済学の再検討の問題へと展開される。というのも,この唯物論は,おのずとジェンダーに敏感なものとならざるをえないからである。ここでまた,マルクス(主義)的発想の根本が問われるといえよう。

第3の論点(生産的労働と再生産的労働の問題)に移る。ここでサレーが批判したいものは,男性が担う生産的な産業労働と女性が担う社会的に再生産的な家内労働へと二分した場合,前者を重視し,後者を黙殺する姿勢である。ここにマルクスの家父長制的傾向の問題があり,実は従来のマルクス経済学もこの視点からのみ展開されてきたとされる。彼女によると,「エコフェミニストのレンズは,日常生活の物質的再生産を産業生産にたいするアプリオリと呼ぶ」,「もっとも深い矛盾が男性的な思考のなかに,男性的な実践と産物のなかに物質的に埋め込まれている」(p.448)。エコマルクス主義者にサレーが問いたいのは,資本制生産の敵対関係のなかに横たわるこの「もっとも深い矛盾」である。彼女があの「存在の偉大な連鎖」を想起したのも,そこに同様の支配のヒエラルヒ

『フォイエルバッハ 自然・他者・歴史』理想社,2004年)にこの傾向が明快に現れる。

ーが見られるからである。そこには，神の人間への支配，男の女への支配，白人の有色人種への支配，大人の子どもへの支配，さらに動物への，最後に野性のものへの支配という連鎖がある（p.446）。また彼女があえて「立場 D」に共感するのも，暗黙の知の枠組みが，この「もっとも深い矛盾」に盲目になるように仕組まれており，その限定のうえで，世界がかくかくのものとして再構築されてしまうからである。こうしてサレーは，女性の労働が資本主義の外側に押しやられているという意味で，彼女らを「メタ産業階級 metaindustrial class」と名づける（p.448）。家内のケア労働などは，マルクス主義の階級分析では理論化されずに放置されるという。いうまでもなく，これらの労働がなければ，資本主義といえども動かない。

　この点で，おそらくマルクス主義経済学者は，労賃は家族をも養成する分を含んでいると反論するだろう。だから，家族的領域にも配慮していると。だがそうすると，家族をもつ労働者と独身労働者とでは，圧倒的に賃金格差が生ずるはずである。家族手当などが出るとしても，それは女性のケア労働などにたいする報酬として，まともに考えられてはいないだろう。

　さらにサレーは，産業化のもとでの生産的労働が必然的に「道具的」になることと対比させて，「メタ産業階級」の営む「メタ産業労働 meta-industrial labour」について，以下のように述べる。「それと対比的に，メタ産業労働の性格は，再生産的であり，私たちの身体を含んで，自然の時の流れと循環的変化に調子を合わせている。身体化された唯物論は，関係的なもの，まさに弁証法的なものを強調し，再生産的労働の論理とその独自の感受性を強調する。」(p.448) さらに細かく見ると，この女性中心の再生産的労働には，生物学的な種の再生産，つまり出産と子育て，および男性労働者の身心にたいする日々の再生産の労働（ケア労働）が存在する。

　さて現代では，女性労働も男女平等の理念（男女共同参画法！）のもとで男性と同様にかなりの程度産業労働へ組み入れられており，そこでまた賃金格差など不平等をあらたに強いられているのが現状である。さらに，女性はこの段階で，産業労働と家内労働の二重の労働を引き受けざるをえないという事情にある。そしてまた，食事のしたくなど，従来

の家事労働もいまではかなりの程度市場化・外部化されているともいえるので，私見では，こうした分析はさらに複雑に具体化されなければならないと考える。食事も，コンビニ食で間に合わされたりする。また出産という女性だけの能力も，ここで同時に考慮されなければならない。だが，いずれにせよ，サレーはある意味で，通常のマルクス主義者，エコマルクス主義者たちの社会認識上の欠点，盲点をついたといえるのではないか。フォスター／バーケットはこれにいかに対応するのか。

　上記第4の西洋的思考の問題も，以上の論点に密接に絡んでおり，ある意味でそれと同時並行的に進むものと見られる。彼女によれば，大部分の西洋的思考は，人種と性に盲目となっているという。フォスター／バーケットは，偉大な白人たちの連鎖のなかにのみ，正当とみなされる知的営為を見いだすのであり，そしてあたかもこれら白人たちの言動を，彼らの平凡な人生のコンテキストに触れられないかたちで，放置するのである（p.446）。これはマルクスにたいする皮肉であるとともに，フォスター／バーケットにフェミニズム的視点がきわめて希薄であることを指摘したものであろう。私見ではあるが，マルクスのライフスタイルを思い出せば，彼はヘビースモーカーであったし，妻との関係，マルクス家の侍女であるヘレーネ・デムートとのあいだの私生児の問題など，現代的観点からすると，おおいに問題を抱えていたといえよう。

　サレーはマルクス主義の盲点をつくような問題提起を多様に展開したと思われる。フォスター／バーケットはこれら一連の問題にどう応えるのか。

第 6 章

フォスター／バーケットのクラーク, サレーへの再反論

―――――

1 「自然は人間の非有機的な身体である」をめぐる総括

　まずはマルクス読解に関する方法論的議論について言及しておこう。いままでに本論で（とくに第Ⅱ部1章），クラークがマルクスの文献そのものに丁寧に内在せずに批判してきたことを指摘してきた。そして私自身，必要があれば，できるだけ丁寧にマルクスを考察してきた。この点では，フォスター／バーケットは，マルクスをできるだけ統一的に見るべきだという。彼らによると，マルクスの作品は，孤立した断片の集合としてではなくて，「弁証法的全体」［Foster/Burkett 2001, 455］としてアプローチされねばならない。ここに彼らとクラークの方法論上の相違があるという。彼らのいうとおりではあるが，だが，もし彼らの方法論を徹底するならば，やはりマルクスをドイツ語原典に即して緻密に読まなければならないだろう。

　フォスター／バーケットは，「〔クラークのような〕これらの批判者は，なぜそう性急にマルクスをこの点で非難してきたのか，なぜマルクスの議論の本性をほとんど理解できないのか」（p.453）と不満を漏らす。だがこの点では，第1に，たしかにマルクスの弁証法の二面的把握という認識論的方法がもたらすわかりづらさという問題が客観的に存在する（最終章で後述したい）。だが第2に，ソ連・東欧などの従来の「社会主義」がその政治主義的傾向からマルクスらの学問的営為を正しく伝えず，悪用してきており，その結果，歪んだマルクス・レーニン主義のイメージ

がマルクス自身の思想として，全世界に蔓延してきた歴史的事実をきちんと総括しなければならないだろう。だから誤解が生ずるのは，強く従来のマルクス・レーニン主義に由来するといえるだろう。その点で，くり返すが，ソ連・東欧などの従来の「社会主義」に関する誤りをフォスター／バーケットは強く自覚しなければならない。それが《エコマルクス主義》を唱えるものの責務である。ところで，論争の中心問題は「自然は人間の非有機的な身体である」というマルクスの命題の正しい解釈であった。フォスター／バーケットによれば，ここにクラークの大きな誤解があったと総括する。彼らによると，「人間の非有機的身体」としての自然というマルクスの発想は，明らかに，人間以外の自然が総じて非有機的であるとみなしているわけではなく，そのことを彼らは，ヘーゲルの自然哲学にまでさかのぼって明らかにしたのである。「人間は自然の一部である」と考えるマルクスは，いままでに明らかなように，自然を自分の身体器官の延長とみなすのであって，このかぎりで，外的自然を「非有機的」な「器官」としたのである。この点で「有機的」「非有機的」の区分は一義的ではなくて，「相互依存の弁証法的連関」（p.452）がそこにあるという。さらにフォスター／バーケットは古代ギリシャの哲学史にさかのぼって「有機的」の意味を確かめたり，リービヒ，マイヤー，ヘルムホルツ，ジュール，ダーウィンらの近代自然科学の発展にも言及したりする。この点からすれば，彼らはつねに古代から近・現代までの哲学と自然科学の流れに留意しており，この点で，クラークに（またアリエル・サレーにも）こうした配慮は希薄といえよう。私自身も，もちろん哲学史や自然科学を絶対視はしないが，こうした学問的達成点を意識し解釈することが必要だと思う。おそらくその態度が，彼らが「唯物論」と「弁証法」を強調することにつながっているのだろう。

　この点では，フォスター／バーケットは，「有機的／非有機的のマルクスの取り扱い，およびエコロジー的・弁証法的含蓄についての解釈」（p.454）がフォスターの中心問題であったのに，彼らが段々とそれをまともに扱わず，マルクスの分析の問題から逸脱してしまったと総括する。論争の経過を見ると，ある意味で，「自然は人間の非有機的な身体である」の命題に関する基本的解釈に関しては，フォスター／バーケットの熱心な反論の前で，クラークもサレーもある程度まで納得したのではな

いだろうか。サレーも実は，この命題をほとんど正面からは取り扱わなかった。とはいえ，この命題に悪い意味が見られないとしても，マルクスの思想全体に問題がないかどうかは，また別問題である。そしてまた，この命題の評価と含蓄の理解となると，まだ見解の相違が残っているといえるだろう。

2　マルクスはプロメテウス的なのか？

さてクラークはさきの論文で，マルクスを，「プロメテウス的マルクス」「管理的でシステム論的なマルクス」「エコロジー的でラディカルに根源的なマルクス」の3層に分裂させた（前章1節参照）。フォスター／バーケットは以上のマルクスをそれぞれ「マルクスⅠ」「マルクスⅡ」「マルクスⅢ」と名づけて，「マルクスⅡ」は「マルクスⅢ」に合併されるだろうと述べたのちに，これはちょっと奇妙どころの話ではなく，すべての思想家に曖昧さと二義性（ambiguity and ambivalence）が一定のレベルで存在するとしても，「私たちは1人のマルクス（そして1人のエンゲルス）しかしらない」と反論する（p.455）。

だが，私見では，この反論はかならずしも有効ではないだろう。思想家を解釈するさいに，「曖昧さと二義性」が存在すると是認されるならば，それこそがマルクスにたいするクラーク自身の主張かもしれないからである。従来の研究成果が示すように，マルクス自身も前期から，中期，後期へと思想を変化させてきており，最初から首尾一貫して，自分の思想を保持しているわけではない。そういう考えはあまりにもマルクスを理想化していることになり，そういう態度こそ，実はマルクス・レーニン主義のものであった。とくにエンゲルスについては，私見では，『ドイツ・イデオロギー』をマルクスと共同に著作していたころの彼と，『反デューリング論』『空想から科学へ』『フォイエルバッハ論』などでマルクス主義をわかりやすく定式化しようとしたころの彼とは，かなり異質であると思う[*1]。むしろ私は，この時期のエンゲルスが，レーニン

---

1)　いわゆる「マルクス・エンゲルス問題」がここで問題となっており，この点では，

を媒介として，後代のマルクス・レーニン主義の土台になったと考えている。もしそうだとすれば，この点で，やはりフォスター／バーケットのマルクス主義総括がかなり甘いということがいえるのではないか。

さてフォスター／バーケットは，クラークがマルクスのプロメテウス的である証拠として，『要綱』においてマルクスが，資本制社会（および将来社会）では労働者が「生産過程の監視者と管理者」になるだけであると指摘したことを取り上げる。すなわち，クラークの理解するマルクスによると［Clark 2001, 433］，資本制生産社会では，自動機械をともなって進歩的な産業発展が生ずるので，労働者にそうした変化が生ずるというのである。こうしてクラークは，このような「生産主義的偏向」がマルクスの思考のなかでずっと続いてきたという。これは一種の技術礼賛論ともいえよう。

これにたいしフォスター／バーケットは反論し，この部分は，①単に資本制社会の現実の想定を描いたのみである，②労働の資本主義的疎外への批判をここでおこなっている，③自然の資本主義的疎外の構想に依拠してこの命題（機械制大工業では，労働者は生産過程の監視者と管理者になる）を残した，とマルクスを擁護した（p.455）。一体本当のところはどうなのか，調べてみよう。

3　マルクスと機械制大工業

（1）　『経済学批判要綱』と『資本論』における機械制大工業の考察

この箇所は，『要綱』「資本に関する章」における「固定資本と社会の生産力の発展」という節に属する。マルクスは固定資本として現れる「機械装置の自動的体系」（S.571.②475頁）の特質を労働者との関係で延々と分析する。……そこでは道具が労働手段となる場合とは異なり，機械は労働者の活動を媒介するものではもはやなく，むしろ労働者の活動のほうが機械の労働を媒介し，それを監視し，故障を防止することへ

拙著『ポスト・マルクス主義の思想と方法』（前掲）の第9章「エンゲルス研究における論争と到達点」，第10章「エンゲルスにおける唯物論・弁証法・自由論」が詳細に論じているので，ここではくり返さない。

第6章　フォスター／バーケットのクラーク，サレーへの再反論　　229

と変化する。生きた労働者は，ただ機械体系の単なる手足となる。だが，マルクスによれば，だからといって，機械が個々の労働者の労働を短縮させ，彼らを援助すると見るのはまちがいだ。機械が資本家の固定資本であるかぎり，労働者は非自立的なものとなってしまう。そして大工業が発展するにつれて，現実的富の創造は労働時間の量に依存することがますます少なくなり，その代わり機械が働くようになる。こうなると，生産は，むしろ「科学の一般的状態と技術学の進歩に，あるいはこの科学の生産への応用に」（S.581.489頁）依存することとなる。ここでマルクスは次のように指摘する。

　「もはや労働は生産過程のなかに包摂されるかたちで現れるというよりも，むしろ人間は，生産過程それ自体にたいして監視者および規制者（Wächter und Regulator）として関わるようになる。……もはや労働者は，自分がひとつの産業的過程に転化させる自然過程を，自分と自分が操る非有機的自然（die unorganische Natur）とのあいだに手段として押し込むのである。労働者は，生産過程の主作用因（Hauptagent）であることをやめ，生産過程と並んで現れる。」（S.581.② 489頁）

以上のように，ここでは機械が大工業のなかで労働者にたいしてもつ役割の特質が描かれる。ここでの叙述は，「非有機的自然」という表現の出現とともに，何か，本書第Ⅰ部の2章，3章で言及した「非有機的自然」の話を想起させる。いずれにせよ，大工業の出現は，人間が道具を主体的に使いこなしたときと異なり，再び労働者を，直接的生産の主体としてではなく，生産過程と併存する何か外部者へと変貌させる。このなかで労働者は，機械による生産過程にたいする「監視者および規制者」になる。ここでマルクスは，大工業やそこで使用される技術を称賛してはいない。彼は同時に，資本制生産のもとでの自動機械の使用が労働者にたいし搾取の状況を強めることを強調しつつ，むしろ，この大工業のなかに，何とか将来社会への意義を見いだそうとしているようである。この点で，マルクスによると，もはや労働時間は機械制大工業の出現によって富の尺度であることをやめ，むしろ自由時間，自由に処分できる時間こそ，富の尺度となる。そこでこそ，自由時間における個人の芸術的・科学的などの能力が形成陶冶されるという。

　私はここで，『資本論』とのあいだにある経済学的認識の微妙な差異

に関わるつもりはない。『資本論』であるならば,機械が富の尺度となり,労働時間はその場合に,富の尺度になることをやめる,などとはいわないだろう。機械は単に価値の移転をするだけである。厳密にいうと,機械は「労働」をしない。だから,そこから剰余価値は発生しない。いずれにせよ,以上のように述べるマルクスは,かならずしも機械制大工業を礼賛してはいないといえよう。だがもちろん,一般的にいって生産力の増大を基盤とする史的唯物論の発展史観の立場から,彼が資本制生産の達成した大工業に,期待を抱いたことは事実である。

念のため,『資本論』における第13章「機械と大工業」の部分を検討しよう。マルクスの緻密で地味な叙述のなかで,注目すべき箇所が現れる。

「近代工業は,けっしてある生産過程の現存の形態を最終的なものとみなさず,かつそうしたものとしては取り扱わない。だから,近代工業の技術的基礎は革命的であり,他方,すべての従来の生産様式の技術的基礎は本質的に保守的であった。……こうして近代工業はまた,社会内分業をたえず変革し,一生産部門から他の生産部門へ多量の資本および労働者を間断なく移動させる。したがって大工業の本性は,労働の転換(Wechsel),機能の流動,労働者の全面的可動性を条件づける。他方,大工業は,その資本制的形態においては,旧式の分業をその骨化した特有性とともに再生産する。」(*MEW* 21, 510f. ①633頁以下)

この叙述のあと,マルクスは資本制的形態における機械の利用は「労働者階級のたえまない犠牲祭,労働力の際限のない浪費,社会的無政府性の破壊作用」(*MEW* 21, 511. ①634頁)をもたらすと厳しく批判する。だが,この搾取のための形態から機械体系を解き放てば,むしろ労働者と社会のために,上述のような「労働の転換,機能の流動,労働者の全面的可動性」という積極面をもたらすとされる。まさに「労働の転換」とは,資本制生産における「労働の分割 Teilung der Arbeit」(=分業)の反対物として,積極的に評価される。またマルクスは,機械制大工業の非資本制的利用が,将来の労働者階級のための「変革的酵素 Umwälzungsfermente」および「旧式の分業の止揚」を可能とする旨の表現をおこなう。要するにマルクスは,こうした資本制生産形態にはらまれる矛盾の発展が,その形態の止揚と将来の新しい生産形態の形成の「唯一の

歴史的道程」(*MEW* 21, 512.①635頁)であるという。

（2） 機械制大工業への評価

　以上のことから，もしそれが資本制的な搾取のために利用されることをやめるという条件のもとで，マルクスが機械制大工業に大きな可能性を認めていたことは疑いないといえるだろう。マルクスは，大工業が将来の社会主義社会の生産力の基礎をなし，そこで労働者の分業も止揚されるということを主張する。以上に示したように，生産過程にたいする「監視者および規制者」という叙述のある『要綱』よりも，むしろ『資本論』において大工業重視の傾向が強い。このかぎりでは，いずれにせよ，クラークの批判は妥当するといえる。だが問題は，以上の具体的なマルクスの考察の分析が示したように，マルクスへの批判は単純化されてはならない。労働者が機械による生産過程のなかで「監視者および規制者」になるという事態だけをとれば，それは，労働の軽減を含むものとして，一概に否定されるべきものでもないだろう。マルクスを否定するにせよ，何らかのかたちでさらに継承するにせよ，彼の叙述をさらに深く掘り下げるための読解が必要である。そうでなければ，マルクス批判はほとんど何も生まないつまらないものとなるだろう。もっと深いレベルでマルクスと切り結ばなければならない。この意味で，私は以下，マルクス評価に関連して3点，提起したい。

　(1) 問題は，機械のいかなる利用形態が社会主義において，人間にたいしても自然にたいしても疎外と搾取のない結果をもたらすかについて，マルクスはほとんど何も語らない点にある。生産力をどこまでどう向上させるのか，どういう種類と量の機械をどういう目的で考案し，使うのか，これらのことは将来の私たちの課題に任せられているのでないだろうか。そしてまた，すべて機械化されれば，それで問題が解決したということでもないだろう。

　(2) 以上の(1)とも絡んで，マルクスは，資本制生産の疎外と搾取の現象から解放されさえすれば，万事は基本的にうまくいくだろうと，楽観視したところがあるように見える。むしろマルクスで問題なのは，こうした抽象論的な解放論的問題設定である。「現実批判と解放」という問題設定のみでは，将来の社会建設にたいしてまだ十分な展望は出ない。

資本主義的矛盾と疎外を免れれば，あとはそれでうまくいくという発想（これを私は「解放史観」という）は，必要条件ではあるが，十分条件ではない。次の問題は，社会主義の建設がしっかりと説得的におこなわれるように制度化と展望がなされているかどうかであろう。これが当該問題の十分条件となる。ここに現れる楽観主義に，実はソ連・東欧の「社会主義」崩壊の淵源があるのではないか。ともかく資本主義から解放されればあとは何とかなる，という楽観主義が，実はスターリン主義を招いたのではないだろうか。この大きな問題は，最終章で再検討したい。

　(3) マルクスにおける大工業への期待，およびそれとつながる生産力主義，技術重視の態度は，エコロジストから強く批判される点である。だが私はここで，マルクスの生きていた時代と21世紀の現代との大きな相違を念頭におくべきだと考える。19世紀のマルクスの社会における機械制大工業や生産力といっても，それは規模的に大きなものではなかった。それらは，ワットの蒸気機関，アークライトの自動織機，フルトンの汽船といったレベルのものであった。マルクスの当時において，産業革命のレベルの機械制大工業ならば，現代的視点からして，おおむね必要なものとして許容されるのではないだろうか。20世紀を超えた現時点において，さらに巨大な機械制大工業や生産力を望むとすれば，それは時代錯誤であろう。むしろ問題はいかなる用途と目的でもって，科学・技術を開発するのか，ということではないだろうか。それとも反マルクス主義的エコロジストは，マルクスの時代の生産力や科学・技術でも全体としてすでに行きすぎており，自然を破壊し，人間を不幸にすると考えるのだろうか。それは，科学・技術そのものが「悪」であるという固定した考えを導く危険性がある。だが，クラークがそのように考えている節がないわけではない。

　以上の考察によって，第2節の最後で指摘された，フォスター／バーケットの反批判の妥当性が評価される。第2節で指摘された①については，単なる現状分析のみではなく，機械の非資本制的利用というかたちで，実はマルクスは将来への展望を語っていると答えられる。②についてはたしかに，マルクスの痛烈な資本制批判がここで見られる。③についていえば，たしかに資本制社会の疎外の構想にマルクスはもとづいているが，そこには以上のような問題が潜んでいるといえるだろう。

総じて、フォスター／バーケットの反論は、依然として問題点をはらんでいる。

4 サレーによる唯物論の複数の立場

　前章6節で規定された唯物論に関する4つの立場のなかから、サレーは「立場A」の実在論的解釈がマルクスには無縁だとしたが、案の定、フォスター／バーケットはこの立場にもマルクスは関わっていると反論する。「存在論的には、マルクスは人間の意識に自然が先行し、自然がそれについての人間の意識から独立して実在するとみなした。」(p.456)この意味でロイ・バスカーのことばを借りれば、マルクスは「批判的実在論者」なのだとされる[2]。私が危惧したように、たしかに彼らの説明が正しいし、サレーはこの点で不十分である。一体サレーの唯物論とは、その哲学史的展開をどう総括してなされたものなのか、不満が残るところである。この点で、フォスター／バーケットの哲学的見解は安定していると見られる。そしてとくに、彼らは語気を強めて以下のように主張する。

　「『世界は人間の知的活動から独立して（そしてそれに先行して）実在する』ということを示唆する実在論的見解なしには、有意味なエコロジー的展望を採用することは不可能であるということを、私たちは論ずるだろう。」(p.456) 進化する自然世界の独立性を承認して、それを人類史のなかでさらに批判的に深めるところに唯物論の発展があるのに、サレーはこの「立場A」を断固として拒否するのだ。

　以上の主張は、何も補足する必要のないほどに、まさに正論といえよう。環境問題とは、人間が影響を与えなければ、人間なしの自然固有の運動だけで存立する自然環境が、人間社会の活動によって破壊・汚染される問題であり、自然は「外部不経済」として、あたかも無尽蔵に人間社会に供給されるとみなすところに環境問題が生じたのである。

　続いてサレーの立てた「立場D」の観念論的側面については、フォス

---

　2) この点では、Roy Bhaskar et al., *Critical Realism*, Routledge, London / New York, 1998. が、その基本主張を示す。詳細に検討はしていないが、この「批判的実在論」は、「超越論的実在論」と「批判的自然主義」との統一であるとされる。

ター／バーケットはその唯物論の立場から，世界は人間の知的活動から独立に存在しえない，という命題には反対する。ここでは，社会生活が言論実践によって構築されるなどの「構築主義 constructionism」（p.457）がテーマとなっているが，彼らは実在論を前提して，「注意深い構築主義 cautious constructionism」を容認し，現実の理解にたいする精神の積極的役割を肯定する。とはいえ，「立場 D」そのものは，それが観念論であるがゆえに，やはり基本的に退けられるのである。それから彼らは，サレーの提起した「存在の偉大な連鎖」については，それがアリストテレスやキリスト教の目的論，さらにラヴジョイらに由来し，観念論的で静的であるという理由で否定する。これは予想される反応であるが，私見では，エンゲルス的自然弁証法が自然存在の多様な階層性とそれらのあいだの連関を示そうとしていることを参考に，「存在の偉大な連鎖」を唯物論的に再解釈することが可能であると思う[*3]。またここに，サレーが支配の連鎖を読み取っていることも一定程度，評価されてもいいのではないかと思われる。

5 サレーのマルクス批判と異文化・多文化の問題

サレーがマルクスにたいして，西洋的思考を脱していない，ある意味で家父長制的であるというような批判を投げかけるのにたいしては，フォスター／バーケットは，これはどうともいえる類の批判であって，少なくとも19世紀の白人男性，ヨーロッパのあらゆる思想家にとって該当するものである，と軽く一蹴する（p.458）。だが，私見では，むしろここにフォスター／バーケットの，マルクス主義イデオロギーに由来する視野の狭さが潜んでいるように思われる。私見では，異文化・多文化の問題において，西洋的な社会科学の批判的伝統に立つマルクスのパラダイムは，大きな限界を露呈する。マルクス自身，みずからの史的唯物論の構想において，非欧米社会を停滞した社会とみなし，基本的に西洋

---

3) 現代の自然科学からの自然の階層性やその相互連関の議論については，平田清一「自然の階層性について」（仲本章夫編著『現代哲学のトポス』創風社，2000年所収）が，従来の研究史を豊富に踏まえて，現代での理論的到達点を示している。

第6章　フォスター／バーケットのクラーク，サレーへの再反論　　235

的思考法から脱することができなかったのではないだろうか。

　実はここにパラダイム相互の衝突と，そこからおのずと発生するパラダイムの「混濁」という微妙な問題が見られる。というのも，マルクス主義パラダイムからすると，異文化・多文化のパラダイムはまったく異質であるので，それを消化し，飲み込むことはほとんど不可能である。別のパラダイムの重要性を認識したのちに，あえてそれを摂取しようとすると，そこに2つのパラダイムの併存，「混濁」が起こり，理論的統一性が喪失されるように見える。私はマルクス主義を相対化し，あえて「ポスト・マルクス主義」の立場に立とうとするので，このパラダイムの「混濁」の立場に身をおいているが，マルクス主義パラダイムにしっかりと身をおいているフォスター／バーケットは，「西洋的思考」や「西洋中心主義」批判のパラダイムはいまのところ了解不可能である。

　ところで私見では，すでに18世紀ヨーロッパの啓蒙主義において，ヨーロッパを徹底して相対化する見方がディドロらにあった[*4]。啓蒙主義はみずからを啓蒙していたのである。ディドロは，『ブーガンヴィル航海記』を利用して，タヒチの事例に即して，ヨーロッパの文化とタヒチの文化を相対化しながら，考察する。彼はそこで，かえってヨーロッパ文化の堕落を暴き，そして，私的所有もなく，宗教もなく，性的におおらかで罪の観念もなく，争いもしらず，生活の必要以上のものを求めない，そうしたタヒチの文化の素朴さ・健康さ・純粋さを強調する。彼らは「自然の法」を守っており，どんな文明国民よりも理想的であると……。さらに，「相互文化哲学」の立場からすれば，すでにライプニッツは，中国の文化と思想に驚嘆し，それが彼の数学と形而上学に影響を与えたという[*5]。

---

　　4)　ディドロ「ブーガンヴィル航海記補遺」(中川久定訳)，『世界の名著』第29巻，中央公論社，1980年所収を参照。なお興味深いことに，フランス啓蒙期に関する思想家・寺田元一は，国際文化学的な観点からフランス啓蒙思想を再読し，ゴーチエ『哲学者文庫』(1723年)，ビュリニ『異教哲学史』(1724年)などが，ヨーロッパ中心主義を脱してオリエントを再評価していることを指摘する。彼によれば，19世紀のヨーロッパ的理性よりも18世紀以前のヨーロッパ的理性のほうが，「自己を絶対化せず異文化や他者を寛容に受け入れていく」傾向が強いという。寺田元一「18世紀ヨーロッパはオリエントをどうとらえたか」，寺田・島根國士編著『国際文化学への招待』新評論，288頁など参照。

　　5)　Franz Wimmer, *Interkulturelle Philosophie. Geschichte und Theorie*, Bd.1, Passagen Verlag, Wien 1990, S.57. Anm.55. を参照。ヴィンマーは，「相互文化哲学」を唱えて，ヨーロッパ中心

また，あえてマルクスと同時代の思想家として，アメリカ人のヘンリー・ソロー（1817-62）を挙げよう。彼は，アメリカのエコロジストの始祖の一人といえるだろう。彼は人間の平等を訴え，奴隷解放を主張し，メキシコ戦争に反対して，投獄までもされた。これはまたマルクス的生きかたともいえるだろう。他方彼は，古代インドのウパニシャッド哲学に深い関心をよせ，宇宙の真理を体現するブラフマンに注目した。彼は狭い欧米世界を超えて，民族的・文化的偏見を捨てて，あるべき人間の姿を広く追求した。彼はアメリカのエコロジー運動の先駆者として，森林と原生的自然のなかを歩くことによって，現代人が活力と創造力をとりもどすという。遊歩道などの設置では不十分であり，一部は開墾されるとしても，より多くは野性のままで残されるべきだという。「野性は善に近し！」もっとも生き生きしたものは，本来野性的なのである……。以上の考えは，マルクスによれば，一種の時代錯誤のロマン主義であるだろう*6。

　こうして，少数とはいえ，当時までの欧米人のなかで，ヨーロッパ中心主義や西洋的思考を脱した人がいないわけではない。そして，たとえ19世紀ではヨーロッパ中心主義が一般に自明であったとしても，現時点では，この問題をきちんと再把握する必要があるだろう。マルクス主義がイデオロギー的ブラインドとなって，そもそもフォスター／バーケットにはこうした現代的観点が欠如しているのが事実ではないか。

6　自然の価値の問題，再生産労働の問題

　サレーの批判から，さらに2つの大きな問題を取り出そう。それは，マルクス（経済学）が自然の価値を無視したという批判，さらに資本制生産における家族の領域における再生産的労働の問題を，同様にマルク

主義的思考の狭隘さを打破し，非欧米の豊かな文化や独自性に注目する。むしろ近代初期まで，アラビアや中国のほうが技術的に進んでいたとして，西洋的思考法の独断と偏見を矯正しようとする。この相互文化哲学の総合的な紹介・検討として，拙著『現代を読むための哲学』創風社，2004年のとくに第3章「〈相互文化哲学〉とヨーロッパの自己批判」を参照のこと。
　6）　ロデリック・F・ナッシュ『アメリカの環境主義―環境思想の歴史的アンソロジー』（松野弘監訳）同友館，2004年所収の第5章「原生自然の価値」，72頁以下を参照。

ス(経済学)が無視したという批判である*7。これら2つの批判にたいしては，フォスター／バーケットは，それは誤解であるという。マルクスはまさに，自然を富の2つの源泉のうちのひとつとみなしたのであり，さらにマルクスによれば，資本制生産そのものが家内労働を不生産的とみなしたのであり，価値法則は資本制に特有のものである，と彼らは応答する(p.458)。

ここで問題となっている2つの問題について，私見を補足したい。

第1に，富の源泉の問題，自然の価値の問題について。

この問題は労働価値説との関連で，もっと正確に論じられる必要があるだろう。マルクスはいわゆる「ゴータ綱領批判」(「ドイツ労働者党綱領評注」)で，「労働はすべての富の源泉である」という主張に反対して，「労働はすべての富の源泉ではない。自然もまた労働と同程度に，使用価値の源泉である(そしてたしかに物的富はこれらの使用価値から成立している)。そして労働も，ひとつの自然力，すなわち人間労働力の発現にすぎない」*8と指摘する。この表現には，いかにもマルクスの唯物論らしさが現れているが，正確には，「自然は使用価値の源泉である」と彼は述べたのであって，彼が労働価値説を唱える以上，労働力と対等に並んで，自然もまた価値の源泉であるわけではない。正確には，労働生産力の増大のひとつの要因として，マルクスは「自然の状態」(MEW 23, 54. ① 54頁)を挙げているのであり，価値形成の実体があくまで労働力にあることを前提として，天候状態，土地の肥沃さ，豊かな落流など，自然の豊かな生産能力が生産量増大というかたちで貢献するのである(以上の点は，すでに第Ⅱ部2章5節以下で，ハンス・イムラーに即して述べた)。

第2に，家庭における女性の再生産的労働やケアの労働について。

フォスター／バーケットが指摘するように，資本制生産はたしかに，

---

7) このさい，「生産(的労働)」によって，経済領域の財の生産を意味する。「再生産(的労働)」によって，以下の2つのこと，つまり生物学的な意味の世代間の繁殖，および同世代内の個人の再生産・保持を意味する。双方の領域に女性の労働・仕事が関わる。もちろん，経済学にもシステム上の「再生産論」という領域は存在するが，これは別の問題である。文化における「再生産」論も，ここでは視野におかれていない。

8) MEW 19, 15. マルクス＝エンゲルス撰集刊行委員会訳『ゴータ綱領批判・エルフルト綱領批判』国民文庫，36頁。

このシャドウワークを暗黙の前提として，生産を可能とすることができた。なるほど家内労働を不生産的としたのは，当該の資本制システムである。だが，この事実を評価するマルクス主義に盲点があると，武田一博は次のように指摘する[*9]。

(1) 家庭内での家事・育児活動が不払い労働としておもに女性に強要されていることによって，はじめて資本制生産が成り立っていることの無視である。
(2) 女性が家事・育児を市場に外部化し，進んで賃労働者となることを促進することによって，かえって生活の自律性や家庭における夫婦の協同関係を損ねるという事実の軽視である。

私の見解では，第1の点は，現存する資本制経済システムのありようにひっぱられた，マルクス経済理論の盲点をたしかについたと評価できるのではないか。たしかに従来のマルクス経済学は，この不払い労働が社会の維持のためにどういう役割をしているのかに積極的に関心をもち，それが社会の維持にたいしていかなる役割を果たしているのかを体系化しなかった，といえるだろう。第2の点にたいしては，半々の評価となるのではないだろうか。私は現段階で，一個の経済主体として，また夫婦関係でいえば夫との関係において，女性が経済的に自立することを必要と認めたい。だがそのことは，おもに家庭内でおこなわれる，人間の生活主体としての活動能力（育児，炊事，洗濯・清掃，ゴミの廃棄などの日常生活をおこなう能力）を喪失することになってはならないだろう。この点では，私は武田の考えに賛成である。要はバランスの問題であり，人間が男女ともに，基本的に，経済的にも社会で働き自立し，同時に生活主体としても自立するというライフスタイルを築くことが望まれるのではないだろうか。

最後に，フォスター／バーケットは，マルクスが自然を道具主義的に扱わなかったかという問題を取り上げる（p.459）。この問題にたいしては，「道具的」という意味次第であるといわれる。これは人間にとって必要不可欠な労働活動を，そもそもどう評価するのかに関わるだろう。フォスター／バーケットによれば，人間が多様な道具や機械を考案して

---

9) 武田一博『市場社会から共生社会へ』青木書店，1998年，80頁以下参照。

自然に向かうかぎり，私たちすべては「道具主義者」である。だがそのさい，マルクスの労働論は，持続的な人間－自然関係を強調し，自然の疎外の問題を見すえている。この意味では，マルクスは通常の道具主義者とは異なる……。これはもっともな返答であり，逆にクラークは，労働や生産についてエコロジーの立場からどう再把握するのかを答えなければならないだろう。

結局，フォスター／バーケットは，ディープ・エコロジーにはきっぱり反対をすると表明しつつ，サレーのエコフェミニズムの提起する「身体化された自然 embodied nature」などの視点は，やはり重要であると承認した（p.459）。とくにバーケットがサレーの著作『政治としてのエコフェミニズム』を将来，書評する予定であるとして，これ以上の論評はおこなわれていない。以上のかぎりで，《エコマルクス主義》にとって，エコフェミニズムとの対決・交流はまだこれからというところが実情ではないだろうか。

7　ジメネツのエコフェミニズム批判

ところで実は，《エコマルクス主義》の立場から，フォスター／バーケットの最初のクラーク批判が世に出る前に，マーサ・ジメネツがエコフェミニズムを批判している。フォスター／バーケットを中心とするいままでの論争を知る者ならば，彼女がどういう批判をするのかは興味あるところである。ここで，ジメネツの論文「エコロジーはマルクスを必要とするのか？」[Gimenez 2000] を簡単に紹介・検討しておきたい。

ジメネツはこの論文で，このタイトルの疑問にはもちろんイエスと答え，社会主義的でエコロジカルな変革のために，マルクス的見地が是非とも必要であることを強調する。そのために他のエコロジーの立場を分類し，それぞれの立場の不十分性を指摘する。それらの立場とは，①主流の人間中心主義的エコロジー（浅いエコロジー），②ディープ・エコロジー（エコロジー中心的アプローチ），③エコフェミニズム，の3者である（p.293）。だが，③もかなり深い自然主義をもっているので，②と③はおのずとかなりその主張が重なるようである。

②のディープ・エコロジーについては，ノルウェーのアルネ・ネスの名前がその代表者として挙げられ，生命圏平等主義や自然の内在的価値の提唱がその特徴とされる。このさい，私の考えによれば，しばしば人間の「自己実現 Self-realization」の構想がネスのディープ・エコロジーにとって基本的なものとして付加されることもある。この立場には，さらにネスのほかにマイケル・トビアス，ジョージ・セッションズらの名前が挙げられるが，彼らは一般に，エコロジー危機の原因について，人間の歴史の大部分を支配し，とくに西洋の産業社会を支配してきた人間中心主義および権力への渇望に求め，さらにそのなかで，女性と自然にたいする男の支配，貧困者にたいする富裕な者の支配を正当化する西洋の産業社会，およびその文化的・哲学的・宗教的伝統を問題とする（p.294）。こうしてこの立場は，問題の解決を何らかの非西洋的思考へ，たとえば土着のアメリカ・インディアンの文化，東洋の神秘主義，神話などへと展望する。この立場は，西洋社会に特徴的な合理主義的・分析的・道具的・開発的な世界観に対抗して，全体論的（holistic）で相互連関を重視する立場を提起し，ケアを重視する神秘的世界観を提唱するとされる。

このように特徴づけられると，たしかにこの立場は上述のクラーク，サレーの立場にもある程度共通するものを含むといえるだろう。さて，③のエコフェミニズムは，従来のフェミニズムをエコロジーの思想と結合し，やはり何らかの非西洋的文化を志向するといわれる。この点で，ヴァンダナ・シヴァ，アソウカ・バンダレージ，キャロル・クライストらの名前が挙げられる。エコフェミニズムにも多様な傾向があるが，「社会的および社会主義的エコフェミニズム」は，人間中心主義批判というディープ・エコロジーとの共通点をもつ。この②の立場は，C. ジャクソン，ヴァル・プラムウッドらに見られるように，男性中心主義（androcentrism）や，資本主義および家父長制のような差別と支配の構造に，人々が無関心であることを批判するのである。エコフェミニズムのなかで，「ラディカルな文化的エコフェミニズム」は，女性が男性よりも自然に近いとみなし，その再生産的な経験とおのずと備わった養育の能力とにもとづき，女性のすぐれた能力を想定する。彼女たちは，その能力と特質のために，おのずと環境保護とすべての従来の生活形態の支

持のために行動できる。C. ニューらのこの立場は，家父長制が女性と自然にたいする支配の主要原因とみなす。

　以上のように総括するジメネツは，すべてのエコフェミニズムに共通する特徴として，エコロジー危機の核心に家父長制を置くこと，さらに女性の抑圧・自然の抑圧・すべての弱い社会グループの抑圧という3者の抑圧理論の結合の主張を挙げる（p.295）。そしてさらに，彼女がこの立場の欠陥として見るものは，それが一面的なイデオロギーとなっており，現象にたいする抽象的で非歴史的な説明に終わっているということであり，具体的で歴史的な決定要因としての生産様式およびその歴史的文脈を，つまり人々と自然にたいする資本制生産ののっぴきならない現実的影響を軽視することである（p.296）。この立場は，自然にたいする人間の支配を非難し，生産様式よりも男性を非難すること，「ノスタルジーの政治エコロジー」を追求するためにすべての西洋的なものを拒否すること，逆にすべての非西洋的文明はエコロジー的に健全であること，以上を主張して現状の否定に向かう。しかし，この否定は単に「抽象的」であるにすぎず，リアリティがないという。こうしてジメネツによれば，「人間中心主義と家父長制を非難する説明は，環境的悪化と女性抑圧の原因の制限された理解へと導く」（p.296）。極端化すると，この立場は，人間や男性そのものにそもそも欠陥があり，自然や女性は本来的に善である，という主張へといたる。さらにこの立場から，ときおり社会発展にたいする「自然の限界」（p.297）がいわれることがあるが，この主張が社会組織のいっそうの公平さを確立することを妨げるとなれば，それには懐疑的にならざるをえない……。

　エコフェミニズムにたいする彼女の不満は，総じてそれが現実のリアルな批判になっていないということであるが，あらためて以下のようにまとめられるだろう。

(1) 環境と人間を搾取する現実的要因である資本の運動にきちんと立ち向かっていず，事実上そこから問題をそらしている。

(2) 西洋文明を悪と見，男性を悪と見，家父長制の悪影響を過大視し，技術や産業化そのものを批判し，理性もそれが道具的な側面をもつからといって批判すること，これらすべてが資本制社会に由来する構造的要因をきちんと認識しないという意味と関わって，単なる

「抽象的否定」に終わっており，まさにリアリティを欠いているのである。

(3) 自然にたいしても，マルクスの物神崇拝論を使っていうと，エコフェミニズムは自然の物神崇拝に陥り，世界を脱魔術化ではなく，再魔術化・神秘化の方向へもっていこうとする（p.298）。これでは環境問題も解決できない。

こうしてジメネツは自分からの具体的主張として，物質代謝論，人間と自然の「共進化」などの構想を出すが，これはフォスター／バーケットらが主張していたのと同じものといえよう。

私の考えでは，ジメネツはエコフェミニズムの問題点，弱点をついていると思われる。経済のグローバル化のなかで資本のシステムがますます全世界への支配を進め，そのなかで環境破壊も深刻化している現在，この問題状況をまずは広く深く分析する必要があるだろう。社会主義・中国においても，結局経済的には，資本の運動と市場経済が社会をおおいつくし，資本制社会同様，そこで経済格差と環境問題が深刻化しているのが事実ではないか。だが反面，ジメネツの上記の総括は，マルクス主義パラダイムに依拠しており，資本主義批判・市場経済批判一辺倒になっていて，視野狭窄に陥っているような気がする。かつてのソ連・東欧の「社会主義」諸国に，深刻な環境問題が存在したことがその崩壊後に暴露された。これらの事実を見れば，単に資本制社会の批判に問題を帰着させることができないことは明らかである。さらにまた，そこには異文化・多文化を扱う視点がない。はたしてエコフェミニズムの多様な主張は，ほとんど無意味で有害なのだろうか。すでにサレーの場合に総括したように，私は必ずしもそうは考えていない。ジメネツはエコフェミニズムの主張を，対話的精神でもって，さらに深く理解すべきではないだろうか。

第7章

論争の総括

　以上で,《エコマルクス主義》を中心とした論争の紹介・検討を終える。そのなかでかなりの程度私自身の意見も披露したが, ここでは, まだ十分に論じられていない問題について総括したい。論点は以下の5つほどにまとめられるだろう。つまり①弁証法的方法の問題, ②マルクス本来の思想（《実践的唯物論》）の問題, ③《エコマルクス主義》の展望する自然史＝人間史の全体構想の問題, ④ソ連・東欧の「社会主義」崩壊の批判的総括の問題, ⑤異文化・多文化ないしヨーロッパ中心主義の問題, である。

1　弁証法的方法をいかにとらえるのか？

（1）　マルクスによる弁証法の定式化
　フォスター／バーケットのみならず, クラーク, サレーらも一様に「弁証法」をみずからの方法とみなし, 使用していた。これは日本のポスト・マルクス主義ないし（ポスト）社会主義の状況に関心をもつ者からすると, ある意味で, 信じられない事態でもあると思われる。というのも, 従来のマルクス主義「哲学」における「弁証法的唯物論」にたいする反動もあって, 日本の思想界では, もう弁証法はすでに死語と化しているように見えるからである。というのも,「弁証法」などは, 宗教と同様の運命予定説（共産主義の到来への信仰！）にほかならず, 体系的

な矛盾の弁証法的把握などよりも、むしろ多様な「新しい社会運動」をとらえる差異と接合の思想が重要とされてきたからである。少し気のきいた者ならば、レトリックとしてチラッと使うならばいざしらず、弁証法などをまともに論ずることを忌避するという状況がある。だが、私は以前から、あえて反時代的に、弁証法についておおいに関心を示してきており、いわゆるマルクス・レーニン主義哲学における従来の弁証法のありようを徹底して批判しつつ、哲学史のなかであれほどまでに重視されてきた「弁証法」をどのように復権・再生するのかに心をくだいてきた。たとえば私はそこで、弁証法（dialectic）の哲学史的考察のうえで、それを古代ギリシャのソクラテス、プラトンに由来する対話的弁証法（ディアレクティケー）とヘーゲル、マルクスに由来する体系的弁証法とをいかに総合・統一するのか、などという問題を議論してきた。そして図式化され、単なるイデオロギー装置となっていた弁証法をいかに現実認識のために役立つように改良できるのかに腐心してきた[*1]。弁証法は何も、大がかりな体系構築のための仰々しい方法に限られるわけではなく、「負けるが勝ち」など、ことわざなどにも頻出する生活の知恵でもある。方法論なしの思想界の営みには、何か寂しいものを感じている。

　今回のエコロジーに関する議論で不思議なのは、あれほどに「弁証法」が登場するのに、その内容上の説明がほとんどまったく見られないことである。他方、「唯物論」については、比較的議論がなされ、定義づけや分類も試みられている（第Ⅱ部6章4節など参照）。弁証法的論理学の形成者・ヘーゲルにはかなり言及がなされるにもかかわらず、「弁証法」は何かスローガンのようにしか用いられなかった。そしてクラークのマルクス批判にも、実は弁証法の理解が不足していることがおおいに関わっていることと思われる。弁証法のイロハになり恐縮であるが、まずその基本を簡単に説明したい。そのうえで、《エコマルクス主義》をめぐる論争との関わり合いを議論したい。

　ごく一例を挙げたい。周知のように、マルクスは『資本論』第2版の

---

　　1)　拙著『対話の哲学　議論・レトリック・弁証法』こうち書房、1993年、などの著作がその例である。同書のⅣ「真理反映説か真理合意説か」、Ⅴ「二つの弁証法の統合」（その第3節では、いわゆる「対立物の統一」の法則を理論実践に役立つように、詳細に分類した）などがとくに関係する。

「あとがき」のなかで弁証法を定式化してみせた。

弁証法とは，「現状の肯定的理解のうちに，同時にまたその否定，その必然的没落の理解を含み，すべての生成した形態を運動の流れのなかでとらえ，したがってまた，その過ぎ去る面からとらえ，何ものにも動かされることなく，その性質上，批判的で革命的である」（*MEW* 23, 28. ①23頁）。

つまり問題とされた対象の成立上の必然性をその全体性にわたって探り，その肯定的側面をとらえる。それだけならば，「なるほど，現実は必然的に生じている」と，現実を肯定化するだけの保守主義に終わる。だが弁証法は，しかるのちに，その内部に，その存立を否定する側面を洞察し，その対象がいかにして崩壊・消滅する可能性をはらむのか，をとらえようとする。すなわち，弁証法はこうして，対象を肯定的側面と否定的側面の「対立物の統一」として総体的に把握しようとするものであった。だからマルクスにとって，資本制生産という現実も，できるだけその成立の根拠と必然性をとらえるとともに，その没落と消滅の契機をそこに発見することが重要であった。マルクスがよかれあしかれ，資本制生産の出現の画期的事実に注目する所以もここにある。

だが，上記の引用箇所でマルクスが言い落とした別の側面もある。それは現実の否定的理解のなかに，さらにその肯定的かつ積極的な側面を未来に向かって展望するという認識である。ここにいたって，弁証法的認識は十分なものとなる。もちろんマルクスは，このこともよく了解していた。すなわち肯定的理解のなかにその否定的理解（批判）を，さらにその否定的理解のなかに肯定的理解（展望）を，という構図である。それが弁証法の「対立物の統一」の十分な論理である。弁証法は単なる保守主義でもなく，さりとて単なる批判主義やニヒリズムでもない。いずれにせよ，弁証法は，体系的認識のなかに，生成・発展・消滅の過程，さらにそこからの新しいものの生成という歴史的発展性を洞察しようとする。この意味で，弁証法は「批判的で革命的」である。以上は弁証法のイロハの理解であろう。こうして弁証法は，対象を肯定面と否定面の総合として，つまりその意味の矛盾物としてとらえるが，こうした弁証法的両面把握が，実はクラークには理解できないようである[*2]。

（2） 弁証法への無理解

　クラークが理解できないのは，マルクスがあくまで固執する，事物への両面的・両義的な把握であり，さらに，対象を諸側面の豊かな相互連関のなかでとらえようという思考である。彼はそのマルクスの有機的につながった思想を分断し，ばらばらにし，こうして単純化してしまう。そして分断されたその一面だけをとり出して批判するのである。たとえば，いくつかの例を思い起こそう。

　すでに述べたように（第Ⅰ部3章3節，第Ⅱ部5章4節など），マルクスにとって，労働過程は，道具・機械などを技術的に利用する，目的実現の主体的・観念的側面と「物質代謝」の自然的・客観的側面との弁証法的統一であった。とくに前者の側面からすると，労働主体と自然客体とはある意味で，区分されなければならない。このかぎりで，道具・機械を利用する人間は，対象として区分された自然にたいして，ある程度操作的にならざるをえない。だが，その区分は相対的であり，実はマルクスは「非有機的身体」というかたちで，人間と自然の根源的統一の考えを前提していた。ところがクラークにとって，人間－自然関係は，一体化されるか，分断されるかのいずれかでしかなかった。クラークは実は，物質代謝のもつエコロジカルな意義を十分にとらえてはいなかった。さらにこれは，シュミットのいう「自然の社会的媒介」と「社会の自然的媒介」の統一という認識，デュリッチでいうと，「マルクスは人間と自然の同一性を，両者の非同一性の局面のもとで堅持しようとした」という弁証法的表現となる（第Ⅱ部3章の議論）。

　クラークの発想法では，人間が労働し生産するという現実はリアルには把握できないだろう。『要綱』などにおける機械制大工業の把握にしても，マルクスはそれをひたすら肯定もしなければ，否定もしていない。まず資本制生産におけるその成立の必然性を，弁証法的に冷徹にとらえ，

　2）　論理としての弁証法のさらなる認識については，インジッチ・ゼレニー『弁証法の現代的位相』（島崎／早坂共訳）梓出版社，1989年所収の，私による詳細な解説を参照（212頁以下）。また，ヘーゲルとマルクスを念頭においた，弁証法のあらなる特徴づけとして，拙著『ヘーゲル弁証法と近代認識』未來社，1993年所収の，序章「弁証法への私の歩み」を参照されたい。そこで私は，①弁証法は対立物の統一の論理である，②弁証法は発生的・批判的方法である，③弁証法は対話的契機（ディアレクティケー）を内部化している，④弁証法は対象認識と自己認識を統一する，⑤弁証法は直観を内包する，という5つの特徴を展開した。

労働者にたいするその否定的側面を鋭く洞察する一方，機械のもつ未来への可能性を探り出そうとした（第Ⅱ部6章3節）。マルクスのいう「資本の偉大な文明化の影響」という表現も，それを全面肯定したのではなく，その歴史的必然性と歴史上の画期的事態（文字どおり歴史を画する事態）を述べたのであり，それを批判しつつも，いかに未来社会で継承できるかを展望したのである（第Ⅱ部1章2節）。さらに，フォスター／バーケットが強調した「有機的」「非有機的」という用語も，何か一義的に固定化されているものではなく，事態の客観的認識に応じて，柔軟に相互に転換されるものであったということも弁証法的といえるだろう（第Ⅱ部4章2節）。だがクラークは，それを「当惑させるような困った事実」［Clark 1898, 244］としか評価できなかった。

さて，クラークが指摘する最大の批判は，マルクス像が3つに分裂しているというものであった（第Ⅱ部5章1節）。これこそ，クラークの思考が非弁証法的であることを示す典型例であっただろう。もちろんマルクスのつもりでは，ひとつの人間－自然観を分節化して，さらに多様な諸局面を総合的に，かつ粘り強くとらえようとしたのであった。マルクスにたいして，彼の展開があまりうまくいかなかったとか，不十分にしか展開されていなかったとか，現代のエコロジー問題の視点からするとかなり甘い側面があった，というようなことは指摘できるだろう。実はすでに述べたように（第Ⅱ部1章1節），「自然の支配」というような表現もマルクスにはないわけではなかった。何といっても，マルクスは19世紀の古い思想家である。私も現代的観点から率直にその事実を承認したい。だが，本書で明らかにされたように，マルクスの人間－自然観は多様な側面の統一の認識であったし，そうした総合的な弁証法的思想が説得的というべきものであった。さらに，労働において技術にたいする言及が必然的になされるとすれば，そこでの対象にたいする制御・統制というテクニカルな側面に触れざるをえないだろう。それでも，「自然の支配」という表現は，たしかに現段階では，適切とは思われない。マルクスを近代化の議論と結合して，マルクス主義的社会主義にたいして，近代の生産主義・産業主義というイメージをおおいに増幅したのは，後世のマルクス主義者であろう。

あえてもうひとつ，クラークの不十分性をいえば，彼が弁証法を，何

か一種の「全体論」と規定する点が問題である。弁証法とは，三木清も正当に指摘するように，単なる全体論や（生命論的）有機体説ではない[*3]。ヘーゲルにおける弁証法の成立過程を深くたどれば明らかになるように，それは近代でようやく成立した論理として，（自己意識をもった）個体と全体との統一の論理である。全体的認識を目ざすといっても，つねにそこに個体的契機（主体性）がはらまれている。私の考えでは，個体的契機なしの，個体がつねに全体に埋没してしまうという意味での全体認識は，弁証法の名に値しない。この点で，哲学史的事実を反省すれば，カントの『判断力批判』がいかに巧みに生命的有機体の「論理」をよくとらえているとしても，個体的契機が見られないかぎり，そこには弁証法はまだ成立しないのである。紙幅がないので，詳細は拙著に譲りたい[*4]。

　ところで私は，弁証法については，「疎外論」などとの関係でもう一度考える必要があると思っている。さらにまた，エコロジー問題をとくに念頭において，弁証法を再考する必要性も感ずる。実はクラークも，フォスターも「弁証法」を強調しながらも，私の知るかぎり，弁証法をあらためて論じてはいないようである。エコロジーとの関連では，ジョエル・カヴェルが，クラークも書いている雑誌『資本主義・自然・社会主義』でこのテーマを展開しているのを見たくらいである[*5]。弁証法にまつわるこれらのテーマは，将来の課題としたい。では，クラークの批判を念頭において，マルクス弁証法の問題点はどこにあるのか。これはマルクスの共産主義への全体的見通しの問題とつながっているので，後

　　3）　三木清「弁証法と有機体説」，『全集』第3巻，岩波書店所収を参照。
　　4）　拙著『ヘーゲル弁証法と近代認識』（前掲）の第2部，第3部は，フランクフルト期，イェーナ前期のころまで，一種のロマン主義，生の哲学，全体論の立場に立っていたヘーゲルが，なぜいかにしてその立場を克服し，近代的な（同時に近代を克服しうる）弁証法へと到達したのかを詳細に追究したものである。
　　5）　カヴェルは「エコロジー的マルクス主義と弁証法」という論文の，とくに第3節「弁証法」で，弁証法の見直しをおこなっている。弁証法については日本ではきわめて盛んに展開されてきたので，彼の論点の多くは目新しいものではないが，それでも，学ぶべきものをもっている。Joel Kovel, "Ecological Marxism and Dialectic," *Capitalism, Nature, Socialism*, No.6 (4), 1995. を参照。彼は弁証法に関連して，「エコロジー的思考法の主要な原理は，相補性（reciprocity），相互承認（mutual recognition），相互連結（interconnection）である」（*Ibid.*, p.35.）という。彼は弁証法について，その総合的性格よりもその否定的性格を強調し，「弁証法は不在と現前の相互作用であり，関係づけられた否定性である」（*Ibid.*, p.40.）とも指摘する。

述したい（第5節）。

2　マルクスの構想としての本来の《実践的唯物論》

（1）　フォスター／バーケットの遭遇した困難

　実は私もマルクスについて云々しているかぎり，ひとつのマルクスの解釈を示しているにすぎない。その意味で，私も一マルクス解釈者にすぎない。マルクスについて云々することは，おのずとひとつのマルクス「主義」の立場を提示することにならざるをえない。すでに本論で十分に展開したように，エコマルクス主義者のフォスター／バーケットがマルクスの新しい立場を鮮やかに取り出して見せたわけだが，それは，そもそもマルクス主義とは何かという根本問題に応えているわけではなかった。本論では，この問題に関して，フォスター／バーケットが困難に遭遇していることを示してきた。この意味で，フォスターは『マルクスのエコロジー』の「序章」と「エピローグ」のなかで，マルクスの一般的考えを展開しようとしたが，うまくまとまってはいない。彼はマルクスの「新しい唯物論」の立場について，たとえば，おおむね次のように述べる。

　マルクスとエンゲルスは「唯物論的または現実主義的な存在論」から出発したが，そこでは自然，物質世界は人間的存在の前提条件であり，さらに生存の手段の生産は，人間社会における人間の生活の前提条件であった。一方で自然は人間社会へ還元されないし，他方で，私たちが感知する自然は人間の歴史から簡単に分断されてはならない。フォイエルバッハの唯物論の欠点は，自然が人間の活動や歴史から分断されている点にある［Foster 2000, 115］[*6]。

　それ自体はまちがいではないこうしたマルクスの思想をどのように呼び，その特徴を正確に描き出すのか，それが問題であった。たとえばフォスターは，それを「弁証法的自然主義」などと呼ぶ。だがこの名称が，何か《エコマルクス主義》にはある意味でふさわしく見えるとしても，

　6）　フォスター『マルクスのエコロジー』（前掲），189頁。

マルクスの実践と社会批判重視の立場を表していないことは明白である。実は彼は，ルカーチらの「西洋の批判的マルクス主義」にも言及するが，それを「実践的唯物論」と呼ぶ。だが，そのことばもフォスター自身が積極的に採用する名称とはならず，その内容規定もあいまいなままに終わっている。彼は，ルカーチらのこの立場が自然のより深い唯物論的考え方から切り離されてはならないと正当にも釘を刺し，そこからも距離を取る［Foster 2000, 8］*7。

　実はこの問題は，単なる名称問題ではないし，理論的思弁の関心から発生するものでもなく，いうまでもなく，ソ連・東欧の「社会主義」崩壊に従来のマルクス主義がいかに関わっているのか，またそれとの関連で，広くマルクス主義の発展史のなかでエンゲルス，レーニン，スターリンをどう位置づけるかというような問題群がそこで展望されるべきである。実はフォスターのみならず，バーケットもこの問題を正面から扱っていない。したがって彼らは，マルクス主義哲学全体の規定を十分なかたちで提示できない結果に終わっている。そういうわけで，クラークのマルクス主義批判にも十分に応えられていず，フォスター／バーケットはその問題を回避し，放置する結果に終わってしまった。

　とくにフォスターが，つねに「唯物論」と「弁証法」を強調するとしても，エンゲルス流の「弁証法的唯物論」［Foster 2000, 19］*8を説くだけでは，いかにも時代錯誤であろう。どうすれば，マルクス固有の立場を特徴づけ，それによって同時に，既存の「社会主義」崩壊のイデオロギー批判となり，エンゲルスらのマルクス主義者への批判ともなることができるのか，さらにいえば，同時にそれが《エコマルクス主義》成立の積極的論拠にもなりうるのか，この困難な課題を正確に立てて，展開する必要がある。一体マルクス本来の哲学は，どのようにすれば正確に特徴づけられるのか。

（２）　《実践的唯物論》の目指すもの
　いずれにせよ，そこでのマルクス主義の理論負荷性は重いものである。

7）　同上，189頁。
8）　同上，42頁。

第7章　論争の総括

　実は私はその立場を弁証法的な《実践的唯物論》と名づけ，その他のマルクス主義の立場と比較・検討してきた（本書第Ⅰ部1章である程度展開した）。現在では，こうした問題提起のもとで，従来のソ連・東欧の「社会主義」崩壊のイデオロギー的根拠の問題，「マルクス・エンゲルス問題」，さらに後続のレーニン，スターリンらの逸脱の問題，自然環境にたいする唯物論の問題，《エコマルクス主義》成立の積極的根拠の問題などを，あえて自覚的に含みこんでなされなければ説得的ではない。単に，マルクス・レーニン主義などのくだらないものは私に無関係だとのみ述べて，マルクスそのものをいきなり語り出すという姿勢を取ることは無責任であろう。詳細は拙著『ポスト・マルクス主義の思想と方法』の各該当箇所を参照願いたいが，以下，簡潔に要点を述べたい。

　弁証法的な《実践的唯物論》とは，オリジナルなマルクスの思想を再現しようとする用語であり，この立場は，旧ソ連などの「社会主義」の公認イデオロギーであった，従来のマルクス・レーニン主義ないし「弁証法的唯物論」と，それを批判してきた西洋マルクス主義（ルカーチ，コルシュ，シュミット，コラコフスキー，さらにサルトル，ユーゴのプラクシス・グループも含む）の両思想を両面批判するものであった。さらにこの立場は，従来の唯物論（18世紀フランス唯物論，フォイエルバッハらの唯物論）と弁証法的観念論（ヘーゲルを頂点とするドイツ観念論）とを同時批判するものでもあった（フォイエルバッハ・テーゼの第1に明示される）。私が本書の第Ⅰ部1章4節で示したように，人間が外的・内的自然からの絶対的制約のもとで存在し，だがそれをバネとして労働と生産をするところに人間の本質があると考えるのがマルクスであり，またそこに環境思想に必然的につながる側面があった。そのさいこの立場が，明確に，「自然史的過程」として，自然と生命の進化をみずからの哲学的基礎としている点も，自然環境問題にとって不可欠な前提である。以上のようにして私は，《実践的唯物論》の10個の規定を列挙した（同書の序章第3節）。同書の序章「『社会主義崩壊後』に何を考えたらよいのか？」は，全体として，旧ソ連などの社会主義イデオロギーの中心にあったマルクス・レーニン主義への批判に貫かれており，同書第Ⅰ部の第1章「マルクス主義思想の現代的課題と哲学原理論争」，第2章「日本における実践的唯物論論争の展開」も，私のいう《実践的唯物論》をさら

に詳細に根拠づけている。とくに第3章「『哲学のレーニン的段階』とはなんであったのか?」は,マルクス・レーニン主義哲学の別名である「哲学のレーニン的段階」の問題点を批判し,あわせて日本への輸入者のひとりである永田廣志の思想形成に見られる,マルクス・レーニン主義と《実践的唯物論》とのあいだの「分裂」の悲劇にも言及した。

私は『ポスト・マルクス主義の思想と方法』以後,さらに6点にわたり,《実践的唯物論》の規定を簡潔に述べたことがあるので,便宜上,いまここでそれを紹介しておきたい[*9]。

(1) 唯物論の立場から,弁証法的に進化する外的自然を人間存在の大前提とする。この点で,エンゲルスの「自然弁証法」は,有益な役割を果たすと評価される。

(2) 上記(1)の,自然存在としての人間のもつ絶対的受動性から出発して,実践的に関係しあう主体としての「現実的諸個人」(『ドイツ・イデオロギー』)を世界形成の主体的根拠と見る。

(3) 総じて,世界を理解するうえで,自然存在(→自然弁証法へ)は基礎・前提であり,社会実践と人間史(→史的唯物論へ)は核心である。

(4) この世のすべての現象(根源的な自然存在も含め)を,一度ある意味で社会的・歴史的産物として,その発生の根拠から把握しようとする。

(5) いわゆる史的唯物論の把握する歴史観を媒介として,資本制社会の矛盾から生ずる階級的・階層的な差別・抑圧への批判を中心に,実践的な最終目標を人間主義と自然主義の統一をおこなう「共産主義」に設定する。

(6) 文献的にいうと,この立場は,たとえば,エンゲルス『フォイエルバッハ論』を批判しつつ,むしろマルクス「フォイエルバッハ・テーゼ」(とくにその第1)における従来の唯物論と観念論の統一の立場に立つ。

簡単に補足すると,(1)は従来の唯物論からの継承であり,この論点

---

9) 拙論「レーニン哲学の総括とマッハ哲学への評価」(上島武・村岡到編著『レーニン革命ロシアの光と影』社会評論社,2005年),185頁以下参照。

と，人間実践と社会の産物としてすべての現象を把握するという(4)の主張とを統合するところに《実践的唯物論》は成立する。マルクス的な《実践的唯物論》によれば，いわゆる「弁証法的唯物論」の世界観や弁証法的カテゴリーを，社会の領域へ「適用」するところに史的唯物論の認識が生ずるわけではない。とくに史的唯物論の再形成は，「社会主義」崩壊後の現時点で，まだほとんど試みられていない課題といえよう*10。

以上のように，私は《実践的唯物論》の規定を周到に展開したつもりである。結局いまでも，マルクスに関心をもつ者のあいだでも，この《実践的唯物論》の十分な把握はまだ一般化していない。さらに私は，この立場から，エンゲルスとレーニンの不十分性をついた。ひとたびこの立場を十分に把握すると，スターリンはもちろんのこと，エンゲルス，レーニンのマルクス主義理解も実は不十分であったことがわかるようになる。同書の第3部9章「エンゲルス研究における論争点と到達点」では，幅広くエンゲルス研究の従来の状況をフォローし，彼の業績と問題点に言及した。そして第10章「エンゲルスにおける唯物論・弁証法・自由論」では，さらに具体的に，とくに後期エンゲルスが《実践的唯物論》から乖離していることを展開した。彼にとっては，《実践的唯物論》をイデオロギー的に根拠づけることよりも，当時までの自然科学の発展に依拠して，科学主義的・実証主義的にみずからのマルクス主義を論証しようとすることが重大であった。だが，哲学は科学によって端的に論証はできない。そしてそのさい，『ドイツ・イデオロギー』などで試みられた社会認識・歴史認識を中心とする現実認識をあらためて《実践的唯物論》の立場から展開することなく，科学的方法を体現した弁証法が先頭に掲げられ，エンゲルスは弁証法の「適用」によって世界をとらえるという方法論主義・法則主義に陥った。西欧マルクス主義が，エンゲ

---

10) 以上の私の論調にたいして，マルクスはそもそも「哲学」なるものを承認したのか，そもそもマルクス主義「哲学」などという呼称そのものがマルクス・レーニン主義的ではないのか，という問いが生じるだろう。この点での弁明は，拙論「『哲学死滅論』と哲学の意義——実践的役割を終えたものは死滅する」（東京唯物論研究会編『灯をともせ』第3号，2005年所収）で展開された。この点からすると，ハーバマスが実存主義，現象学などと並べて，マルクス主義哲学の役割を積極的に展開するという態度に賛成したい。Jürgen Habermas, Die Rolle der Philosophie im Marxismus, in: Ders., *Zur Rekonstrukion des historischen Materialismus*, Suhrkamp, Frankfurt am Main, 1995. ハーバマス「マルクス主義における哲学の役割」，清水多吉監訳『史的唯物論の再構成』法政大学出版局，2000年所収を参照。

ルスは科学の進歩に安易に依拠して,自然弁証法を先頭に立てて一種の(論理学的)存在論へと,さらに他方で,(自然)科学的成果に依拠する悪しき実証主義へと後退したと批判したのは,まさに正しいのである。そして続いて,私は同書第11章「レーニン哲学の再検討・序説」で,エンゲルスをかなり忠実に継承・発展させたレーニンの不十分性もついた。この点はもはや詳論しない[*11]。

3 自然史的＝人間史的過程の発展図式

以上を踏まえて,弁証法的な《実践的唯物論》の立場から,とくに《エコマルクス主義》の基本構図を次に図示したい。これはマルクスの思想に含意されており,とくにシュミットやデュリッチが議論したものである。

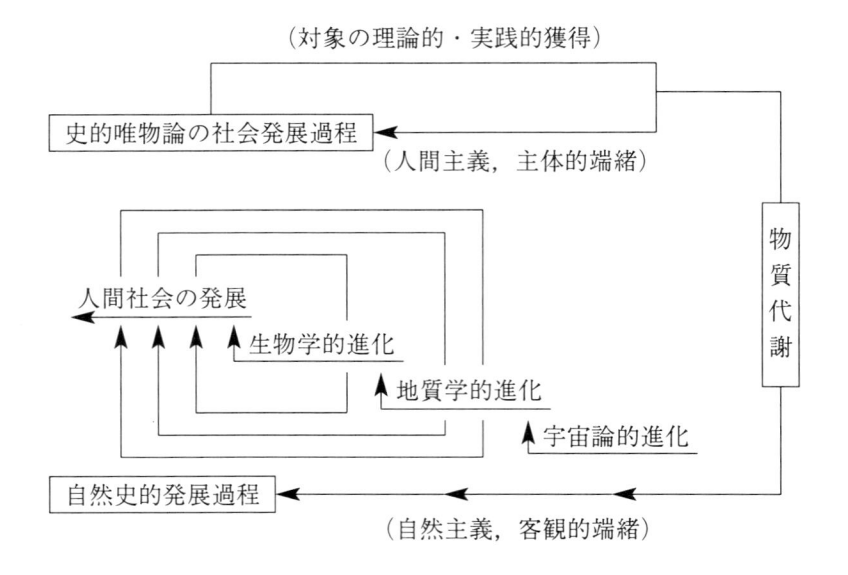

```
                    (対象の理論的・実践的獲得)
        ┌─────────────────────────────────┐
        ↓                                  │
  ┌──────────────────┐                     │
  │史的唯物論の社会発展過程│←─────            │
  └──────────────────┘    (人間主義,主体的端緒)│
        ┌──────────────┐                  ┌──┐
        │  ┌────────┐  │                  │物│
        │  │ ┌────┐ │  │                  │質│
        │  │ │    │ │  │                  │代│
   人間社会の発展 ↑生物学的進化           │謝│
        ↑  ↑    ↑                        └──┘
        │  │  地質学的進化                  │
        │         ↑宇宙論的進化             │
  ┌──────────────┐                         │
  │ 自然史的発展過程 │←────────────────────┘
  └──────────────┘  (自然主義,客観的端緒)
```

この図は,大きくいって,自然史的発展過程と人間社会の発展の両過

---

11) さらにレーニンについては,そのイデオロギー論争のスタイルについて,拙論「レ

第7章 論争の総括

程から成立している。後者の史的唯物論の過程については、ここでは、詳細には展開されない。私は以下、現代科学の知見を前提して展開したい。

さて、第1の自然的過程は、右から展開される、ビッグバン以後の宇宙論的進化、地球における地質学的・気象学的進化、地球における生物学的進化、さらにそれを踏まえて人間社会の発展（史的唯物論が扱う）を示す。これは歴史的時系列にそって、右から左へと直線的に展開される。このさい注意すべきは、これらの進化は重層的であり、最初の宇宙論的進化は地球という惑星の進化の根底にあり、さらに続行されているということである。そして生命の進化は、この膨張する宇宙の運動を前提として、地球の地殻（大地）と気候の変化を生命進化にとっての必須の環境的条件としておこなわれてきた。この地質学的・気象学的条件の良好な変化に規定されて、生命の進化はおこなわれてきた（しかしこの進展は、生物絶滅のような局面を含んでいることを排除しない）。

さらにこの点からすると、人間存在の活動も、上記のビッグバン以来の宇宙的進化の過程に遠く支えられているといえよう。ある意味で、人間という自然において、宇宙に起源をもつ物質は、ようやく意識と自由をもったのである。こうして、人間の発展過程も、すべて広義の自然史的発展過程に属する。動物としての人間はこの過程にしっかりと始めから組み入れられており、「自然は人間の非有機的身体である」といえる。ここにはまさに一種、自然中心主義の見方が貫かれる。本論で詳論してきたように、この構想はマルクスに明快に存在する。だが他方、「自然は人間の非有機的身体である」がゆえに、そこに人間の主体性の発展が労働と生産、さらに「交通」（コミュニケーションを含む）を機軸に、徐々に展開されてくる。周知のように、ここにマルクスの史的唯物論（唯物史観）の経済的社会構成体の発展図式がある。原始共同体などの低次のレベルにおいては、人間は自然の恩恵を受け取り、かつまた自然

ーニン哲学の総括とマッハ哲学への評価」（前掲）で批判を試みた。そこではとくに、エルンスト・マッハへのレーニンの批判が、学問の自由の許されない状況でいかに不当におこなわれたかについて議論されている。なお注目すべきことに、レーニンについては、『別冊情況』（2005年）の特集「レーニン〈再見〉」で再評価がなされている。だが、レーニンらが指導したソ連・東欧の「社会主義」の崩壊の問題がまともに論じられていない。このことは残念である。

の神秘および猛威を畏怖していた段階にあり，ほとんど自然に埋没していた状態であろう。だがそのなかでも，人間は徐々に道具をつくり自然を開拓し，人間的なものに変えていった。これはある意味で，まさに自然史的過程の新しい発展段階であるとともに，ここで人間的自然は独自の運動を示す。「史的唯物論の社会発展過程」に付いている円環的矢印は，人間が自分の目的から発して対象を獲得して自分にもどる展開の過程を示す。この独自性は，「対象の理論的・実践的獲得」として，人間の主体性を表現する。ここには他方，一種，人間中心主義がある。

それはマルクスが強調してきたように，その「意識的生活活動」によって人間は，自然をその表層部分から始めて，自分たちの環境へと変革していく。シュミットによれば，ここに人間活動によって刻印された，自然のもつ「社会的・歴史的性格」があり，「自然の社会的媒介」が見られる。上図における人間社会から発する円環の線の重なりは，社会発展が進むに連れて，人類が自然を広く深く獲得し，人間化することを示す。自然の理論的な獲得（自然科学）と実践的獲得（産業）の深さと広がりは，それでも前近代社会では，それほど極端ではなかった。マルクスは奴隷制や農奴制の社会でも，「自然は人間の非有機的身体である」という状況が，かなり現象として明示されているとみなした。その自然との根源的つながりから人間が断ち切られ，「自由な」労働者として出現するのは，まさに近代の資本制社会においてであった。ここに本源的蓄積過程によって，一方に，労働力以外に何ももたず大地と自然から遊離した労働者が，他方で，資本を蓄えた資本家がそれぞれ出現し，ここで資本－賃労働関係があらためて結ばれることとなる。資本制社会こそ，徹底した産業社会として，自然を理論的にも実践的にも，いままでと比較にならないくらいに獲得し変革していった体制である。マルクスがここで，「資本の文明化の影響」を見る視点は二重であり，その歴史的な画期的性格を評価するとともに，彼は，そこで労働者と自然（土地）が商品化されてしまい，利潤産出の対象として徹底して搾取されるという，疎外された事態を鋭く認識した。ここにまた，環境問題も大規模に発生する。

マルクスはここで，上記の自然史的発展過程の歩みと人間的歴史の過程を弁証法的に徹底して相互浸透させたかたちで見る。唯物論的立場か

らすると，人間社会の営みも，それがどこまで発展しようと，やはり自然史的過程を超えないのである。いかに人間が高度の精神文化を形成しようとも，それは人間という自然の頭脳や手足という自然物の産物でしかない。労働過程においても，その「物質代謝」の側面によって，人間社会と外界としての自然は，物質的・エネルギー的に相互に循環し，交流しあっている。この外的環境としての自然の営みを健全に保とうとしないかぎり，人間的自然は「非有機的な身体」を病み，同時にみずからの肉体および精神も健康を喪失するのである。この観点は，シュミットでは，「社会の自然的媒介」として述べられた。マルクスの構想した"Stoffwechsel"の3形態（自然的質料転換，人間－自然間の物質代謝，社会的質料転換）は，それでもって，自然の循環過程と人間社会の発展とを総体的に把握しているといえよう。おそらくマルクスはここで，「ディープ・エコロジー」的な深みを，しかも唯物論を喪失することなく獲得するといっても過言ではない。以上の観点は，クラークが指摘する，マルクスに見られる深いエコロジー的次元というものにも対応するのではないだろうか。

　マルクスのこの自然史的過程のアイデアをエンゲルス的な客観的自然弁証法と結合すると，興味深い結論が引き出される。しばしば「自然との共生」というスローガンがエコロジー的観点から唱えられ，それがおおむね歓迎されている。だが，それは人間の側からの都合のいい発想であり，宇宙論的進化の観点からすると，実は生命はその進化過程で，何回も大きな絶滅をくり返してきたといわれる。現在でも，大自然の猛威は，その人為的・社会的要因を除いたとしても，依然として人類を脅かしていることは周知のことである。人類ですら将来，大きな隕石の地球衝突によって全滅するかもしれない。現代科学の教えるところでは，早晩，過酷な氷河期も到来するだろう。「自然との共生」は望ましい考えだが，自然という「物質」がそれを望んでいるわけではないといえるだろう。

　人間はみずからの歴史を段階的に形成するなかで，自然の利用度を高め，自由を獲得してきたが，同時にまたその高度な科学・技術によって，かえって地球生態系規模での環境問題を発生させてきた。いまや自然環境（地球生態系）のありようは，人類の手に握られているといっても過

言ではない。核兵器を使えば，「核の冬」（カール・セーガン）「核の夜」（エフゲニー・ベリホフ）といった地球生態系の破壊現象をとおして，人類はみずからもろとも，地球上の高等な動植物をほぼ全滅させることができるほどの力をもっている（本書第Ⅰ部4章1節を参照）。ここでは，シュミットのいう「自然の社会的媒介」が指摘される。一度人間が地球上に誕生したからには，基本的に，自然はどこまでも社会的なもの，人間化の状況のもとで考えられることとなる（もちろんあえて付言すれば，実践的にはもちろん，認識上でも，人間に触れない自然の領域がそのつどの人類史の段階で残ることはいうまでもない）。私たちが人間である以上，自分が人間であるという視点を除いては，自然をとらえられない。マルクス／エンゲルスが注意した「外的自然の先行性」すらも，また進化論も，社会発展を捨象しては認識されえず，この観点を除くと，自然と人間にたいする神秘主義や悪しき抽象論が生ずるだろう。「自然の内在的価値」という考えすらも，地球生態系の危機という一定の社会の段階で，はじめて人間によって有意味なものとして提唱されたものである。

　こうして上図には，弁証法的な《実践的唯物論》から出発する《エコマルクス主義》の基本構図が描かれているといえよう。自然史的過程と人間史的過程は弁証法的な意味で，対立しているとともに，統一されてもいる。くり返すが，マルクスやエンゲルスでさらに特徴的であるのは，上図の結論が，社会科学・自然科学を総合して，神秘的にではなく，唯物論的なかたちで科学的・学問的に（wissenschaftlich）解釈されていることである。ここにディープ・エコロジーとのひとつの違いがある。

4　いまマルクスをどう見るか？

　上記の《実践的唯物論》の問題，さらに「マルクス・エンゲルス問題」という理論的問題は，もちろん1990年前後に連鎖的に起きたソ連・東欧の「社会主義」諸国の崩壊という現実問題と密接に関わっている。クラークらがマルクスに向けて批判するのは，とくにこの問題であり，さらにそれは，フォスター／バーケットが放置した問題であった。この大問題は「社会主義」崩壊後，多くの人々がすでに論じてきたが，ここで

第7章　論争の総括

はできるかぎり端的に私自身の見解を述べたい。その意図するところは，私がこの問題で十分な議論を展開することができるからというよりもむしろ，マルクスを何らかのかたちで擁護したいのならば，だれでも，この事件にたいして弁明する責務を負わざるをえないから，ということである。

　おそらく読者は，私が本書でマルクスの思想性を高く評価し，それをできるだけ発掘してきたことを承認するだろう。だがそれでも，他方において本書で徐々に，扱われる問題領域が拡大するに従い，マルクスへの見方が厳しくなっていることも実感することだろう。おそらくそうした私のスタンスに違和感すら覚えるかもしれない。もちろん，そうした違和感を誘発する原因は，私がマルクス主義にではなくて，「ポスト・マルクス主義」の立場に立つことに一般的に由来するのであるが，さらにまた，いま述べたように，ソ連・東欧の「社会主義」崩壊をどう総括するのか，という私の批判的問題意識からも発生するのである。当時から15年ほど経過したからといって，あの悲劇的事件を忘れることはできない。問題はまだ，厳然としてそこにある。だが，おそらく私のスタンスに共感する人々がそう多いとは思われない。反共・反マルクスの立場からはもちろん始めから歓迎されないことは当然であるが，マルクス主義・社会主義に共感をもちつづける人々からは，そこまで批判するのは行き過ぎではないか，という実感（反感）をもたれるものと予想する。いま私は，マルクスへのアプローチに関して，（社会主義「崩壊」の状況などはまず脇において）マルクスを安易に肯定するのでもなく，もちろんそれを否定するのでもなく，一研究者として，あるべき狭い道程を歩みつづけることで果たそうとしている。

　この節では，マルクス自身にどう向かうべきかについて，まず端的に私のスタンスを示したい。私の考えでは，既存の「社会主義」がマルクスらの構想した本来の社会主義とは実は異なるという見解に関しては，もちろんスターリン主義などの出現をマルクスは思いもよらなかったものと見るだろうという意味では，当然そうであろう。だが，そういう結果論的な見方ではすまないものがそこにあると考える。そこで思考停止してはならず，もっと深刻に考える必要がある。私の意見では，マルクスは正しかったが，それ以後の思想家，政治家などがまちがっていたの

だ，ということですまされるとは思われない。

　ここで私は，あえて《思想家》としてのマルクスと《実践家》としてのマルクスに区分して考えたい。もちろんこうした区分は一般的には無意味であることを承知している。だが，こうした区分が事態をわかりやすく照らし出すものと思われる。思想家・哲学者・科学者としてのマルクスとは，社会・自然・人間をスケール豊かなかたちで把握しようとしたマルクスのことである。現代からすると，もちろんそこに多くの歴史的限界や誤りがあるのは当然であり，マルクス＝（無謬の）神と見さえしなければ，それは当然のことである。とくに経済のグローバル化から発生した現代の社会問題を見ると，ある意味でマルクスの見識は再び輝きを増したともいえる。ほとんどすべての思想家・哲学者・科学者のなかにあって，この意味でマルクスはずばぬけて一流であったことはほとんど疑う余地はない。最近のBBC放送の「もっとも偉大な哲学者についての投票」（2005年7月発表）などでも，そのなかでマルクスが堂々と第1位に押されている[*12]。そして従来，『聖書』と並んで，人類史上大きな影響を与えてきた書物として『資本論』が挙げられてきたこともうなずける話ではある。実は私自身も，本書では，そのマルクスの一部の達成であるけれども，クラークらにたいして，いかにマルクスが深い思索を残してきたのかを，以上の意味で再発見したにすぎなかった。

　他方における《実践家》マルクスとは，社会主義・共産主義の提唱者として，そこから出発したこの運動の創始者・指導者としてのマルクスである。ここで私は，あえてマルクスの「罪」を問いたい。この点でマルクスは，思想家マルクスの魅力とあいまって，数奇な運命をたどる。つまりこの世に，社会主義や共産主義であれ，宗教であれ，そのほかの何らかの社会改良運動であれ，実に多くの思想家が実践的な意味で社会改革を説いた。だが，彼らはすべてマルクス主義的社会主義と比べて，ほぼ現実世界の1/3の領土や人口をそのもとに収めたほどの影響力はもたなかった。だから，彼らの思想や実践的方策にいろいろな欠陥が指摘

12）　この視聴者投票では，約3万4000人が投票した。その結果，第1位マルクス（27.93%），第2位ヒューム（12.67%），第3位ウィトゲンシュタイン（6.80%），第4位ニーチェ（6.49%），第5位プラトン（5.65%）である。http://www.bbc.co.uk/radio4/history/inourtime/greatest-philosopher-vote-result.shtml 参照。

されるとしても,それほど問題はなかった。問題をはらんでいない哲学者・思想家などかつてどこにもいなかった。だがこの意味で,マルクスは特別扱いされてきた。奇妙な表現かもしれないが,かつてのマルクスの思想はあまりにも実践的有効性をもちすぎたのである。

この点では,社会主義エコロジストのオコンナーが,2人のマルクスを区分した点と重なるだろう。彼は,科学者であり,学問を重視したマルクスと,実践と変革を重視するマルクスとを一応区分する。さらに前者は,「客観主義者」であり,資本論を書いた理論家としてのマルクスであり,後者は,「主体主義者」であり,労働者階級の指導者であるマルクスであるという[13]。だが,この両者の関係は,マルクスの内部でかならずしもスムーズに結合してはいない。さて,マルクスの罪深さというイメージは,他面でもちろん,従来のソ連・東欧の「社会主義」がマルクスを神のごとく扱い,そのテキストを『聖書』のごとく無謬なものとして扱い,その批判を許さなかった点にもまた由来する。この点で,クラークがマルクスを,従来のマルクス主義者のマルクス像とほぼ同一視して批判したのも無理はない。こうした伝統的マルクス主義への反発もあり,マルクスだけは特別扱いで,厳しく批判されてきたのが事実ではないだろうか。

私の意見では,とくに実践家マルクスにあえて焦点を合わせると,彼が社会主義・共産主義への実践的展望を提起して,革命家としてふるまい,暴力革命も肯定して,全世界の人々に巨大な影響を与えたかぎり,もしその展望に不十分な点があれば,その点で彼の責任は結果として大きいといえる。ここで私は,マルクスを心情倫理の視点からではなく,あえて結果倫理的な視点から評価している。こうして,ソ連・東欧の「社会主義」における実践的悪影響が少なければ,それだけマルクスの罪は軽くなるだろう。とはいえ実は,マルクスはせいいっぱい活動したのであり,その不十分性を後世の人々が指摘し,その長所を継承していけば,それでよかったのだ。だが,歴史はそうは進まず,マルクス／エンゲルス／レーニンへの神格化と無謬主義が広がり,多くの悲劇がそこ

---

13) Cf. James O'Connor, "A Prolegomenon to an Ecological Marxism: Thoughts on the Materialist Conception of History," *Capitalism, Nature, Socialism*, No.10(2), 1999, p.100ff.

で発生した。マルクスの思想を継承したと自称するスターリン主義者の犯罪を中心に，1917年以後でのソ連でのジェノサイドの犠牲は数千万人といわれる。

さらに補足すれば，何といってもマルクスは19世紀の思想家であって，現代の抱える多様な問題など思いもよらなかったのである。核戦争による急激な人類絶滅の危機，地球生態系レベルの破壊・汚染による緩慢な人類絶滅の危機など，マルクスは予想できなかった。もしマルクスがいま目覚めれば，これほどまでに生産力と科学・技術が発展しているのに，依然として共産主義が到来していないことに驚くだろう。それどころか，ソ連・東欧の「社会主義」の誕生と崩壊は信じられない現象であろう。さらにまた，マルクスが生産力や技術を重視したといっても，マルクス当時のそれと，現代とでは桁が違う。マルクスの当時のイメージを現代に機械的に当てはめてマルクスを批判しても，それは無理というものである。

5 社会主義・共産主義の実践的可能性

（1） 作動すべき経済システムの問題

そこで問題は，社会主義・共産主義の実践的可能性である。マルクスはこの問題について，かなり楽観的に考えていたのではないか。実はよくよく考えれば，少なくとも現時点では，マルクス的共産主義はほとんど実践不可能ではなかったか。この点で私は，のちほど説明するように，「経済システム不可能説」を取る。

もっとも次のことは補足したい。経済システムも，それだけが独立して運動するわけではない。資本主義の経済システムは，それを作動させるに足るモラルやエートス，さらに勤勉なライフスタイルをもった人々が大量に輩出しなければ可能ではなかった。社会主義のシステムにたいしても同様な事情がある。システムの実現は，それを可能とする人々のエートスないしライフスタイル次第であるから，高次元で経済システムを作動させるだけの豊かな知性・教養と友愛精神や実行力を備え，かつまたエコロジカルなライフスタイルを身につけた人々が大量に輩出する

ならば，共産主義も将来において可能となるだろう。社会体制を変えることと，生活ないしライフスタイルを変えることを意識的に連動させる必要がある。だが現時点では，残念ながらそうした実践的可能性はありえない。

マルクスの共産主義，社会主義の構想について吟味してみよう。

本論でも触れた，『経哲手稿』における「人間主義」と「自然主義」の相互貫徹の実現としての「共産主義」という構想は，そのもとでマルクスのエコロジー思想が展開されたものであり，思想的に興味深いものであった。さらに，周知のように，『要綱』では，人類史の3段階的発展の構想がある。それは「人格的な依存関係（前近代社会）——物象的依存性のうえに築かれた人格的独立の社会（資本制社会）——諸個人の普遍的発展のうえに築かれた自由な個体性（共産主義）」というものであり，これもマルクスの規模雄大な人間−歴史観を表現している（S.91.②138頁）。さらに『資本論』では，「必然性の国」から「自由の国」への飛躍としての共産主義社会の実現という展望も語られた（MEW 25,828.⑤1051頁）。その共産主義では，人間−自然間の「物質代謝」を，階級支配のない社会で人々が共同で統制するというエコロジカルなイメージも存在した。こうした未来社会の展望は思想（史）的に見て，現代的観点からもおおいに重大であり，興味深いものといってさしつかえないだろう。

だが他方，その実践的可能性はどうか。この点で，『共産党宣言』，『ゴータ綱領批判』などで述べられた，社会主義・共産主義の経済的・政治的な実施プログラムなどが問題となるだろう。

問題の中心は，政治革命が何らかのかたちで達成された段階以後の，とくに経済的システムがどのように描かれて，低次の社会主義から理想とされる高次の共産主義へほぼ確実に進むのかという展望である。もちろんこの生産と経済のシステムは，マルクスならば，それを前近代社会の形態のレベルへ一挙に押しもどすというものではありえず，資本制社会の生産力と科学・技術を基本的に継承するものである。だが不思議なことに，よくよく見ると，『共産党宣言』にも，いわゆる『ゴータ綱領批判』（とくにマルクス「ドイツ労働者党綱領評注」）にも，現実に作動すると想定される経済のメカニズム，社会全体のありようがいかにして可

能かは，実は具体的には書かれていないのである。後者『ゴータ綱領批判』では，私的所有廃絶，剰余価値生産の廃止の時点でもっぱら「分配」の問題が強調されている。だが，分配の前に，その豊かな富をスムーズに生産する経済的システムはどのようなものなのか。労働・生産と分配の関係の問題も，あらためて考えられる必要があるだろう。さらに，いうまでもなくその問題は，唯物論的にいって，そこでまた，人間がどのように疎外や差別をまぬかれ，本来の深いレベルでの自由を実現するのだろうか，という問題と密接につながっている。もちろんそこに「規模の経済」という考え方もあるはずであり，たとえば，マルクスがどの程度の社会規模をひとつの単位として想定したのかというような問題もある。たとえば，エルンスト・シューマッハーは，環境を配慮した，しかも都市的集合性のメリットが生かされる社会の規模はたかだか50万であるという[*14]。そして，《エコマルクス主義》からすると，そこでは，都市と農村が相互に有機的に結合する経済的システムも展望されなければならない（たしかに，この点にマルクスは言及しているけれども）。こうして，もし市場経済が廃止されるならば，それに代わって，多品種の生産を大量に計画的におこなう経済メカニズムが，しかも時々刻々と変化する条件を考慮に入れて，展望される必要がある。

　経済学者の重田澄男は，ソ連「社会主義」の崩壊を契機にこの問題を詳細に論じている[*15]。

　旧ソ連の「中央指令型計画経済」で流通する生産物は1200万種類もあり，これに関する指標は27億～36億に達し，その計算をするのに，膨大な官僚機構が必要だったという。しかもその巨大な機構をもってしても，生産物の種類と数量，価格設定，産業間・企業間への配分・流通，最終消費者への配分や流通ルートの決定など，その全面的把握は最初から不可能であった。しかも計画は誇大なものとなり，また急に変更されたりする。これに実施側の企業はどう対応するのか。企業側は敏速に対応するために，あらかじめ人員や物品在庫を過剰に抱えておくという無

　14）　エルンスト・F・シューマッハー『スモール　イズ　ビューティフル』（小島・酒井訳）講談社学術文庫，87頁以下参照。
　15）　重田澄男『社会主義システムの挫折』大月書店，1994年，33, 43, 92, 168, 190頁以下など参照。

第7章　論争の総括

理を侵す。さらに事実上，膨大な地下経済（商品流通）が存在しないと庶民は生活できなかった。ここでは，軍事産業，重工業はそれでも重視され，稼働したが，消費者のニーズの反映などほとんど不可能で，技術革新を起こす生産現場のイニシアティヴなどありえなかった。いうまでもなく，生産品は粗悪なものが多く，つねに「不足の経済」となる。旧ソ連では，「労働市場」も存在し，そこで就職先を決めるという。ここでは，一部高級官僚（人口の1％ほどをしめる）と庶民の格差が広がり，人間関係も歪んでくる。しかもマルクス・レーニン主義による思想統制も存在する。一般民衆は，けっして社会の主人公にはなっていない。こうして，ソ連型経済は，何らかの社会主義的生産様式といえるとしても，それはかえって資本主義への変革を不可避とする遅れた社会主義に属するといえる……。

　以上のように説明する重田は，マルクス／エンゲルスの社会主義構想に悲観的であり，「マルクスの構想した社会主義においては，……具体的な社会システムとしての構築と検討はおこなわれていない」[16]と結論する。たしかに，ソ連型経済とは，それが脱却しようとした市場経済と目ざすべき計画経済との混合であり，またそれ以外ではありえなかった。つまり社会主義的計画経済としては，それは原理的な実施困難性を最初から抱えている。それはけっして資本主義的人間疎外を克服する経済システムとなっていず，あらたな人間疎外を生み出した。経済的困難に遭遇して，環境問題など考える余裕もなかったであろう。

　ここで，第1節で言及した弁証法の問題を再論したほうがいいだろう。そこで私は問題をある程度保留しておいた。弁証法が事物を肯定的側面と否定的側面の統一として把握すべきだと主張することは，その幅の広さと客観性の確保という点で，一般論としての思考方法としてはやはり正しいと考えられる。こうした客観的な思考上の指針をもたない多くの哲学・思想がかつて，いや現在でも，いかに一面的な自己主張をしていることだろうか。現存の資本主義も永遠ではなく，将来，それを批判的に継承し，何らかの新しい社会システムを創造すべきであるという一般的展望は不当ではないだろう。だが，それが具体的にどのように展開さ

16）　同上，206頁

れるべきは，哲学や弁証法から自動的に出てくるわけではなく，それをひとつの指針としつつも，科学的で実証的な現実認識および実施可能な政策をさらに追求しなければならない。哲学的な弁証法はあくまでも，抽象レベルで一般論的展望を述べているにすぎない。その適用の問題は，現実認識に大きく左右される[17]。この点を考慮すべきである。

（2） マルクスのディレンマ

いずれにせよ，残念ながら，マルクスは現実の資本制社会がその根本矛盾によって，早晩崩壊することを指摘するが，その後の現実的な経済的方策についてはそれほど具体的に語らなかったといえよう。たしかにこの点からすると，マルクスはそれでも，社会主義の到来を確信していた以上，クラークらがいうように，彼はあまりにも楽観的である。結果倫理からすれば，この点に，実践家マルクスの罪深さがある。

以上の状況を反省した場合，いまの資本主義の市場経済とは相当異なる形態となると思うが，何らかの市場を前提とした社会主義ならば実現可能であろう。この点で，マルクス的社会主義への再読解という意味で，「市場派社会主義」が登場してきた[18]。市場の調整装置を利用しながら，社会主義の理念（平等・自由の実現，疎外・搾取の廃止）をできるだけ達成しようというものである。生産部門や重工業においては計画経済を中心に採用し，消費財部門には市場メカニズムを採用し，さらに労働者の給料と雇用をできるだけ平等に配慮するという考えも成り立つだろう。そして他方で，社会主義建設の状況を考えた場合，運動論・組織論として見ると，多層なレベルにもとづくアソシエーション（連合体）による創造的な社会運動が生産のレベルからそのほかの分野にいたるまで不可欠である。この立場はまた，「アソシエイション的社会主義」といわれた[19]。この構想は，マルクスに即して，「産業的アソシエーション」（労

---

17) 拙著『対話の哲学』（前掲）では，Ⅴの第2節「弁証法の適用？」でこの問題を論じた。
18) 市場派社会主義の立場として，田中雄三「市場原理と社会主義」（『唯物論と現代』第9号，1992年）。碓井敏正「市場と計画概念の意味するもの」（前掲誌所収）などがある。なお，碓井は，エコフェミニストの武田一博にたいして，この立場から，論争を挑んでおり，論争点として興味深い。碓井「市場社会主義かエコ・フェミニズムか」，前掲誌，第15号，1995年，参照。
19) 田畑稔『マルクスとアソシエーション』新泉社，1994年，26頁以下，100頁などを

働組合，共同組合など），「政治的アソシエーション」（チャーティズム運動，労働者政党など），さらに文化的アソシエーションなどを，低次から高次へと，「アソシエイティドな知性」（マルクス）によって社会構築しようとするのである。この構想は，下からの，または横のつながりを意図的に重視するというものであり，この運動のなかで，共同体を形成するための実践的なモラルやエートスを養おうという展望がある。共同的な主体性を形成するこうした運動論・組織論はたしかに不可欠である。

　こうして，将来の社会主義経済では，上からの計画性と下からの（諸個人・諸組織の連帯を含めて）自発的運動性との統一が重視されることとなる。そしてさらに，それが地域的・部分的ではなく，巨大な生産力をもった大きな社会を動かすシステムとして，経済的にいかして実現可能なのか，これが問われるべきであろう。

　中野徹三や田島慶吾が強調するのは，この点でのマルクスのディレンマであり，実現困難性ないし不可能性の問題であった。たしかにマルクスの構想を，単に上からの指令的計画経済とのみ規定することは，不十分な解釈であろう。中野によれば，「問題は，マルクスにおいてもレーニンにおいても，『プロレタリア独裁』が……自治的コミューンの連合体として実現されるということ」の困難さであった。すなわち，計画経済という上からの指令と，自治的コンミューン，「自由な諸個人の連合体」という横並びの連帯の構想とが，どう両立できるのかということであった。こうしてまた，いかにして「生産手段の社会化にもとづく集権的計画経済が，自立した諸共同体の連合社会と共存可能である」のかどうか，という問題であった[20]。田島もまた，ウェーバー社会学を利用しながら，「マルクスに必ずしも整合的ではない，2つの社会主義モデルがあると思われる」と指摘する。すなわち，一方における，社会的労働の計画的配分をおこなう「一工場」モデルがあり，他方における，支配のない「自由な諸個人の連合体」のモデルがあるが，前者は垂直的モ

参照。田畑はここで新鮮なマルクス読解を示し，注目されてきた。
　20）以上，中野徹三『社会主義像の転回』三一書房，1995年，199頁以下参照。なお中野は「21世紀の社会主義像を展望する」という項目で，「新しい社会民主主義的潮流」を展望し，「市場経済の廃絶を原則的に拒否し，その調整と規制を経済政策と財政政策の基本に置くであろう」と述べる（同上，282頁以下）。つまり彼は，結局のところ市場派社会主義の立場に立つ。

デルであり，後者は水平的モデルである[*21]。とくに田島は，社会主義における情報を握った国家官僚のもつ「財の処分力」（ウェーバーに由来）の問題を提起し，この問題をマルクスは見なかったという[*22]。

　国家によるのであれ，何であれ，上からの計画経済と自由な諸個人による連合社会との両側面はマルクスの共産主義構想にともに見られるが，その実現可能性はどう展望されるのか，マルクスはけっしてその輪郭すら示しえていない。中野，田島の両者の批判は，ソ連・東欧の「社会主義」崩壊後という，マルクス主義者・社会主義者にたいするイデオロギー的呪縛が剥落した時点で，客観的な説得性をもつであろう。私は両者ほど悲観的ではなく，問題は多面的に考えられなければならないと考える。いずれにせよ，社会主義・共産主義の成立可能性については，さらに将来の課題とされなければならない。こうして，私の意見では，《実践家》としてのマルクスの共産主義の構想には，現時点ではおおいに根拠が欠けているのである。私は，もっと人々の知性・教養やモラルが，ライフスタイルのありようを含めて，実践的な意味で深まったときに，再び共産主義がリアリティをもつことと思う。

(3) 展望をどう描くのか？

　たとえば，人々のライフスタイルや考え方がとてつもなく変わることを空想してみよう。重工業は計画経済にして，また人々の消費財もその量と質を含めてごく少数の品種を製造することとする。もちろん消費部門の生産では，市場経済による自営の小売業などの部分が大きくなるだろう。私の経験では，旧東独では，季節の花などの販売は，むしろ政府がこうした個人的商売を奨励していた。現代の資本制社会のようにきらびやかな消費文化にまどわされないことを前提に，労働時間も大幅に短縮し，逆に，自由時間ないし余暇の時間がきわめて豊富に取れることを想定する。そこでは，商品やサービスをたえず購買し，みずからの欲望を満足させるという現代資本制社会とは異なり，購買するのは必要最小限とし，あとは自由時間を利用して，各人が個性的に，そしてもちろん

---

　21) 田島慶吾「マルクスと市場の社会学」，岩淵慶一・他『社会主義　市場　疎外』時潮社，1996年所収，109頁以下参照。

　22) 同上，108頁。

協力しあって，消費するモノを創り出すのだ。もちろんその素材はある程度，購買することとなるだろうが，できあいのものを買って満足するのではなく，それを多様に組み合わせて，個性的なものを創り出し，各人が楽しみつつ，消費するのである。したがって，そうした原材料自体は，それほどたくさん製造する必要はないだろう。たとえば，2, 30種類の絵の具さえあれば，創意工夫をこらして無数の絵が描けるようなものである。また食料なども，野菜栽培を含めて，かなりの部分が自給自足となるだろう。そのためには，家庭菜園が都市住民にも分配される必要がある。こうした消費の経済は，従来のGDPには，けっして現れないものだ。GDP中心の豊かな経済生活の虚像がここで廃棄される。そういえば，こうした活動は，すでに部分的には私たちが，資本制社会のなかでもやっているものである。現代の絢爛豪華な消費文化を味わってしまった私たちが，何かそうしたエコロジカルで素朴に見える文化を本当に待望して，無限に追求することとなる消費の螺旋へ巻き込まれることを断固として拒否するとき，そしてそれだけの賢さを身につけたとき，社会主義と共産主義への展望が真に切り開かれるのかもしれない。だが，いまユートピア的に描かれた社会の展望については，多くの人々はまだ，それよりも資本制社会のモノとサービスの消費のほうがもっと豊かで魅力的だと多分感ずることだろう。

　もちろんそうした新しい展望は，つねに現存の資本主義がどういう状況にあるのかという問題と相関関係をなしており，それに依存している。現存の資本主義が新自由主義のイデオロギーのなかでマネーゲーム化し，モラルハザードに陥っている段階で，こんな社会はもう本当にゴメンだ，あまりにも不自然だ，という風潮が広がれば，社会主義・共産主義が再び待望されるかもしれない……[*23]。

　以上のように，マルクスの社会主義・共産主義における経済システムの構築に大きな問題があるとしても，だがそれでも，いままで指摘した

---

23) この点からすれば，アメリカの新自由主義路線に反対する中南米諸国のなかで，ベネズエラのチャベス大統領が，明確に社会主義路線への確信を深めていることが注目される。「私は，資本主義は，その資本主義内部からは乗り越えられないであろうということを付け加えたい。資本主義モデルを真に乗り越えるのは，社会主義モデルを通じてだけである。」（新藤通弘『革命のベネズエラ紀行』新日本出版社，2006年，85頁。05年1月の世界社会フォーラムでの演説）

ように,《思想家》マルクスには,やはり依然として巨大な意義があるだろう。資本が全世界を支配するという経済のグローバル化の状況において,マルクス復活がいわれる所以である。そして私もまた,本書で《エコマルクス主義》の生成を強調したのであった。私は以上の考察から,マルクスの共産主義構想を,現段階では実践不可能と見えるとしても,それをあえて「ユートピア」として措定し,それを批判基準として現実を把握し,その状況へできるだけ近づいていくという思想をかつて展開した。ユートピアなしの,単なる現実追随は展望を失うだけである*24。

フォスター／バーケットは,以上のような認識を踏まえて,クラークに対応すべきであった。そうすれば,さらに豊かな論争が展開されたことだろう。

6 西洋的思考や西洋中心主義への批判

クラークやサレーが西洋的思考やヨーロッパ中心主義への批判の問題を《エコマルクス主義》にたいして提起するとき,この種の問題をどう受けとめたらいいのだろうか。フォスター／バーケットは,こうした問題提起を軽く一蹴してしまい,この種の問題提起は有害とみなしている

---

24) 具体的には,拙著『ポスト・マルクス主義の思想と方法』の序章・第4節「共産主義は歴史法則かユートピアか？」としてまとめられている。そこで私は,マルクスの思想がけっして一枚岩ではなく,相互にかならずしもうまく結合していない3つの契機（科学的（学問的）契機,ユートピア的契機,現状批判的契機）からなることを指摘し,「歴史法則とユートピアとのあいだで,ある意味で共産主義理念は宙づりになっている」（前掲書,31頁）と述べた。共産主義とキリスト教のあいだの目的上の類似性を指摘する旧東独のヴォルフガング・ビアラス,旧ソ連のK.カントールの指摘,さらにマンハイム『イデオロギーとユートピア』,坂本慶一『マルクス主義とユートピア』などの主張を参照しつつ,私はマルクスらの共産主義理念をあえて「ユートピア」と規定し,次のように述べた。「だからここで問題となるのは,ユートピアの復権であるが,さらにいかなる性質のユートピアが望まれるのか,ということだろう。この点では……やはり思想・理論における上述の3つの契機が重要ではないだろうか。ユートピアはそれだけでは無力であって,それが現実的な力を発揮するには,それを弁証法的に鍛え上げること,つまり科学的な全体認識の中から創出すること,さらに現実批判の中からユートピアへ向かう実践的道のりを展望すること,が大事だろう。」（前掲書,33頁）

第7章 論争の総括

ようである。たしかに従来のマルクス主義の発想からすれば，そうなるのかもしれない。だがこの場合，マルクス主義者として「姿勢がぶれないからすばらしい」と称賛されるべきではなく，マルクス主義者としての自分の頑固さ，思想的硬直性を露呈しているだけではないだろうか。ここでは，実はマルクス主義的パラダイムの狭隘性が問題となっている。私自身は，マルクス主義の歴史的限界を見すえた場合，その独自の有効性は現在でも保持されているとしても，他の思想と対話を試みて，その問題意識をもっと多方面に拡張しなければ，現代という複雑な時代には対応できないと考える。いわば19世紀成立のマルクス主義では，現代社会分析のための発想とツールが少ないのである。この意味で，マルクス主義は，「ポスト・マルクス主義」へ転換する必要がある。どんな思想でも，人間・自然・社会を理解する点に関して，あらゆる問題領域を十分に扱えるほど万能ではない。ここに民主主義にもとづく対話的精神が発揮されるべきである。みずからの思想の限界を自覚した場合，自分のパラダイムの修正・拡大を，それどころか，まずパラダイムの混濁を恐れてはならないだろう。

　この点では，マルクス主義は，第1に，マルクスがあっさりと克服してしまった（と自認する）近代市民社会（資本制社会）の政治・経済・思想を，とくにその民主主義の考え方や人間観を十分に再吸収する必要がある。マルクス主義ははたして，近代の遺産を十分に吸収したのちに，近代を超えようとしたといえるのだろうか。第2に，マルクス主義は逆に，多文化主義などによる近代主義・ヨーロッパ中心主義への批判に学ぶ必要があるだろう。私自身は，第1の課題を，『思想のシビルミニマム』などの著作で試み，第2の課題を，多文化主義（チャールズ・テイラーら）や相互文化哲学（フランツ・ヴィンマー，ハインツ・キンメルレら）という領域の思想に学ぶことで考察してきた[*25]。多文化主義にたいしては，近代主義的傾向のユルゲン・ハーバマースらが対案を出しており，

25）　拙著『思想のシビルミニマム』大月書店，1991年。私は同書で，「社会主義」の崩壊的状況を踏まえて，市民社会論，対話の民主主義，コミュニケーション論，市民社会の人間学などのテーマを展開した。さらに拙著『現代を読むための哲学』創風社，2004年所収の，第2章「近代的価値観から多文化的共生への歩み」，第3章〈相互文化哲学〉とヨーロッパの自己批判」などが，私の新しい挑戦であった。なお同書全体には，近代全体への批判的吟味の視点と異文化の問題意識が存在している。

そこで論争もまた展開されてきた。

さらに第3に，第2点とも重複するが，従来のマルクス主義は「ポスト・マルクス主義」からの批判をまともに引き受ける必要があるだろう。私がいま念頭においているのは，フィリップ・ゴールドスティンのきわめて幅広い論調である。彼の理解するアメリカの「ポスト・マルクス主義」によれば，多様な人間の問題を等しく階級分析のもとに服属させる従来型のマルクス主義を説くリチャード・ライト，ラルフ・エリソンの立場に反対して，アリス・ウォーカー，トニ・モリソンらの「ブラック・フェミニズム」の立場は，商品の生産よりも家族の再生産を強調し，黒人，白人，女性，有色人種に共通の階級的抑圧よりも，彼らの歴史的に独自な経験から発生する諸問題を重視する。実はここに「伝統的マルクス主義」と「ポストマルクス主義」の争いがある。アンジェラ・デイヴィスはここに生じているある種のディレンマを敏感に察知して，マルクス主義にまつわる「実践上，未解決の困難な問題」がそこに見られるという。すなわちそれは，生産現場における搾取という「伝統的マルクス主義」の一方の論点と，人種差別，民族的抑圧，セクシュアリティ，ジェンダー，言説のあり方などに注目する「ポスト・マルクス主義」の他方の論点とのあいだに存在する相剋である[26]。いま私はこうした問題について，ここであらためて展開するわけにはいかず，断定的にしか語れないことをお許し願いたい。いずれにせよ，マルクス主義は，こうした別種のパラダイムを理解する能力をもたないと，彼らの問題点を外部から批判できるとしても，クラーク，サレーらがどういう性質の問題提起をしているのかを，内在的には深く了解できないだろう。私があえて，フォスター／バーケットの《エコマルクス主義》の視野狭窄性を指摘した所以である。

こうして，私の前提に，従来のマルクス主義が多文化主義などの異文化の問題や相対主義の問題を解けないのではないか，という問題意識がある。というのも，マルクス主義は，ヨーロッパの社会科学や哲学の伝統のパラダイムのなかで動いているからである。かりにマルクス主義の源泉をレーニンにならい，イギリスの政治経済学，フランスの社会主

---

26) Philip Goldstein, *Post-Marxist Theory*, p.2. などを参照。

義・共産主義, ドイツの古典哲学とみなしてみよう*27。その場合, マルクス主義はこれらの思想を内在的に批判したところに成立したといえよう。それでも, これらはいずれも, ヨーロッパ近代の産物であり, その内在的克服はやはりヨーロッパ的である。私はこの確認を, マルクスを貶めるためにいうのではない。全世界に早晩資本主義化ないし市場経済化する傾向が存在するかぎり, それを認識し克服する社会科学的分析は依然として必要であり, それ以外に現実社会を物質的に保持・発展させる展望はありえないだろう。マルクスらがその原理を与えたのである。だがそれは, 基本的であるとしても, 全体的な事柄の半面ではないだろうか。というのも全世界の問題は, 資本主義や市場経済をどうするかという問題だけに収斂しないからである。私の考えでは, 多文化主義, 相互文化哲学に言及したように, そしてクラーク, サレーらが問題提起したように, 人間の幸福のために, ヨーロッパ文化とは異なる異文化からの問題提起をどう受けとめるかという問題が別にあると考えたい。

社会科学的・経済学的分析の有効性は現在でも疑いえず, その側面から深く現実を暴く必要があることは当然であるが, 現実に, 過去の植民地主義, 現在の世界のグローバル化の現象を眼前に据えた場合, 資本主義的侵略の主体はほとんどつねにヨーロッパからの白人種であり, そこにつねに他民族・他文化の蔑視という精神態度が血肉化されてつきまとってきた（日本の成功も, 欧米の資本主義をすばやく吸収したからにすぎない）。この問題を, 単なる普遍的かつ法則主義的な経済分析などで単純化できないだろう。たとえば, 現在アメリカを中心に自由と民主主義の名のもとで侵略をひき起こしているイラク戦争に関しても, 単に石油利権, 市場経済, 自由民主主義などの経済と政治の論理のみではなく, 民族的・文化的・宗教的偏見の関与するところが実際はきわめて大きいものと考えられるのではないか。もちろん, そうした偏見や固定観念は白人ないし近代化された人々に自覚されるとはかぎらない。実に, 資本制経済体制, 人権などが普遍的に妥当するといわれるにしても, これらはまず, 特殊ヨーロッパ文化の産物であることにはまちがいない*28。

───────
27) レーニン『カール・マルクス』（長谷部文雄訳）青木文庫, 17頁以下参照。
28) ここまで私が強調してきても, ヨーロッパ中心主義などの文化問題が何か余計な議論とみなされるかもしれない。この点では, 環境思想を幅広く考察してきたリチャード・エ

もしそうした文化論的視点が考慮されるとするならば，ヨーロッパ的価値に由来するものがただちに普遍的とみなされうことはありえないだろう。こうして，サレーやクラークの問題提起が受けとめられるべきであり，学問的には多文化主義や相互文化哲学の立場が考慮されるべきであろう。端的にいえば，経済と文化の相互浸透関係をよく考えるということである。残念ながら，私にはこれ以上展開できる明確な展望はないが，経済や文化のグローバル化のなかで地球生態系の崩壊が始まっている現時点において，人間―自然関係がさらに再考されるべき段階に至っていることだけはいえるのではないだろうか[*29]。

バノフが，地球環境問題の深刻化を念頭において，無制限の経済成長を期待するほうがむしろ，ユートピア的だと強調することを紹介した。エバノフは，他世界からは何も学ぶことがないと自認する，彼ら欧米人の傲慢さを批判し，「進歩についての近代的概念の脱構築」を訴える。彼はとくに多文化主義などに言及せず，もっぱら地球環境問題の事実認識から，ヨーロッパ中心主義批判へと至るのだ。経済のグローバル化を考えるかぎり，異文化・多文化の問題にかならず衝突する。リチャード・エバノフ「経済パラダイムの再考」，小原秀雄監修『環境思想と社会』東海大学出版会，1995年，115頁以下参照。

29）　経済のグローバル化とヨーロッパ中心主義という文化現象の複合的連関という問題は，ヴィクトリア湖付近の魚肉製造工場をめぐるタンダニアの生活実態を暴いた「ダーウィンの悪夢」（フーベルト・ザウパー監督）というドキュメント映画のなかで，明示されているといっていいだろう。本書にとって興味深いのは，ザウパー監督のインタヴューのなかで，魚肉製造工業主（インド系と思われる）が，乱獲によって湖が生態系の観点からして死の湖になることを自覚していると述べたことである。彼はもうけるだけもうけたら，今度は綿花に投資するという。ここにヨーロッパの資本も進出してくる。ザウパーは，「これが私の経験を通して見つけた最大の懸念です。世界を覆う資本主義は，とんでもなく成功している。あまりにうまくいきすぎて，あとには焼け野原しか残らないでしょう」と嘆じている（『世界』2006年1月号，243頁）。これは，資本が人間とともに自然を犠牲にし，搾取するということの典型例といえる。まさに，マルクスがいうように，「わが亡きあとに洪水よきたれ！（Après moi le déluge!）これが資本家たちの，およびあらゆる資本主義国家の標語である」（*MEW* 23, 285. ① 353頁）。

　　　　　　あ と が き
　　　　　　――――――――

　この著作を書き上げつつある段階で，ようやくマルクス（エンゲルスも含めて）の広大な発展史観の全体像が見えてきた。それは自然史と人間史を重ね合わせるものであり，同時にそれは，人間主義と自然主義を統合するものとして，最終的に共産主義を展望するものでもあった。そして，こうしたマルクスの巨大な思想が，意図的に一種の唯物論を貫くかたちで，環境思想としても展開される可能性をもっていたのであった。第7章における論争の総括においては，私の力に余る複雑な問題に突入してしまい，かならずしもうまくまとまっていないと反省している。そしてこの種の現代的問題にたいしては，ほとんどだれも，それを包括的に展開するだけのパラダイムをもっていないと実感した。その点はおくとして，《エコマルクス主義》の主張がある程度まで了解できた段階で，本書をひとまず擱筆したい。焦眉の環境問題の哲学的基礎を探るという問題を，実はマルクスがみずからの思想形成の不可欠なモメントとして，終始一貫して追求していたということが示せれば，本書の課題は一応達成されたといえよう。
　ここで各章の初出を示したい。ただしかなりの程度，加筆・訂正が加えられている。
　　・序論　書き下ろし
　　・第Ⅰ部1章──「マルクス主義哲学と環境思想的転回」，刊行会編『唯物論研究』第88号，2004年。
　　・第Ⅰ部の補論1──同上。
　　・第Ⅰ部2章──「環境問題との関わりでいまマルクスの思想をどう見るか？」，『一橋論叢』2001年8月号。
　　・第Ⅰ部3章──「マルクス唯物論における"Stoffwechsel"（物質代謝，質料転換）概念の検討」，唯物論研究協会編『唯物論研究年誌』第9号，2004年。

あとがき

- ・第Ⅰ部4章―『ポストマルクス主義の思想と方法』こうち書房，1997年所収の第12章「われわれにとって《自然》とは何か？」
- ・第Ⅰ部の補論2―書き下ろし。
- ・第Ⅱ部―すべて書き下ろし。

掲載を許可してくださった各方面にはお礼を申し上げたい。

本書を，私が院生のとき以来，ご指導，ご薫陶を頂いた岩崎允胤先生に捧げたい。先生は唯物論の立場から，自然弁証法について大きな関心を注いで来られ，『現代自然科学と唯物弁証法』（大月書店）などの大著を残された。エコロジーを考えるさい，本書で私はエンゲルスの自然弁証法を強調しえたことで，ある意味で先生のひとつの学問分野に大きな接点をもつことができたと思うからである。

いまは新書ブームであるといえるだろう。ちょっと知的な内容の手軽な新書を読むと，学生たちも「久しぶりに勉強した」という時代である。そうした状況のなかで，こうしたタイプの哲学書は，以前にもまして出版困難となっている。真面目な本を出そうとする出版社の多くは青息吐息の状況である。そうした苦しい状況のなかで，私の出版意図を理解し，出版にご尽力された知泉書館の小山光夫社長には，心より感謝したい。また煩瑣な編集のお仕事をお引き受けくださった高野文子氏にも厚く感謝したい。

2007年3月

島崎　隆

索　引

（項目のうち数頁にわたるものは，最初の頁数を示す。マルクスについては省いた）

あ　行

青木孝平　215
アソシエーション的社会主義　266
アリストテレス　207
アルチュセール，ルイ　19, 34
アレント，ハンナ　103
いいだもも　35
イヴァクニフ，エイドリアン　179
石井亨　58
石井伸男　220
市川達人　50
稲生勝　8, 62
イムラー，ハンス　74
入江重吉　50
岩佐茂　3, 127, 128, 151
ヴィンマー，フランツ　235
上田浩　104
碓井敏正　6, 266
内山節　78, 115
埋めこまれた唯物論　219
エコ共同体主義　145
エバノフ，リチャード　273
エンゲルス，フリードリッヒ　15
太田仁樹　32
オコンナー，ジェームズ　17, 47
尾関周二　50, 54, 78, 127
男と女の関係　124

か　行

外的自然の先行性　72
カーヴァー，テレル　186
カヴェル，ジョエル　248
核の冬・夜　108
仮想評価法（CVM）　53
カーソン，レイチェル　210
価値形成の実体　80
加藤尚武　53
亀山純生　51
川上睦子　220
河野勝彦　52
環境的正義　8, 56
『環境白書』　5
環境ブランド指数ランキング　56
カングルガ，ミラン　66
カント　131
韓立新　3, 20, 84, 151
気（功）　51
機械と大工業　230
器官　194
鬼頭秀一　23
客体－主体　118
共進化　195
グアノ帝国主義　90
グラムシ，アントニオ　32
桑子敏雄　51
形相　93
啓蒙主義　235
限界を超えて　106
ケドロフ，ボニファティー　113
言語論的転回　3
構築主義　234
呉向紅　62
小坂育子　57
小松善雄　85
ゴールドスティン，フィリップ　12,

17, 271
ゴルツ，アンドレ　57
痕跡の消失　183

さ　行

サルトル，ジャン＝ポール　41
残酷な自然必然性　182
椎名重明　215
重田澄男　264
市場派社会主義　266
質料　93
質料転換　97
自然
　──科学的土台　71
　──科学の抜粋（マルクス）　189
　──価値説　76
　──史的過程　72, 152
　──史的構想　101
　──主義＝人間主義　45, 74
　──的生産要因　83
　──的な資料転換　99
　──の搾取　25
　──の支配　150
　──の状態　80
　──の復讐　48, 127
　──の無償性　25, 82
実践的唯物論　44, 251
実践の哲学　32
渋谷一夫　189
資本制生産の自然法則　173
資本の文明的勝利　153
社会的自然属性　183
社会的質料転換　100
修正的環境主義　150
受苦的実在　161
受苦的性格　46
主体－客体　118
主体－主体　118
シュミット，アルフレート　38
商品の二要因　77
所有と占有　215

シンガー，ピーター　196
身体化された唯物論　219
鈴木茂　67
スターリン　33
スチュアード精神　178, 203
スピノザ　121
西欧マルクス主義　37
生命圏　136
生命の維持と再生産　8
セーガン，カール　108
世界の脱魔術化　152
銭学森　51
センス・オヴ・ワンダー　210
戦争による環境破壊　107
疎外された労働　158, 164
ソーシャル・エコロジー　15
ソロー，ヘンリー　236

た　行

大地からの疎外　86
対立物の統一　177
ダーウィン　131, 137
「ダーウィンの悪夢」　273
高木仁三郎　120
高田純　94
武田一博　55, 62, 238
田島慶吾　267
他者の支配と搾取　8
田畑稔　10
玉野井芳郎　55, 62
地球温暖化　5
中央指令型計画経済　264
抽象的人間労働　80
超過利潤　83
地力の搾取　25
ディドロ，ドゥニ　235
「哲学」　10
哲学のレーニン的段階　32
デュリッチ，ミハイロ　177
寺田元一　235
伝統的マルクス主義　17

特別剰余価値　81
戸田清　6, 18, 56

な・は 行

中野徹三　267
中村哲　192
二元論的思考　149
人間－自然間の相互関係　7
人間と自然との本源的結合　193
人間と土地のあいだの物質代謝　96
ネス，アルネ　240

バーケット，ポール　13, 174, 185
バスカー，ロイ　233
パスモア，ジョン　14, 178
畑孝一　159
パットナム，ヒラリー　131
服部健二　70, 78, 84
ハーバマース，ユルゲン　253, 271
林直道　3
パラダイムの混濁　235
ビオラ，ギ　4
非有機的
　──自然　188, 190, 229
　──身体　160, 164, 190
　──肉体　160
フィードラー，フランク　67
フォイエルバッハ　45, 112, 169
フォイエルバッハに関する第1テーゼ　26
フォスター，ジョン　13, 37, 85, 88
プラトン　111
ヘーゲル　111, 146, 159, 168, 188, 212
ペッパー，デイヴィッド　62
ペトロヴィッチ，ガーヨ　40
ベリホフ，エフゲニー　108
弁証法　133, 145, 245
　──的観念論　146
　──的全体　225
ベントン，テッド　62, 135, 213
ボウラー，ピーター　137

ポスト・マルクス主義　11, 17
ポランニー，カール　54
本源的蓄積　55

ま 行

マイア，エルンスト　206
マーチャント，キャロリン　19
松田純　9, 53
マルクス
　──エンゲルス問題　186
　──固有の思弁　69
　──レーニン主義哲学　32
マルコヴィッチ，ミハイロ　40
三浦永光　84
三木清　248
メタ産業労働　222
メラー，メアリー　19
目的律的過程　206, 208
森田桐郎　4, 68, 95

や～わ 行

山之内靖　161
吉田文和　3
欲求の体系　151

ライアン，マイケル　183
ラヴロック，ジェイムズ　209
落流　81
ラディカル・エコロジー　14
理性の巧智　118, 212
リービヒ，フォン・ユストゥス　89
劉綱紀　33
類　158
ルカーチ　38
労働価値説　77
労働の客体的側面　91
労働の主体的側面　91

渡辺憲正　158

Ecomarxism:

Toward the Ecological Turn

By

Takashi Shimazaki

Hitotsubashi University

Chisenshokan Tokyo
2007

CONTENTS

Introduction: What is 'Ecomarxism'?
  1. Two Tasks and Three Points of View about Ecology 3
  2. Is 'Ecomarxism' One Applied Field of Marxism or
     its Whole Innovation? 9
  3. The Past Position of 'Ecomarxism' in the Field of Ecology 13
  4. Characteristics of 'Ecomarxism' 24

Part 1: About the 'Ecological Turn' of Marxism

Ⅰ Explaining the 'Ecological Turn' of Marxism
  1. Types of Marxism 31
  2. Opposing Evaluations of Engels' 'Dialectic of Nature' 36
  3. European Marxism and Engels' 'Dialectic of Nature' 38
  4. The 'Ecological Turn' of Marxism through
     'Practical Materialism' 44

Appendix 1: An Overview of Environmental Philosophy in Japan 49
  The View of Nature and Ecology / Environmental Ethics and Bioethics / Critical Understanding of Society and Ecological Problems / Problems of Ecological Lifestyle

Ⅱ Reconsidering Marx from the Standpoint of Ecological Problems
  1. The Split of Marx's Evaluations of Ecological Problems 61
  2. 'Social, Historical Character' of Nature and 'Domination of Nature'
     in A. Schmidt 64
  3. The Whole Conception of 'Mediation of Nature through Society
     and Mediation of Society through Nature' 66
  4. The Breakdown of Schmidt's Marx-Interpretation 69
  5. The Positive Significance of Unity between 'Mediation of Nature
     through Society' and 'Mediation of Society through Nature' 71
  6. H. Immler's Criticism of Marx's Labor Value Theory 74

7. The True Meaning of Marx's Labor Value Theory 77
8. The Forming of Value and Roles of Nature in Marx's *Capital* ... 79
9. The Gratuitous Character of Nature and the Problem of its
   Exploitation 81

III The Concept of Metabolism('Stoffwechsel') in Marxist Materialism
   1. Marx as an Ecologist? 85
   2. The Conception of Metabolism between Man and Nature and its
      Historical Background 89
   3. Metabolism between Man and Nature and the Understanding of
      Labor Process 91
   4. An Issue about Marx's Theory of Labor Process 94
   5. The Translation of the Word 'Stoffwechsel' 97
   6. Three Forms of 'Stoffwechsel' in Marx's *Capital* 98
   7. The Materialist World View and the Concept of Metabolism ... 101

IV What is 'Nature' for Human Beings?
   1. The Crisis of the Global Ecosystem and the 'Nuclear Winter',
      'Nuclear Night' 106
   2. The Concept of Nature and its Fundamental Significance
      for Man 110
   3. Toward the Reconstruction of Engels' 'Dialectic of Nature' 113
   4. Another 'Philosophy of Nature' 115
   5. Three Aspects of Nature 117
   6. The Restoration of Marx's 'Naturalism = Humanism' 122

Appendix 2: For the 'Ecological Turn' of Engels' 'Dialectic of
   Nature' 126
   'Dialectic of Nature' and the Ecological Standpoint / The Fundamental
   Conception of 'Dialectic of Nature' / Toward the Ecological Trans-
   formation of 'Dialectic of Nature'

Part 2 : The Debate over Marx's 'Nature is Man's Inorganic Body.' —Argument about Ecomarxism and the American Left

I The Criticism of Marx by Social Ecologist J. Clark
　1. Four Points of Criticism by Clark ················· 145
　2. The Meaning of Marx's 'Great Civilizing Influence of Capital'···151

II Preliminary Consideration of 'Nature is Man's Inorganic Body.' in Marx's *Economic and Philosophical Manuscripts of 1844*
　1. 'Life of Genus' ('Gattungsleben') and 'Essence of Genus' ('Gattungswesen') ················· 158
　2. The Shift from Animal to Human Aspects ················· 160
　3. From the Situation of 'Free Conscious Action' to the Loss of 'Inorganic Body' ················· 163

III Is Marx's 'Dialectic of Nature' really Possible?
　1. Four Points of View in Marx's Man-Nature Relations············ 167
　2. Schmidt's Interpretation of Marx's View of Nature ················· 171
　3. M. Djuric's Emphasis on Marx's 'Dialectic of Nature'············ 174
　4. Remarks on Djuric's Theory ················· 176
Appendix 3: Marx's 'Natural Attribute of Society' ················· 181

IV The Criticism of Clark by the Ecomarxists J. Foster and P. Burkett
　—The End of the First Round of the Debate
　1. Foster and Burkett's Position on 'Ecomarxism' ················· 185
　2. What does 'Inorganic' mean? ················· 187
　3. The Development of 'Inorganic Body' in Marx's *Grundrisse* ··· 190
　4. About the Thesis 'Nature is Human Organs.' ················· 193
　5. A Modern Interpretation of 'Nature is Man's Inorganic Body.'··· 195
　6. Problems in Clark, Foster and Burkett ················· 197

V Clark's Second Criticism and the Intervention of Ecofeminist A. Salleh

1. Clark's Second Criticism: The Three-Way Splits in Marx's
   View of Nature 204
2. The Opposition between Materialism and Teleology 206
3. Scientific Discussion, Ethical Discussion and Mysticism 207
4. Marx's Theory of Metabolism revisited 210
5. The 'Private Property' and 'Possession' of the Globe 213
6. Salleh's Intervention: The Classification of Methodology of
   Materialism 217
7. Productive and Reproductive Labor and Problems of European
   Thinking 221

VI The Second Criticism of both Clark and Salleh by Foster and Burkett
1. A Summary of 'Nature is Man's Inorganic Body.' 225
2. Is Marx still a Prometheus? 227
3. Marx and the Great Machine Industry 228
4. Plural Standpoints of Materialism by Salleh 233
5. The Criticism of Marx by Salleh and Problems of
   Multiculturality 234
6. The Value of Nature and Issues of Reproductive Labor 236
7. The Criticism of Ecofeminism by Ecomarxist M. Gimenez 239

VII Summaries of the Debate
1. How can we grasp the Dialectical Method? 243
2. 'Practical Materialism' as an Original Conception of Marx 249
3. The Schema of the Historical Process of Nature = Man
   by 'Ecomarxism' 254
4. How do we evaluate Marx in our Time? 258
5. The Practical Possibility of Socialism / Communism 262
6. The Criticism of European Thinking and Eurocentrism 270

Epilogue 275
Index 277
Contents 281

島崎　隆（しまざき・たかし）
1946年埼玉県に生まれる．1969年一橋大学経済学部卒業．
1969-72年群馬県にて高校教諭．1979年一橋大学社会学
研究科博士課程単位修得，1989年一橋大学社会学研究科
教授，現在に至る．
〔著書〕単著『対話の哲学――議論・レトリック・弁証
法』こうち書房，『思想のシビルミニマム』大月書店，
『ポスト・マルクス主義の思想と方法』こうち書房，『ヘ
ーゲル弁証法と近代認識』未來社，『ウィーン発の哲学』
未來社，『現代を読むための哲学』創風社，共編著『ヘ
ーゲル用語辞典』未來社，『意識と世界のフィロソフィ
ー』青木書店，『精神の哲学者　ヘーゲル』創風社，『教
育基本法と科学教育』創風社
〔訳書〕J.ゼレニー『弁証法の現代的位相』梓出版，P.
シンガー『ヘーゲル入門』青木書店，ヘルツル／ミュー
レッカー／ウーラッハ『哲学の問い』晃洋書房

〔エコマルクス主義〕　　　　　　　　ISBN978-4-86285-009-6
2007年4月25日　第1刷印刷
2007年4月30日　第1刷発行

著　者　島　崎　　　隆
発行者　小　山　光　夫
製　版　野口ビリケン堂

発行所　〒113-0033　東京都文京区本郷1-13-2　　株式　知泉書館
　　　　電話 03(3814)6161　振替 00120-6-117170　会社
　　　　http://www.chisen.co.jp

Printed in Japan　　　　　　　　　　　　　　印刷・製本／藤原印刷